La fille de sa mère

Infographie: Manon É. Léveillé
Révision: Paule Noyart
Correction: Anne-Marie Théorêt, Sylvie Tremblay
Collaboration: Laurence Pellerin Patenaude

Catalogage avant publication de Bibliothèque et Archives Canada

Moraldi, Véronique

La fille de sa mère: de la difficulté des rapports mère-fille

1. Mères et filles. 2. Communication interpersonnelle. 3. Filles - Psychologie. I. Titre.

HQ755.85.M67 2006 306.874'3 C2005-942403-6

Pour en savoir davantage sur nos publications, visitez notre site: **www.edhomme.com**
Autres sites à visiter: www.edjour.com • www.edtypo.com www.edvlb.com • www.edhexagone.com • www.edutilis.com

12-05

Dépôt légal: 1er trimestre 2006
Bibliothèque nationale du Québec

ISBN 2-7619-2204-2

DISTRIBUTEURS EXCLUSIFS:

- Pour le Canada et les États-Unis:
  MESSAGERIES ADP*
  955, rue Amherst
  Montréal, Québec H2L 3K4
  Tél.: (514) 523-1182
  Télécopieur: (450) 674-6237
  * Filiale de Sogides ltée

- Pour la France et les autres pays:
  INTERFORUM
  Immeuble Paryseine, 3, Allée de la Seine
  94854 Ivry Cedex
  Tél.: 01 49 59 11 89/91
  Télécopieur: 01 49 59 11 96
  Commandes: Tél.: 02 38 32 71 00
  Télécopieur: 02 38 32 71 28

- Pour la Suisse:
  INTERFORUM SUISSE
  Case postale 69 - 1701 Fribourg - Suisse
  Tél.: (41-26) 460-80-60
  Télécopieur: (41-26) 460-80-68
  Internet: www.havas.ch
  Email: office@havas.ch
  DISTRIBUTION: OLF SA
  Z.I. 3, Corminbœuf
  Case postale 1061
  CH-1701 FRIBOURG
  Commandes: Tél.: (41-26) 467-53-33
  Télécopieur: (41-26) 467-54-66
  Email: commande@ofl.ch

- Pour la Belgique et le Luxembourg:
  INTERFORUM BENELUX
  Boulevard de l'Europe 117
  B-1301 Wavre
  Tél.: (010) 42-03-20
  Télécopieur: (010) 41-20-24
  http://www.vups.be
  Email: info@vups.be

Gouvernement du Québec – Programme de crédit d'impôt pour l'édition de livres – Gestion SODEC – www.sodec.gouv.qc.ca

L'Éditeur bénéficie du soutien de la Société de développement des entreprises culturelles du Québec pour son programme d'édition.

Conseil des Arts du Canada **Canada Council for the Arts**

Nous remercions le Conseil des Arts du Canada de l'aide apportée à notre programme de publication.

Nous reconnaissons l'aide financière du gouvernement du Canada par l'entremise du Programme d'aide au développement de l'industrie de l'édition (PADIÉ) pour nos activités d'édition.

Véronique Moraldi

La fille de sa mère

De la difficulté des rapports mère-fille

LES ÉDITIONS DE L'HOMME

À mon père

Fallait-il qu'il s'en aille
pour que je m'autorise
à écrire ce livre?...

La lucidité est la blessure la plus rapprochée du soleil.

RENÉ CHAR

FUREUR ET MYSTÈRE,

FEUILLETS D'HYPNOS 1943-1944

Regarder la vie en face et la prendre pour ce qu'elle est.
Regarder sa mère en face et la prendre pour ce qu'elle est.

PROLOGUE

ÉTAT DE FILLE : UNE MAMAN, C'EST UNE MAMAN

Nous avions vingt ans, et nous nous étions fait une petite régression avec des potes : nous étions allés voir *Peter Pan,* de Walt Disney, au cinéma. Je me souviens des garçons, ces grands dadais qui, à la sortie, à dix heures du soir passées, hurlaient, sans discontinuer et en crescendo, la chanson du générique, la voix éraillée, chantant faux comme des pochards qui auraient eu une batterie de casseroles à leurs trousses. Les paroles n'avaient pourtant rien de celles d'une chanson à boire, c'était : « Une mamaaannnn, c'est une mamaaannnnnn ! » C'est vrai qu'elles étaient de circonstance, ces paroles : nous faisions nos études loin de chez nous, et si on nous avait pressé le nez… il en serait sorti du lait de poussin. Oui, pas de vérité plus vraie que celle-là : une maman, c'est une maman.

Mais c'est quoi, une maman ?

À l'époque, on aurait répondu, comme une seule femme : « Une maman, c'est des bisous, des câlins, des comètes de baisers, de la tendresse en bidons de cent litres… »

Vingt ans plus tard, la réponse appelle quelques nuances.

Parce que si, à vingt ans, j'étais déjà la fille de ma mère, aujourd'hui, je suis en plus la maman de ma fille et, bien sûr, toujours la fille de ma mère et parfois aussi sa mère.

Rien de très original dans cette équation. D'autres femmes partagent le même destin, mais il y a parfois de quoi s'y perdre…

Les vingt ans qui viennent de s'écouler ont laissé le loisir à la première femme de ma vie (maman) de me jouer quelques petits tours à sa façon. Il faut dire qu'elle s'était déjà largement entraînée durant les deux premières décennies de mon existence.

Mais il semble que j'étais, à cette époque, frappée d'amnésie; j'oubliais tout au fur et à mesure. Puis, au fil des années et à la faveur des creux vertigineux de ces montagnes russes auxquelles n'ont cessé de ressembler nos relations, j'ai fini par retrouver la mémoire. J'y ai mis le temps! Tout s'inscrivait pourtant dans une continuité qui, aujourd'hui seulement, me paraît évidente.

Désormais, je tiens à peu près le fil conducteur, je dis à peu près, car, pour moi, maman reste encore une énigme, l'énigme de ma vie. Et vice-versa. Une énigme pour moi, comme j'en suis, sans doute, une pour elle. Une énigme pour moi, une énigme pour elle qui, j'en suis quasiment sûre, ne pourrait pas expliquer les raisons de cet amour/haine qu'elle ressent pour sa fille.

Avec ce type de mère, j'ai fini par comprendre que l'important était de trouver la bonne distance. J'aurais bien aimé qu'elle fasse, de son côté, l'effort pour trouver la bonne distance avec moi, mais je me disais que, si je la trouvais avec elle, elle la trouverait peut-être avec moi, par voie de conséquence! Oui, c'est cela, il fallait trouver une sorte de mode d'emploi, comme avec les instruments contondants et les produits toxiques – afin de se couper ou de se brûler le moins possible. Mais fallait-il, du même coup, faire le deuil de la spontanéité? Vous êtes peut-être la fille de ce genre de mère.

Mais il y a d'autres mères, d'autres filles, autant de mères que de filles, en réalité… et le sujet est d'importance.

ÉTAT DE MÈRE : LA DOUBLE FÊTE DES MÈRES

Aujourd'hui, c'est la fête des mères. Ma fille ne m'a rien offert; mon fils non plus. On dirait que cela ne les concerne pas.

Avant, c'était leur père qui y pensait. D'ailleurs, lui n'a pas oublié de me souhaiter ma fête – bien que nous soyons séparés –

tout en soulignant que, même si je suis une jolie maman, je ne suis pas une bonne maman. La totale!

Depuis plusieurs jours, ma fille prépare l'anniversaire de sa copine Isa. Ce matin, elle est entrée au salon avec un petit parchemin roulé et une boîte à bijoux. Comme elle avait râlé contre la maîtresse qui, cette année, ne lui a rien fait confectionner pour la fête des mères (et que c'est la raison pour laquelle elle m'a oubliée: c'est moi qui lui ai rappelé cette fête ce matin), j'ai d'abord cru qu'elle avait préparé un présent de dernière minute – un petit présent que je trouvais d'ailleurs très joli, dans son emballage bleu turquoise. Bref, j'ai cru que c'était pour moi! Eh bien non, c'était pour une copine! J'ai été déçue, bien sûr, puis je me suis dit: «Les enfants ne doivent rien à leur mère. Tout doit être spontané.» Il paraît que les mômes d'aujourd'hui sont plus exigeants que ceux d'hier, moins généreux. Ce sont les enfants que nous avons éduqués. Et comme je ne suis pas le genre de mère qui fait sa pub et mets constamment en valeur ce qu'elle accomplit, il faut en conclure que mes enfants n'ont pas jugé bon de m'offrir quelque chose. Ont-ils estimé que je ne méritais rien? Ne creusons pas trop!

Va pour le garçon... mais ma fille, tout de même! Elle qui me fait cadeau, tous les jours, de petits Post it roses couverts de mots d'amour que je trouve collés partout dans la maison, sur le manteau de la cheminée, sur mon bureau... Un petit chemin d'amour balisé.

Enfin... l'événement a d'autant plus d'importance qu'aujourd'hui je ne téléphonerai pas à la mienne, de mère, et que je ne lui enverrai pas de cadeau... Je suis en froid avec ma maman à moi et c'est autre chose qu'un oubli d'une fillette de onze ans...

«Maman», c'est le premier mot prononcé par l'enfant, et le dernier par l'adulte sur son lit de mort, à ce qu'il paraît...

J'avais dit qu'un jour j'écrirais un livre sur la relation mère-fille et que pour cela il faudrait que je descende au plus profond de moi, que je m'engage dans cette introspection, que je plonge en apnée dans des eaux souterraines, que je m'enfonce dans les entrailles de la terre, ce magma en ébullition. Je me demandais parfois si j'en reviendrais, si j'en ressortirais vivante! Au moins en ressortirais-je différente, cela j'en étais sûre, car pour le reste… Il y a certains sujets, surtout en relations humaines où, plus on avance dans la réflexion et l'observation, moins on a de certitudes, et c'est bien ainsi, car plus on s'achemine vers une absence de jugement, plus on a l'esprit et le cœur ouverts à la compréhension de ce qui est. C'est bien dit, n'est-ce pas?

Parler des mères et des filles, c'est donc toucher au plus profond (je n'ai pas dit «toucher le fond», quoique, parfois…).

Pour une fille devenue femme, écrire un livre sur la relation mère-fille est peut-être le sujet le plus important de son existence. C'est un livre que l'on écrit, mais que l'on vit, surtout. Avec des larmes de petite fille, irrépressibles, qui montent aux yeux… souvent. Un livre pour lequel il faut être à l'écoute de ses émotions et de celles de ses sœurs.

Toutes les femmes sont concernées, car toutes les femmes ont (eu) une mère. Mais toutes les femmes ne sont pas mères et toutes les mères ne sont pas mères d'une fille (ou de filles). Celles qui sont mères d'une fille ont cette expérience totale qui consiste à être fille et mère de fille. C'est bien plus éclairant encore lorsqu'on est aussi mère d'un garçon, car on peut alors observer toutes les différences.

Si être mère d'un garçon nous révèle la différenciation, être mère d'une fille nous révèle l'identification/rivalité, l'identification/ différenciation.

Dès qu'on parle de la mère, un flot de paroles surgit, un flot de salive; un flot d'encre coule, quand ce n'est pas un flot de larmes… bref, un flot de souffrance. Et pourtant, on entend aussi: «Ah, pas touche! On ne s'attaque pas au mythe de la mère!» Combien de plaintes franches et véhémentes suivies de regrets! «Je ne devrais pas parler ainsi de ma mère, elle a fait ce qu'elle a pu, elle a fait au mieux avec les moyens qu'elle avait!» Auto-culpabilisation, autocensure…

La mère est une institution sacrée, il ne faut pas y toucher, sous peine de risquer les foudres… d'on ne sait trop qui.

Pourquoi cette relation est-elle si particulière, si spécifique? Parce que la mère transmet à sa fille l'identité et, plus encore, la valeur que celle-ci se donnera à elle-même – ce que l'on appelle l'estime de soi. Pour qu'une fille s'aime, pour qu'elle ait confiance en elle, il faut qu'elle ait senti l'acceptation de sa mère.

ENTRE MÈRE ET FILLE, LA RELATION DE TOUS LES DANGERS

La relation mère-fille est une histoire d'amour et de rivalité passionnée et passionnelle. C'est une relation si intense qu'elle est aussi le lieu privilégié de tous les abus. La relation est d'une telle complexité, d'une telle exigence, d'une telle exclusivité que, dans le meilleur des cas, elle ne peut générer que des ressentis ambivalents, que l'on retrouve dans la difficulté, pour une fille, d'entretenir des sentiments essentiellement positifs à l'égard de sa mère. Il lui faut bien souvent recourir à l'imaginaire pour garder une image idéale de sa mère, qui finit toujours par s'écraser sur le mur de la réalité (pas la mère, l'image!).

Quand les filles deviennent véhémentes, on découvre parfois avec étonnement, après en avoir entendu parler, leurs mères fusibles - parfois même à fusiller - qui concentrent sur elles tant de reproches! Ce sont souvent des petites mamies d'apparence tranquille, charmantes, qui vous reçoivent avec gentillesse, vous l'étrangère, l'amie de leur fille... C'est un peu comme dans les couples, on croit que l'herbe est plus verte ailleurs. On se plaint que sa mère est avare en tout, et puis on découvre que celle de sa copine n'est pas mieux, même si elle est tout le contraire: donnante jusqu'au trop-plein, jusqu'à l'écœurement.

ENTRE MÈRE ET FILLE, IL N'Y AURAIT PAS D'AMOUR HEUREUX?

Partout le bureau des plaintes ou le mur des lamentations. Enfin, presque. Les filles satisfaites existent, qui l'affirment haut et fort. Disons plutôt «globalement satisfaites», parce qu'il y a toujours un reproche qui traîne: maman est un peu trop présente ou, au contraire, maman est un peu trop effacée... Mais rien de majeur, hormis cette complicité, mystérieuse pour les autres filles qui ne connaissent pas ça et qui envient leurs sœurs plus chanceuses.

Les rapports mère-fille ne sont pas forcément problématiques ni dramatiques, mais ils sont toujours chargés d'ambivalence.

Comme tout le monde le sait, les gens heureux n'ont pas d'histoire, et comme ils n'ont pas d'histoire, ils ont peu de chose à raconter, et il y a peu à en dire. Ce ne sont pas les filles « heureuses » qui nous intéressent ici. Ce n'est pas d'elles que nous allons parler. À quoi bon ? Ce ne sont pas elles qui consultent quand le mal de vivre, le mal de mère, est si persistant qu'il entrave leur existence. Cependant, prenons acte que ces « couples » mère-fille heureux existent.

Et loin de moi le projet de leur faire leur « fête », aux mères, aux autres, celles avec qui cela se passe mal. Mon livre ne va pas s'appeler « La fête des mères ». Une copine s'est même inquiétée : « Tu ne vas tout de même pas casser de la mère ! » Non, non... je le jure sur la tête de mam... Car enfin, je n'ignore pas que j'en suis une et qu'un jour une petite fille aux cheveux blond vénitien, devenue grande, risquera de me faire la mienne, de fête (et pas de l'oublier, cette fois !).

Voilà qui pourrait m'inciter, en tant que mère de fille, à ne plus oser bouger, à ne plus oser faire, à ne plus oser être. Quoi que je fasse, je ferais tout de travers. C'est vrai, nous, les mères, on ne peut jamais être tranquilles : on peut toujours nous reprocher quelque chose.

Les yeux de ma mère quand je lui ai annoncé mon projet d'écrire sur la relation mère-fille ! Mais j'ai précisé tout de suite : « C'est pas pour critiquer les mères, j'en suis une ; c'est parce que c'est important ! »

Pourtant, d'ores et déjà, dans cette faune de mères dont nous allons étudier quelques espèces (pas toutes, impossible, les plus spectaculaires seulement !), si je devais choisir, à tout prendre (et tant pis si je ne devais être que cela), je choisirais d'être une maman tendresse ! Voilà, je vous livre d'emblée, avant toute exploration, mon choix, qui n'engage que moi, et je referme la parenthèse !

TOUT VIENT DU VENTRE

On dit qu'on écrit avec ses tripes et, sur ce sujet, justement, dans les tripes il y a tout ! C'est bien là que tout se passe !

Pas facile de faire la lumière dans ce bric-à-brac de la relation mère-fille. Je ne sais trop par quoi il faut se laisser guider. Il faut prendre le risque, effectivement, de se laisser guider par ses entrailles.... On va voir si le guide est bon. En tout cas, jetons-nous à l'eau.

Ce livre est destiné aux mères et aux filles, même s'il semble que les filles souffrent davantage que les mères. Il est aussi pour les maris, les compagnons, les pères, les fils et les frères qui assistent en spectateurs à cette pièce qui se joue et se rejoue à vie entre mère et fille (tout en étant également acteurs, ou en le devenant malgré eux).

INVITATION AU VOYAGE

Je vous invite à une exploration, celle de l'origine de la vie. Je vous préviens: c'est à une sacrée traversée que je vous convie, avec ses naufrages, ses tempêtes, ses accalmies et ses embellies; c'est la découverte d'un continent, d'une *terra incognita,* pourtant si familière.

Embarquez si vous avez envie de savoir, ou tout au moins – restons modeste – de réfléchir à votre vie: votre relation avec votre mère et celle avec votre fille si vous en avez une... quitte à prendre le risque de la lucidité. Mais c'est cela, grandir.

Et si nous grandissions ensemble...

AVERTISSEMENT : LA BOUTEILLE À LA MER OU DANS LA MÈRE JUSQU'AU COU...

Je n'ai pas la prétention de faire le tour du sujet. C'est impossible. Si ce n'est pas la bouteille à la mer (mère, je sais, c'est facile!), cela risque d'être au moins la bouteille à encre. Alors, nous allons essayer de ne pas nous noyer... dans cette mère. Il nous faut circonscrire le propos. Car il y a autant de mères que d'enfants, une par enfant.

Il ne s'agit pas de faire un relevé assommant de toutes les mères et de toutes les filles, mais de définir quelques pistes: il y a ceci, et puis il y a aussi cela... même si par moments j'ai vraiment l'impression d'avoir eu toutes les mères et, à moi seule, d'avoir été toutes les filles.

Je ne souhaite pas non plus, comme on l'a dit, que ce livre devienne un déversoir à larmes, des larmes de filles plus que de mères. Des larmes de filles qui se disent qu'elles ne sont pas aimées du tout ou pas assez – ou moins que leur frère, quand il y en a un.

« Sainte mère qui êtes aux cieux », version un peu revue et corrigée, aidez-moi dans cette entreprise !

ET QUAND C'EST LE DÉSASTRE...

Si je prenais le parti de ne décrire que ces relations terribles qui existent entre certaines mères et certaines filles, dans lesquelles des sommets dans le malheur – pour ne pas dire dans l'horreur – sont atteints, je pourrais intituler le livre : « Entre mère et fille, un désastre, ou comment en réchapper ».

Lacan parle de ravage, ce ravage utile et nécessaire qui n'empêche pas la relation de perdurer, souvent avec un nouveau souffle. Moi, je parle de désastre, du *disastrato* italien : « né sous une mauvaise étoile ; événement funeste ; ruine ; faillite... » tant les dégâts sont énormes et irréversibles pour ces filles mal nées. Parce que, selon l'expression de Boris Cyrulnik, la mère est une « étoile majeure de la constellation affective[1] » d'un enfant. N'y voyez pas un crime de lèse-psychanalyse – je ne rivalise pas avec Monsieur Lacan, j'ai trop le sens du ridicule –, mais je sais de quoi je parle, car je le vis de l'intérieur, je suis une fille. Même l'homme le plus intuitif ne peut prendre ma place.

Il semble toutefois que cet univers mère-fille ne soit pas tant impénétrable que fascinant pour les hommes. Certains cinéastes l'ont du reste extraordinairement bien décrit. N'empêche que les livres les plus poignants sur les mères sont des livres de femmes, parce qu'ils sont vécus. Je vous rassure, ce désastre n'occupera qu'un chapitre du livre, mais non le moindre.

COMPRENDRE POUR SORTIR DE LA VICTIMISATION ET POUR PACIFIER

Non, il ne s'agit pas, pour nous les filles, de gratter nos plaies dans ce livre, mais de comprendre en quoi ce que nous avons vécu et ce que nous continuons à vivre avec maman a pu déterminer ce que nous sommes aujourd'hui, du moins en partie. Il s'agit de sortir de la

1. Boris Cyrulnik, *Parler d'amour au bord du gouffre*, Paris, Odile Jacob 2004, p. 81.

victimisation par la tentative (soyons modeste!) d'identification de l'origine des difficultés éprouvées.

Pourquoi cela s'est-il si mal passé, parfois, entre notre mère et nous, et pourquoi cela continue-t-il? Lorsque nous aurons en main des clés qui nous permettront de comprendre et de relativiser, nous verrons ce qu'il est en notre pouvoir de faire pour réparer et pour pacifier, autant que possible, la relation mère-fille, de manière à la rendre acceptable.

Faire la paix, mais aussi retrouver la paix.

Quand j'aurai terminé ce livre, sans doute serai-je réconciliée avec maman. J'aurai relativisé entièrement ce que je jugeais terrible dans notre relation. En revanche, je ne sais pas si elle sera réconciliée avec moi. Mais peut-on réellement être fâchée avec sa fille et, inversement, peut-on réellement être fâchée avec sa mère? On peut être en froid, certes, mais on peut difficilement rompre.

LE NŒUD DE L'AFFAIRE: AU-DELÀ DE L'AMOUR, UNE QUESTION DE PLACE ET D'IDENTITÉ

Le problème relationnel avec une mère tourne en rond, sans fin, dans notre ventre de fille, à l'intérieur de cette matrice dont à la fois nous sortons et que nous portons en nous, par notre identité de femme. Une mère et une fille doivent à la fois s'aimer et se distinguer. C'est d'autant plus difficile que cette force d'identification, cette identité sont puissantes.

Tout est question de place et d'identité. Confusion, défaut, mauvaise place ou identité - ici le terme de confusion est plus adapté - sont non seulement source de problèmes, mais peuvent conduire à la névrose, voire à la folie.

Les raisons des avatars de la relation mère-fille sont multiples: le traditionnel conflit des générations, le poids de la fonction maternelle, l'abus de pouvoir ou l'abus tout court de certaines mères, la trop grande exigence de certaines filles, éternelles insatisfaites… et quelque chose de viscéral, la quête du double, le ravage de l'identique, pour s'en séparer.

Oui, bien sûr… mais pourquoi tant de souffrance?

À TITRE LIMINAIRE

Quand je dis « ma mère », je ne suis pas « je », et ce n'est pas de ma mère dont je parle. Par ce « je », je parle au nom de toutes les femmes qui se sont confiées à moi avec une grande liberté et une absolue sincérité. Comprenez donc que j'ai eu toutes ces mères dont je parle, y compris celles des copines.

Tout au long du livre, je dis souvent : « une fille ». Je dis plus rarement « une femme » pour introduire un témoignage, même si c'est une septuagénaire, parce que ces femmes ont témoigné en qualité de fille. De toute façon, les femmes restent des filles de leur mère à vie, même lorsque cette dernière n'est plus de ce monde !

Enfin, parce qu'il n'est pas facile d'être mère, je voudrais adresser toute mon admiration et toute ma reconnaissance aux mères qui me liront et qui, tout en acceptant de reconnaître leur propre mère, ne se reconnaîtront peut-être pas…

CHAPITRE 1

Zéro de conduite ou l'introuvable bonne mère

En principe, il ne devrait pas être question, ici, des mères en général, mais des mères de filles. Il est cependant difficile de ne pas évoquer la mère dans son acception générique, de ne pas décrire certains comportements à éviter, et de ne pas dispenser certains conseils qui seront également profitables aux mères de garçons, qui sont aussi, parfois, des mères de filles. Une mère est une mère !

MAIS QU'EST-CE QU'UNE MÈRE ?

C'est la matrice et la première source d'amour. « Retourner dans le ventre de sa mère » est, à cet égard, une expression populaire porteuse de sens. Refuge, immersion... L'enfant veut revenir là où il était bien : dedans.

Le début, c'est la sortie. Ensuite, l'enfant tente de fusionner à nouveau pour retrouver cet âge d'or où tout lui était fourni, où il était comblé. La fin est le retour à la sortie, à la séparation.

Toute la vie, il y a une volonté, une irrésistible tentation de retour à la symbiose originelle. On peut donc comprendre la gravité de la frustration de l'enfant lorsque la mère, dès le début de la vie, fait défaut : c'est une frustration primaire, primitive.

Qu'est-ce qu'une bonne mère pour sa fille ?

L'image de la mère évolue au cours des années, de la petite enfance à l'âge adulte. Mais qu'est-ce qu'on attend, traditionnellement, d'une mère ?

Qu'elle soit la mère absolue : la mère de toutes les mères ; qu'elle soit le don absolu ; qu'elle anticipe nos besoins ; qu'elle comble nos manques ; qu'elle nous apporte tout ; qu'elle nous donne le confort affectif; qu'elle nous comprenne; qu'elle nous console de nos chagrins; qu'elle nous aime de manière inconditionnelle, qui que nous soyons, quoi que nous fassions; qu'elle nous apporte le confort matériel; qu'elle nous aide financièrement; qu'elle soit tout dévouement, même si elle doit s'oublier elle-même; qu'elle soit tout sacrifice. Le sacrifice d'une mère, c'est l'amour absolu! C'est beau! Mais c'est si lourd!

Et, surtout, c'est utopique.

Ma fille me dit: «Si tu es fatiguée... eh bien, tu n'avais qu'à pas faire d'enfant!» Sous-entendu: «Je n'ai pas demandé à venir au monde, moi! Alors, maintenant, tu assures!»

On est loin de la conception de l'enfant dont les bras doivent être utiles, de l'enfant richesse au sens de main-d'œuvre pour les champs, de l'enfant exploité, et c'est tant mieux!

Qu'il est long le chemin!

Au départ, c'est vrai qu'une maman ça démarre pleine de bonnes intentions. Des bonnes intentions que l'ampleur de la tâche au long cours et les difficultés et embûches récoltées en chemin finissent par ensevelir, en même temps que pas mal d'illusions. Avec le temps et la distance, on s'épuise, car on est mère à vie.

Quand les enfants sont petits, elle sacrifie ses cheveux sur l'autel de la maternité pour gagner du temps le matin pour les couches et les biberons. Qui sait si elle ne met pas ainsi un frein aux élans de son mari? Plus tard, ses cheveux repoussés, elle vit peut-être là où elle n'a pas trop envie de vivre, mais voilà, c'est là qu'il y a une bonne école, et les études des enfants, c'est sacré. En bref, elle remet toujours à demain son rêve d'îles lointaines.

Les années passent... Après avoir mis son corps en veilleuse pour les grossesses et le maternage, elle a soudain besoin d'exulter. La femme en elle demande à vivre, elle aussi.

Bref, on part bille en tête et puis on s'aperçoit qu'on n'avait pas tant que cela la vocation! Et même, au fond, l'avait-on? Surtout si cela rime avec crouler sous les tâches ménagères et répétitives. Il y a peu de chance que la réponse soit oui.

Car il ne s'agit pas seulement de les aimer, ces petits chérubins sortis de notre ventre, ces petits amours roses et tendres – qui vont aussi de pair avec des kilomètres d'épluchures. On pourrait faire le tour de la terre avec la longueur des cordes à linge que l'on a garnies depuis les premières couches, et jusqu'à ce qu'ils aient atteint l'âge d'emménager ailleurs. Et encore, certains jouent parfois les prolongations et se radinent une fois la semaine chez maman, bouche en cœur, avec leur panier à linge, même s'ils habitent chez une copine.

Pas étonnant que certaines mères aient parfois des idées de meurtre. C'est ce que démontre le film *Tanguy* d'Étienne Chatiliez (2001) dans lequel la mère est prête à tout pour faire partir l'oiseau du nid – allant même jusqu'à perpétrer un attentat contre sa progéniture, ou à défoncer rageusement le phare arrière de sa voiture. Le père n'est pas en reste non plus, qui dévisse un clou de la baguette du pas-de-porte de la salle de bain pour que son fils se le plante dans le pied. Tout pour qu'il parte, cet enfant de vingt-huit ans ! Y en a marre !

Une mère doit... sinon c'est pas une mère !

Être mère, c'est un état : dès qu'elle est en présence de son enfant, elle n'est plus une femme, elle est une mère !

Combien de femmes ont entendu cette phrase dénonçant les représentations et les contraintes morales et sociales qui pèsent sur les mères : « Quand même, pour une mère de famille, ce n'est pas convenable ! » Et cela dans la bouche de personnes qui, bien souvent, au demeurant, ne s'imposent pas ces nobles devoirs.

Quant aux enfants, qui vivent dans l'instant, ils ne voient que ce que l'on fait pour eux aujourd'hui et ne se souviennent guère de ce qu'on a fait pour eux hier.

« Tu dis toujours que tu vas le faire, mais tu ne le fais jamais. Tu ne tiens pas tes promesses ! » Quelle mère ne l'a pas entendue, cette petite phrase ? C'est dur d'être maman !

Bref, nous n'avions pas forcément prévu que le plaisir d'avoir un petit être qui fait des culbutes dans notre ventre, ou, plus techniquement, le seul fait biologique de la grossesse, allait, pour longtemps, nous ôter notre liberté.

« Une vie à étendre, une vie à repasser, coincée entre l'armoire et le buffet », chantait Jean Ferrat. Le quotidien nous étrangle, nous les mères. Enfin... il finit toujours par nous étrangler.

Une vie de femme, à compter du moment où elle est mère, devrait donc être une vie de dévouement? Voilà pourquoi le shopping et la futilité existent et sont aussi essentiels, ainsi que la gym... Pour se défouler! Voire un amant, si on peut en trouver le temps!

En fonction de cette demande constante de dévouement absolu de l'enfant à sa mère, il semble qu'une mère soit taillable et corvéable à merci! On n'en demande jamais autant à papa, qui paraît toujours avoir des circonstances atténuantes, de bonnes raisons de n'être pas là ou de ne pas avoir fait ceci ou cela. C'est avec leur petite maman que les filles sont les plus véhémentes, les plus exigeantes.

Quoi que l'on fasse, on sera critiquée. Sachons-le pour ne pas être prise de court, ni déçue!

Prise entre deux feux: mère ou femme?

Le fait est que tous les autres rôles, à côté de celui de mère, il lui faut les tenir aussi: épouse, amante, professionnelle et... fille. Quand le temps nous manque pour nous occuper de nous, on nous fait vite remarquer, enfants et mari en tête, que nous sommes mal fagotée ou que nous ne sommes plus qu'à moitié blonde. Bref, il faudrait leur donner tout notre temps et, en même temps, rester impeccable! C'est dur! Et c'est bien une histoire de temps!

Par la force des choses, les femmes sont d'abord et avant tout mères à une époque de leur vie, puis femmes à une autre. Ce qui amorce le changement, c'est souvent le retour ou l'éclosion de la féminité, une fois terminé le maternage des tout-petits. Ou bien c'est la femme mère, trompée, reléguée, qui sort de son sommeil pour redevenir une amante - pas forcément celle du mari qui, entre-temps, s'est révélé volage!

Il faut que les hommes comprennent quelle gageure c'est, pour leur épouse, de rester femme en étant mère, et de rester mère en étant femme... Pas étonnant que certaines femmes préfèrent rester au bord de la vie, ou sur le quai, d'où elles regardent les autres partir au combat, la fleur au fusil, ou se jeter à l'eau pour se débattre dans la mare aux canards.

« Moi, je ne me suis pas lancée dans cette aventure ! » m'a dit une femme à qui je venais de décliner mon pedigree : mariée, deux enfants. Pour elle, pas de mariage, pas d'enfants : ni épouse ni mère. Encore que sûrement amante, du moins je l'espère pour elle… J'ai lu dans ses yeux, à défaut de regret véritable, comme un soupçon de curiosité sur ce que sa vie aurait pu être si elle avait tenté l'aventure. Pour moi, pas de regrets, j'aime être mère et maman, mais parfois j'en souffre !

Combien d'entre nous ne cheminent-elles pas ainsi dans leur tête, les jours que j'appelle « sans », où l'enfant réel ne ressemble pas, mais alors pas du tout, à l'enfant fantasmé que nous nous étions imaginé : « Ah là là, faites des enfants, qu'ils disaient ! Mais de toute façon, si je n'avais pas eu d'enfants, aujourd'hui je suis certaine que j'aurais un manque, alors… » Oui, mais ça, on ne le saura jamais !

Et puis il y a celles dont la santé fragile n'a pas autorisé l'enfantement et ses conséquences. Par égard pour leur drame, relativisons nos plaintes.

Un peu d'anthropologie… le retour de la déesse mère

La mère de nos jours est déifiée. Elle occupe une place centrale auprès de l'enfant. Elle est toute-puissante, et en même temps si démunie.

Quand on ne contrôle pas les naissances, l'enfant n'a pas la même valeur (saveur !). Autrefois, les enfants n'étaient pas élevés par la mère, mais par plusieurs femmes, les grands-mères, les tantes, les nourrices, ce qui contribuait à dédramatiser le lien, à répartir la charge. Lorsqu'il n'y a qu'une femme maternante, la situation est plus crispée. Avec la famille rétrécie, nucléaire, désormais il n'y a plus qu'une seule coupable désignée, en cas de problème : la mère.

Haro sur la mère toute-puissante ! De l'importance de la mère… dans l'absolu

Je ne rencontre autour de moi que des filles blessées, comme si la mère n'était que blessante (pauvre mère) ! On lui en veut pour une chose qu'elle a faite, ou qu'elle n'a pas faite, ou qu'elle a faite de travers! Moi, je ne suis pas sûre d'en vouloir à ma mère de ne pas m'avoir fait de pénis, comme l'avance la théorie psychanalytique, ou alors c'est vraiment très inconscient, mais en tout cas il y a des tas d'autres choses pour lesquelles je lui en veux, si ça peut compenser!

Oui, la fonction maternelle est une fonction très exposée.

Très souvent, on explique une difficulté psychologique, voire une maladie mentale de l'enfant en disant: «C'est un problème par rapport à la mère.» La mère d'où tout vient, le bon comme le mauvais, et surtout le mauvais…

La mère a gagné du pouvoir. En parallèle, sa responsabilité s'est accrue ainsi que, par voie de conséquence, son sentiment de culpabilité. C'est pourquoi il faudrait dissocier le fait de procréer et la prise en charge exclusive des enfants par les mères. Les hommes ont leur rôle à jouer, ainsi que les autres femmes. En France, jusqu'à très récemment, les hommes n'avaient qu'un droit (et non pas une obligation) de visite en cas de divorce, droit qu'ils pouvaient exercer ou non, et auquel ils pouvaient renoncer. Cet élément était révélateur de la place du père dans la société. Peu de chose en vérité.

Aujourd'hui, il y a une évolution avec la garde alternée. De droit, ce mode de garde permet une éducation partagée des enfants, et fait sa place au père. On est même en chemin de glisser vers la tendance inversée: la justice est devenue «pro» père.

Si la mère n'est pas une mère possessive mais une mère équilibrée, qui sait tenir sa place et la céder aux autres quand cela est nécessaire, tout en favorisant, en fabriquant cette harmonie entre plusieurs femmes qui jouent le rôle de substitut maternel, bref, si c'est une mère mature, les choses peuvent fonctionner et très bien se passer pour l'enfant. C'est ce que l'on constate aujourd'hui avec ces gardiennes qui accueillent les enfants chez elles pendant la journée, tandis que leur mère travaille. En France, on les appelle assistantes maternelles. Le petit enfant vit du matin au soir dans un autre foyer que le sien, dans une autre famille, où il peut y avoir plusieurs figures parentales de substitution: la nounou (une mère), la mère de la nounou (une grand-mère), le mari de la nounou (un père). La mère accepte de «partager» son enfant; elle n'est pas exclusive. Si elle s'efforce de bien vivre cette situation, sans culpabilité, son enfant la vivra bien aussi.

Le choix d'être mère ou le sexe sans grossesse

Avec l'arrivée des moyens de contraception – bien qu'il y ait encore des ratés –, l'élément majeur dans le rapport mère-fille, et d'une manière générale dans le rapport mère-enfant, c'est le choix désormais délibéré de la femme d'être mère. L'exemple extrême du décret 870, voté en Roumanie dans les années soixante par le président Ceaucescu, qui interdisait aux femmes d'avorter pour que le pays explose démographiquement, est, a contrario, édifiant. Le plan démographique du dictateur a réussi: le millionième enfant au-dessus de la progression normale de la population du pays a été choisi par ordinateur et exhibé sur toutes les chaînes de télévision.

En revanche, l'envers du décor, c'était ce nombre incalculable de femmes qui mouraient à la suite des avortements clandestins – de vraies boucheries, parfois – et, surtout, cette majorité de mères qui n'éprouvaient aucun plaisir à la naissance, au point de détourner la tête quand on leur mettait leur bébé sur le ventre. Il s'agissait le plus souvent de très jeunes filles, tombées enceintes après un premier rapport sexuel alors qu'elles découvraient tout juste l'amour, ou de mères de famille nombreuse pour qui l'arrivée d'un nouvel enfant était vécue comme une charge supplémentaire.

On voit bien, avec l'exemple de ces malheureuses Roumaines, que l'instinct maternel n'est pas inconditionnel et dicté par la grossesse, mais conditionné par le désir d'enfant.

Une tête d'accident!

En France, depuis 1963, date de l'arrivée de la pilule, il est plus difficile et plus rare de dire à sa fille: «Tu n'étais pas désirée!» ou encore: «Tu es un accident!» Cette petite phrase qui a fait tant de dégâts à travers les générations! «Dis, maman, c'est quoi un accident?» Le nombre de petites filles qui toute leur vie se sont imaginées avec une tête d'accident! Je sais de quoi je parle, j'ai aussi une tête d'accident. Pourtant, je suis née en 1963, cette date charnière, et je suis sûre que si je m'étais pointée un an plus tard je serais passée à la trappe ! Quel dommage, n'est-ce pas ?

Aujourd'hui on programme l'enfant; on ne prend pas les enfants « comme ils viennent ». Il se peut qu'on les fasse pour soi, même parfois « toute seule », comme dans la chanson de Jean-Jacques Goldman. L'enfant est parfois unique, et il peut le rester en raison d'une rupture, d'un divorce.

Quoi qu'il en soit, la limitation des naissances naît souvent du désir et conduit au désir d'apporter tout à l'enfant. Les gens se relaient pour nous expliquer qu'« un enfant coûte cher, si on veut l'élever décemment, lui offrir des études ». S'organise alors un tête-à-tête mère-enfant, mère-fille, et plus souvent encore dans une famille monoparentale.

Et cet enfant unique et choyé, on a du mal à le « lâcher ».

L'angoisse des mères

Il y a de ces idées reçues sur les mères qui ont la vie dure et qui continuent à courir, par exemple : une bonne mère est une mère qui s'inquiète pour son enfant. L'inquiétude est légitime, le monde n'est pas une bonne mère pour l'enfant. Il faut le mettre en garde, c'est bien sûr le rôle des mères, et des pères aussi.

Mais lorsque l'inquiétude se transforme en angoisse et que cette angoisse se transmet à la petite fille, c'est là qu'est la dérive. Il y a un tri à faire entre les peurs objectives et les peurs subjectives, afin de ne pas transmettre ses phobies à sa fille. Sinon, la petite fille devenue femme devra chaque jour se convaincre que le monde n'est pas menaçant.

Dans le film *Tout sur ma mère* (1999) de Pedro Almodovar, la mère demande à sa fille enceinte, séropositive, et qui n'a jamais obtenu aucun soutien d'elle parce qu'elle prodigue depuis des années toute son attention au mari malade sur qui elle doit veiller comme sur un enfant : « Qu'est-ce que tu attends de moi ? » La fille répond : « Tu ne peux rien, j'aimerais seulement que tu ne me compliques pas davantage la vie. » L'angoisse d'une mère peut compliquer la vie de la fille gratuitement, pour rien et rajouter à la sienne.

Quand l'inquiétude n'est pas constructive ou qu'elle n'est pas justifiée, quand elle est excessive, elle se transforme en angoisse. Les mères angoissées, bien souvent paralysées, ne peuvent pas être des mères structurantes. Elles sont passives, dépassées. Elles ne nous offrent que leur inquiétude; face à leur peur et à leur angoisse, il nous faut sans cesse nous justifier de ce que nous faisons: c'est épuisant!

L'inquiétude d'une mère suffit seule à culpabiliser sa fille.

Il y a parfois une véritable chaîne de l'inquiétude, une lignée de femmes inquiètes parce que la vie ne les a pas épargnées en drames et tragédies.

Ma mère, tout comme ma grand-mère, me disait: «Ne me fais pas faire de mauvais sang, va!» et je le voyais bien, lorsque la mère de ma mère se blessait ou se cognait, que son sang était épais et foncé. Deux fois veuve, le «mauvais sang», elle savait ce que c'était! Ses deux maris étaient morts de mort violente peu de temps après le mariage.

L'enfant révélateur

On entend souvent ces mots: «Elle n'a pas eu une mère facile.» Je me demande si cela existe, une mère facile, parce qu'il n'est pas facile d'être une mère. Et donc cette mère se débat et l'enfant appuie avec une précision chirurgicale là où ça fait mal, sur les insuffisances de sa mère, sur ses contradictions, ses ambivalences, ses fausses croyances, ses blessures, sur tout ce qu'elle n'a pas tiré au clair. Histoire de la remettre en question, sérieusement!

Ma meilleure amie, après que nous avons fini d'user nos fonds de culotte sur les bancs de la fac et que nous avons décidé que le temps était venu de nous reproduire, a fait cette prophétie: «Pour toi, il y aura deux choses que tes enfants devront faire: bien travailler à l'école et finir leur assiette, après tu leur ficheras la paix!» D'accord pour le travail scolaire, j'étais une première de classe, mais sur le moment je me suis demandé d'où elle tenait la certitude que «bien manger» serait un élément incontournable pour mes rejetons. Enfin, devinez ce qui est arrivé: la première avait un appétit d'oiseau, elle lambinait devant son assiette; la seconde refusait catégoriquement d'apprendre ses leçons. Dans les deux cas, je rentrais dans des rages folles !

Les enfants nous obligent à lâcher prise sur des « trucs » qui nous semblent importants et que nous ne parviendrons pas à leur imposer, des priorités qu'ils balayent d'un revers de menotte pour nous faire trembler dans nos certitudes.

Ce n'est pas parce qu'une femme devient mère qu'elle n'a plus de ressentis. Elle reste un individu à part entière, avec ses préférences, ses affects, ses répulsions, ses priorités, ses goûts, ses phobies et ses névroses… C'est en cela que l'enfant peut ne pas donner satisfaction : il n'appuie pas sur le bon bouton, ou plus exactement, il appuie sur le bon bouton, celui qui fait problème. L'enfant réel ne correspond jamais bien sûr à l'enfant fantasmé. Il s'en défend pour avoir sa propre vie. Il devient alors un enfant résistant pour ne pas rentrer dans le désir de sa mère. Dieu merci !

Du caractère relatif de la notion de bonne mère

Hormis les obligations légales éducatives dont les manquements sont punis par la loi, il y a ce que la société reconnaît comme normes pour qualifier de bons traitements les soins et l'attention prodigués aux enfants. En deçà, on peut considérer que les besoins élémentaires, les besoins affectifs, de sécurité et d'éducation ne sont pas assurés de manière satisfaisante. Une fois ce socle minimum garanti, il y a une relation à deux.

À chacune sa mère !

Il y a ce que l'enfant ressent, sa sensibilité. Pour deux filles, la même mère ne sera pas ressentie de la même façon. L'une la trouvera frustrante, l'autre n'aura pas à s'en plaindre. Elles ont des besoins et des exigences différentes. Avec chaque enfant se noue une relation unique. Il n'y a pas une mère unique mais une mère multiple, différente avec chaque individu de sa couvée, en fonction d'affinités et d'une alchimie complexe, voire inexplicable. Il peut y avoir plusieurs comportements opposés qui coexistent en une même femme : une mère peut être négligente pour un de ses enfants, sacrificielle pour un autre.

Ma sorcière bien-aimée ou une maman, ça ne peut pas toujours être gentille

Sauf pour une mère objectivement défaillante, en la meilleure des mères il y a toujours une bonne maman et une vilaine sorcière qui cohabitent. Il y a une part de rejet dans la fonction maternelle qu'il faut savoir reconnaître, une possibilité d'agressivité au quotidien. Une bonne mère qui aime et donne qui peut être mauvaise certains jours. À ce propos, Bruno Bettelheim, dans *Psychanalyse des contes de fées*[2], montre comment le petit enfant se réfugie dans l'imaginaire des contes de fées pour arriver à admettre que sa maman se transforme parfois en vilaine sorcière et continuer à garder en lui malgré tout l'image d'une mère toujours bonne.

Dans ce cas, il ne faut pas que vous hésitiez à verbaliser avec votre fille: « Excuse-moi, je sens que c'est la vilaine sorcière en moi qui est prête à parler ce soir, je sens que je vais dire des bêtises, ce n'est pas contre toi que je suis fâchée, ce n'est pas parce que je ne t'aime plus, ou que je t'aime moins, comme je le lis dans tes yeux, mais je suis fatiguée, et j'ai été contrariée aujourd'hui au bureau... C'est pour ça que je ne peux pas donner satisfaction à tes demandes dans l'immédiat, j'ai besoin d'un moment de détente, où personne ne me demande rien, une récréation (pour me recréer), et ensuite je reviendrai vers toi, ma chérie. » Cela afin que la petite fille ne prenne pas votre refus ou votre indisponibilité comme un rejet et ne s'acharne pas à obtenir malgré tout, de cette mère au bout du rouleau, des signes de reconnaissance et d'amour. Pour éviter les crises de larmes et les portes qui claquent!

Et puis, dans ce domaine fonctionne à plein régime la loi des compensations: une bonne mère est une mère qui compense ses points faibles par des points forts...

Voici le témoignage d'une fille de quarante-sept ans:

Ma mère a toujours été consciente de son « handicap ». Elle a compensé son incapacité à être câline avec ses enfants par une présence médico-éducative quasi parfaite. Elle ne nous faisait pas de câlins, mais elle ne

2. Bruno Bettelheim, *Psychanalyse des contes de fées*, Paris, Robert Laffont, 1976.

nous donnait jamais de fessées, elle ne nous insultait pas, toutes ces choses dont d'autres mères, qui peuvent passer d'une extrême tendresse à une extrême agressivité, peuvent abuser. Quand elle ne pouvait donner elle-même, elle donnait par l'intermédiaire de livres (sur la sexualité), d'autorisations de sorties (cinéma, copains...), de voyages, à travers lesquels nous nous sommes construits et réalisés. Elle ne m'a pas donné de câlins au moment où j'en avais besoin, mais elle s'est rattrapée plus tard en m'aidant du mieux qu'elle a pu, sans se montrer avare de son temps ni de son argent...

Mission accomplie ? Oui !

Bien suffisant, une mère suffisamment bonne

C'est la mère « acceptable » de Bruno Bettelheim.

Puisqu'une mère fait inévitablement des erreurs, l'essentiel est qu'elle les fasse en toute bonne foi. Oui, mais qu'est-ce que la bonne foi ? Où sont ses limites ? Car on peut faire des dégâts en toute bonne foi...

> **Une mère suffisamment bonne, selon l'expression de Winnicott[3], c'est une mère ni trop ni pas assez...**

On l'a vu, être une bonne mère est une mission impossible, cela relève de la légende, de la mythologie, parce que, tout simplement, c'est irréalisable dans tous les registres et sur tous les fronts. Ce n'est pas humain, je dirais même que c'est inhumain, pour ne pas dire monstrueux, comme ces demi-dieux de la mythologie moitié homme, moitié animal. Notre mère ne doit pas être une déesse parfaite que nous ne pouvons que vénérer. On connaît le sort fait aux idoles : il faut les abattre ! Et puis trop, c'est trop !

Une femme de cinquante-cinq ans me confiait que sa fille avait des difficultés à avoir un enfant, et elle ajoutait : « *Quand elle était*

3. Donald Woods Winnicott, *De la pédiatrie à la psychanalyse,* (1958), Paris, Payot, 1989.

jeune fille, elle me disait: "Je n'aurai jamais d'enfant, maman, parce que je ne pourrai jamais être une aussi bonne mère que toi!" »

Parce qu'en étant une trop bonne mère, on risque en fin de compte d'en être une mauvaise. C'est la mère trop bonne, aliénante, dont nous parlerons au chapitre 2. Cette mère trop bonne qui emprisonne sa fille dans *l'impossibilité de la décevoir.*

Le postulat est donc bien: s'il n'y a pas de «bonnes mères», il y en a de suffisamment bonnes, et cela est bien suffisant. Autre postulat de base: la plupart des femmes sont des mères «suffisamment bonnes.» Suffisamment et pas trop, car nous avons compris qu'une mère «trop» bonne équivaut à une mère insuffisamment bonne.

Donc, les mères problématiques seraient les «trop» bonnes ou les «insuffisamment» bonnes. Vous saisissez?

Contentons-nous, en tant que mères, d'être «suffisamment bonnes». C'est déjà un bel objectif! Nous voilà soulagées d'avoir déjà (dé)posé cela!

«Il n'y a rien de plus imparfait qu'un parent parfait[4]», écrit Boris Cyrulnik.

Une mère absolument dévouée qui voudrait tendre vers la perfection, non seulement ne serait pas sûre du résultat – les besoins de son enfant n'étant pas forcément ceux qu'elle s'imagine –, mais elle ferait alors pire que bien. Et surtout, elle risque fort, un jour ou l'autre, de rendre son tablier, au sens propre comme au figuré.

Les fugues de femmes épuisées, ça existe, comme les séjours en maison de repos et les dépressions. Et ce n'est pas du tout dans l'intérêt de l'enfant d'aboutir à ce genre d'extrémités. Les femmes enfermées, emprisonnées dans leurs principes, les femmes captives ne font pas de bonnes mères.

Une bonne mère est celle qui favorise l'autonomie de son enfant. Une mère éducatrice, dont le but est de conduire sa fille hors du nid (du latin *educare*, «conduire hors de»). L'enfant que l'on assiste trop se sent abandonné dès qu'on l'incite à faire quelque chose par lui-même.

4. Boris Cyrulnik, *Parler d'amour au bord du gouffre, op. cit.*, p. 85.

QU'EST-CE QU'UNE MÈRE DE FILLE ?

La mission de transmission de l'identité de mère

Le type de mère que nous sommes est en lien étroit avec la relation que nous avons eue avec notre propre mère. Bien plus, l'envie, le refus, l'acceptation passive ou la volonté affirmée de devenir mère en dépend.

La maternité est ainsi affaire de transmission, pas seulement de la vie, mais de l'identité de mère, de même qu'entre mère et fille ce n'est pas qu'une question de relation, mais surtout une question de transmission. C'est ce qui différencie l'apport de la mère au fils de l'apport de la mère à la fille : la mère transmet à sa fille un modèle de la maternité et lui donne à voir un résultat plus ou moins bien vécu...

Parfois, pour diverses raisons, il y a un trou dans la transmission. Un maillon généalogique a sauté, et la transmission s'effectue davantage par l'intermédiaire de la grand-mère.

On ne devient pas une mère toute seule, ou comment devenir une mère juive ou catho en dix leçons...

La mère qui a un premier enfant – une primipare –, quel que soit son âge, est une mère-enfant. Elle a besoin d'être maternée par des femmes plus âgées, mère, belle-mère, qui la soutiennent dans sa propre maternité. Il est nécessaire de s'occuper des jeunes mères, même si elles sont censées avoir l'instinct, même si elles ont à leur disposition de bons livres sur le sujet.

« Les compétences que nous devons apprendre sont trop complexes pour être abandonnées au seul instinct animal[5] », écrit Nancy Friday dans *Ma mère, mon miroir*.

Il ne faut pas « ravager » une « jeune » mère mais au contraire l'aider, car la maternité fragilise une femme.

5. Nancy Friday, *Ma mère, mon miroir*, Paris, Robert Laffont, coll. Réponses, 2003, p. 30.

La chaîne des mamans et les dégâts occasionnés par son interruption : « mère sans mère »

Il est très important, durant la grossesse, de « retrouver » sa mère. La nouvelle maman a besoin de sa mère, de réconciliation affective grâce à ce nouveau lien. D'où la violence extrême du fait d'être en froid avec maman lorsqu'on est enceinte, surtout si c'est d'une fille.

Et il en va de même au-delà de la grossesse.

Une fille témoigne :

Ma grossesse n'a pas été sereine. J'étais en froid avec maman. Elle n'était pas là pour me soutenir. Du coup, j'ai failli accoucher prématurément, car tout cela me travaillait à mon insu. Au moment de l'accouchement, ce fut pire encore : je me suis retrouvée prise en sandwich entre ma mère et mon mari, obligée de choisir entre les deux, car il refusait que maman soit présente. Il faut dire qu'elle nous en avait fait voir, à lui comme à moi… J'ai « amené » comme une offrande ma petite fille à ma mère quand elle a eu trois mois. Je sais que ma petite fille est une enfant angoissée qui a dû hériter de mon angoisse quand elle était dans mon ventre.

Une autre raconte :

Quand nous étions encore si gravement fâchées, ma mère et moi, j'ai regardé mon adorable petite fille de deux ans et, soudain, pour la première fois, je me suis sentie vide par rapport à elle, terriblement vide, comme si j'avais besoin pour l'aimer d'être en complicité avec ma mère, comme si soudain cela n'avait plus de sens d'être mère. J'ai éprouvé ce que Jean-Paul Sartre appelait la nausée, une espèce d'inutilité qui frisait le dégoût. Je n'avais plus de justification, plus d'autorisation d'être, et, j'ose le dire, ma fille non plus… c'est terrible !

Au contraire de cette fille qui n'avait pas réussi, jusque-là, à communiquer harmonieusement avec sa mère et qui déclarait : « En devenant mère, je suis redevenue la fille de maman. »

La mission de transmission de l'identité de femme

C'est le problème de l'identité de la femme qui enfante, de la mère qui reste une femme, de cette charge de l'image qu'elle a du féminin et qu'elle va transmettre à sa fille.

Dans la majorité des cas, les mères assurent convenablement le maternage. Ce n'est pas cela qui pose problème. Elles savent s'y prendre et transmettre ce rôle à leur fille. Mais la transmission mère-fille n'est pas seulement celle de savoir-faire, par tradition orale, de soins à donner aux enfants, de recettes de cuisine, d'activités de loisir, voire de passions (timbres ou papillons!) et aussi de contraintes... Nombre de filles en effet se plaignent que tout cela soit insuffisant et elles restent affamées d'autre chose. Certaines d'entre elles garderont néanmoins ce qu'elles peuvent de leur mère, comme un passage obligé, au risque que cela ne soit pas dans leur nature, que cela ne soit qu'une transmission de données pas vraiment acceptées et dont elles finiront peut-être par se défaire...

Non, la mission des mères, c'est surtout de transmettre l'identité féminine dont ce qui précède n'est qu'une partie, la partie matérielle, la partie immergée de l'iceberg. Il semble parfois que cette identité féminine soit tabou.

Qu'est-ce qu'une femme, en vérité, en dehors de tout cela? Une femme, c'est un individu avec des aspirations et des goûts. Une femme n'est pas une étiquette «FEMME».

La fille se débat en réaction ou en identification avec tous ces modèles auxquels elle est confrontée, qui lui sont montrés dans la vie de tous les jours et dans les médias: son prof, la femme de ménage, la secrétaire, la chanteuse, la rock-star, la sportive, la présentatrice du journal du soir... Toutes ces femmes! Elle se pose la question: et moi, que serai-je? Unique? Certes... mais comment? Qui voudrait-elle être? Qu'osera-t-elle être? Des pistes pourront lui être données par sa mère, mais c'est bien souvent ailleurs que la fille devra chercher un modèle. Si seulement sa maman lui disait qu'elle peut être plein de choses, qu'elle a le choix d'être une autre qu'elle, de tailler sa propre route en toute liberté et selon ses désirs, en accord avec ce qu'elle ressent! Cela serait bien suffisant. Car l'essentiel de la transmission des mères à leurs filles est l'estime de soi dans un monde où le féminin demeure encore soumis.

L'essentiel de la transmission des mères aux filles est la confiance en soi et de l'intuition.

L'acquisition de l'identité féminine : une problématique particulière

De toute évidence, l'acquisition de l'identité féminine relève d'une problématique particulière. Elle n'est pas, à mon sens, plus facile à acquérir ni à définir que l'identité masculine – contrairement à ce qu'en dit l'écrivain philosophe Élisabeth Badinter, qui considère que la tâche est plus délicate pour le petit garçon, car celui-ci doit impérativement se détacher de sa mère pour être un homme, avec l'aide de son père. Ainsi, il est condamné à la séparation, au risque de ne pas être sexué[6]. Pour la fille, le piège est différent, mais il est tout aussi dangereux, voire davantage, parce que plus subtil, moins visible : celui de manquer cette différenciation, d'autant plus qu'existe *le leurre de l'identique*.

C'est le piège de l'identification/séparation. Il faut faire du différent avec de l'identique. La fille est destinée à être femme, elle doit être femme. Donc, a priori, elle doit être « comme sa mère » tout en étant différente. Tout dépend alors de ce que sa mère lui transmet.

Ainsi, le risque de la fusion/identification est plus grand, au point que, tout en étant devenue une femme, la fille pourrait ne jamais être autre que sa mère, et ne pas arriver à vivre sa propre vie. Et si elle le fait, après avoir pris le risque de la séparation, ce ne sera jamais sans culpabilité.

Les garçons, parce qu'ils sont de sexe différent, ne sont pas enfermés dans ce choix : être soit tout comme maman, soit complètement autre.

Une femme adulte raconte :

Je m'en veux tellement de l'avoir écoutée en tout, de lui avoir obéi aveuglément. J'ai été si docile que je suis passée à côté de ma vie. Au lieu d'écouter mes désirs, j'ai écouté ma mère. Je me suis laissé définir par elle. J'ai suivi son modèle, qui n'avait rien à voir avec ma vie, mon époque, ma formation, ma nature. Je ne peux m'en prendre qu'à moi-même. J'étais libre de me différencier. Je n'ai été animée que par des croyances irrationnelles, et par cette culpabilité qui me faisait croire que je la blesserais si je vivais ma vie. Ma sœur, elle, n'a fait que ce qu'elle a voulu et ma mère n'a pas essayé de l'en empêcher. Elle aurait eu affaire à trop forte partie !

6. Élisabeth Badinter, *XY. De l'identité masculine*, Paris, Odile Jacob, 1992.

Cette mère, par son comportement, a sans doute entretenu sa fille dans sa culpabilité, l'empêchant de se différencier d'elle. Cela s'est passé différemment pour sa sœur. Chaque relation mère-fille est une histoire à part entière, et différente.

La découverte du corps de la femme

Le corps de maman. C'est une question d'intimité entre mère et fille. Tout dépend du fait que maman se montre nue dans la salle de bain devant sa fille, ou prend soin de cacher sa nudité.

C'est l'histoire de la petite fille qui découvre ce qu'est un corps de femme en regardant sa maman prendre son bain, presque tous les jours. À cette époque, maman n'était pas pudique, et l'enfant pouvait voir sur son ventre les traces que ses frères et sœurs, ainsi qu'elle-même, y avaient laissées : les vergetures. Comme autant de cicatrices de coups de fouet. Maman expliquait que sa peau avait éclaté comme celle d'un melon en été. Assise dans la salle de bain, la petite fille était fascinée par les seins de maman, si gros et si ronds. Elle imaginait qu'on pouvait, en les faisant tourner sur eux-mêmes, les détacher du buste comme deux ballons gonflables. Plus tard, sur les siens, naissants, elle a essayé ses cœurs croisés. Elle aurait voulu les voir pousser plus vite... De toute façon, ils n'ont jamais rattrapé ceux de sa maman !

L'éducation sexuelle

Dans ce domaine, et notamment en matière de sexe, il faut comprendre que ce sont surtout les messages inconscients, subliminaux, que la fille enregistre. La petite fille obéit non pas à ce que sa mère dit, mais à ce qu'elle pense.

Les règles

La manière dont ce séisme physiologique est présenté à une fille encore enfant (que ce soit par sa mère ou par quelqu'un d'autre) va la marquer à vie et sera déterminante pour son développement et sa conception de la féminité.

Une fille de quarante-trois ans explique :

Pour moi, c'est synonyme de Spasfon[7]*. Journée terrible où je me tordais de douleur. Ma mère m'a amenée chez le gynéco. Je crois qu'elle était dépassée, très inquiète ! Mais au moins avait-elle décidé de passer le relais au spécialiste !*

Il n'y a pas de vocable qui résonne agréablement pour désigner ce phénomène physiologique : les règles (à l'âge où elles surviennent, cela évoque plutôt, pour la jeune fille le double décimètre qu'elle doit toujours avoir dans son cartable !) Les menstruations (horrible, ce mot, monstrueux par homophonie !) ou des expressions ridicules telles que : « Les anglais ont débarqué » ou « Elle a ses ragnagnas » (là, c'est le summum : « Elle est *grognon*, elle a ses *ragnagnas* ! » Scrogneugneu !). On dit aussi « avoir ses ours », « ses pâtes ». On se moque plus ou moins gentiment, on utilise des périphrases. Quel effet cela produit sur une fille quand un papa rigolard appelle ses serviettes périodiques des « pâtes à cul », je vous le demande ?

Si on dit que les règles « débarquent », c'est parce qu'elles arrivent toujours à l'improviste, même si on connaît sa « période » ; c'est parce que, du fait qu'on ne maîtrise ni leur arrivée, ni leur flux, ni leur durée, on a l'impression de n'avoir aucun contrôle sur son corps. Voilà qui peut produire en nous une sensation de régression par rapport à la propreté. C'est la sensation que l'on a gardée en souvenir de l'époque où l'on faisait encore pipi dans la culotte, parce qu'on ne savait pas se retenir, et parce que maman allait nous gronder. Un sentiment de honte qui nous reste de l'apprentissage de la propreté. Et ce pantalon blanc qu'on a mis ce matin, flûte ! On n'avait pas prévu qu'aujourd'hui… Alors, on se voit déjà piquer un fard si une petite tache rouge vient subitement nous trahir, prouver que nous ne sommes pas impeccables de haut en bas. C'est sûr que tous les hommes du service vont s'en apercevoir !

On n'aime pas non plus laisser traîner nos tampons, nos serviettes périodiques. Aussitôt retiré, aussitôt jeté, de préférence pas

7. Spasfon : médicament antispasmodique qui calme les maux de ventre. (N.D.A.)

dans la poubelle de notre amant mais fourré dans notre sac, avant de les faire disparaître, une fois dans la rue, dans la benne à ordure la plus proche. Non, ces vestiges sales, on a hâte de s'en débarrasser, personne ne doit les voir ! Mais pourquoi est-ce sale ? Est-ce maman qui nous a inculqué sa propre honte, qu'elle tient elle-même de sa mère ?

Il faudrait, au lieu d'être consternées, comme le sont certaines mères quand leur fille est réglée pour la première fois, présenter les règles comme une fête, le début d'une vie nouvelle, même si, dans la pratique, pour la demoiselle, rien ne change : il faut toujours aller au collège et obéir à maman.

Une femme de quarante-sept ans m'a dit, lorsque sa fille de onze ans a eu ses règles : « Ça m'a fichu un coup ! Ma petite fille ! Déjà réglée ! C'est beaucoup trop tôt ! » Trop tôt, peut-être, mais *pourquoi* en faisait-elle tout un plat ?

Quand elle m'a raconté le souvenir que ses règles lui avaient laissé, j'ai compris pourquoi.

Ah, c'était l'horreur ! Ma mère me faisait utiliser des linges qu'il fallait que je lui donne à laver, j'avais honte de devoir récolter ça pour lui donner ! Vraiment, pour moi, la libération, c'est quand j'ai eu mes premiers tampons, que j'achetais avec mon argent de poche !

Ni vu, ni connu, les règles avec le tampon…

Il y a parfois un tel fossé entre la mère qui n'a jamais connu les tampons et sa fille. Ainsi, la mère regarde sa fille glisser dans son pubis, avec dextérité, ce tube de carton blanc glacé. En deux temps, un mouvement, celui du piston, la petite tige est fichée, le cordon pend à l'extérieur du sexe comme celui d'un rideau. La mère est médusée devant ce progrès, elle qui avait entre les jambes ces énormes couches en coton, du temps où elle était encore féconde. « Et ça ne fait pas mal ? » « Il ne faut plus être vierge pour porter ça… ?! » C'est ce qu'elle dit à sa fille adolescente et réglée lorsqu'elles effleurent (déflorent) le sujet. En fait, elle ne sait pas trop. Elle en a entendu parler, mais elle n'en a jamais mis et ne l'aurait sûrement jamais fait, même quand elle était encore en âge de le faire.

Il est vrai que la façon d'appréhender les règles et le traumatisme qui peut en découler sont liés aux moyens que l'on a pour lutter contre l'inconfort que procure le flux. Certaines mères de femmes qui ont quarante ans aujourd'hui n'utilisaient pas les moyens modernes qui étaient déjà à leur disposition, et « bricolaient » comme leur mère, avec des linges, des bandes de coton – d'où un tas de contraintes et pas mal de ratés.

On peut faire le parallèle avec les couches des bébés qu'on lavait à la main. Les couches-culottes nous ont permis de ne plus être en contact aussi direct avec les selles des petits, les sécrétions du corps. On en revient à la propreté.

Les filles sont libérées de ces sujétions, mais pas de la honte inconsciente de leur mère. On peut établir un parallèle avec les lavages répétés du vagin, qui découlent de la peur que les femmes ont de cette partie de leur corps. Nombre d'entre elles, il n'y a pas si longtemps encore, ignoraient tout de l'anatomie de leur appareil génital.

Et l'odeur… Personne ne nous a prévenues contre l'odeur. Maman ne nous a pas dit qu'on pue pendant les règles. Les tampons sont un grand pas en avant par rapport à l'inconfort que produit le flux, les mauvaises odeurs. On peut, tout en respectant cette fonction, en diminuer les inconvénients.

Durant les années soixante-dix, Annie Leclerc s'insurgeait contre l'usage du tampax :

Être femme, c'est ne pas avoir de règles. […] Alors, ce que je pense des femmes qui ne sentent rien quand viennent leurs règles, c'est qu'elles ont été, et qu'elles se sont radicalement tampaxisées, bien avant leur premier Tampax[8].

Thèse opposée, un homme me disait à ce propos :

Ce discours sur le Tampax, comme quoi son utilisation serait la preuve d'une féminité mal assumée, c'est réac ! Pourquoi ne pas renoncer aussi à la péridurale pour connaître les douleurs de l'enfantement ? Il faut vivre avec son temps et l'on reste une femme quand on a recours au Tampax (il savait de quoi il parlait !). Tu ne vas pas me dire que tu ne vis pas ta féminité parce que tu mets des Tampax ? Tu ne vas pas non plus en revenir aux linges lavés à la main, et ne pas aller au bureau ces jours-là parce que tu es indisposée !

8. Annie Leclerc, *Paroles de femme*, Arles, Babel, 2001, p. 69-70.

Cet homme m'a fait réfléchir… Indisposée, pas disposée, mal disposée, ça fait un peu malade et même en colère, non ? Et tout cela une fois par mois. Faut-il dire, comme Annie Leclerc, que les femmes qui n'ont aucun symptôme lors de leurs règles – le fameux syndrome prémenstruel qui fait pétocher rien qu'à le nommer – nient leur féminité, comme maman qui disait qu'il fallait cacher cet état, parce que c'était sale ? Non… mais puisqu'on parle de péridurale… fermez la porte, s'il vous plaît, pour que personne n'entende…

Pour mon fils, mon premier enfant, c'était trop tard pour qu'on me fasse la péridurale, que j'avais pourtant demandée. Eh bien, après l'accouchement, je me suis dit qu'après tout j'étais contente de savoir ce que c'était, ces fameuses douleurs d'accouchement, le « Tu enfanteras dans la douleur » de la Bible, ces mouvements d'expulsion si puissants qu'on ne s'appartient plus. On sent en soi la force irrépressible de la nature. En cet instant, c'est elle qui fait la loi. Elle est maîtresse de notre corps. On n'a d'autre choix que de la suivre, de l'accompagner. D'une certaine façon, ce beau bébé, je me disais que je l'avais mérité, parce qu'à part accoucher il n'y avait rien eu d'autre à faire. L'épreuve était à la fin. Et je ne mourrais pas idiote… Cela ne m'a pas empêchée de demander la péridurale pour ma fille et, cette fois, on a pu me la faire. Pas maso, quand même ! J'avais compris !

Pour les règles, c'est pareil. Il m'arrive de ne pas mettre de Tampax et de sentir le liquide chaud couler. C'est vrai que je crains les débordements, mais si je suis au repos chez moi, cela ne me dérange pas plus que ça. Si je suis en pleine journée de travail, c'est différent. Dans ce cas, je ne crois pas, du moins au niveau conscient, que je me protège par honte des règles, c'est plutôt pour le côté pratique. Et puis, moi qui fréquente beaucoup de femmes plus âgées que moi, je connais le prix des règles, au sens de richesse…

Certains hommes n'aiment pas le sang qui coule. Quoi qu'ils disent. Mais bien souvent, c'est nous qui avons honte de nous présenter ainsi face à eux, et c'est stupide. Là encore, on ne nous a rien dit. Surtout pas que, lorsqu'on a ses règles, on est plus sensible, et que l'acte sexuel est plus agréable.

La fille verrait-elle en l'homme, ainsi que l'avance Nancy Friday, la mère « maniaque qui est restée dans son inconscient depuis l'apprentissage de la propreté » qui « ne peut voir en elle qu'un être sale, répugnant, inacceptable[9] » ?

Une femme de quarante-trois ans se souvient, amusée :

J'étais très jeune, je devais rejoindre un amant pour la première fois et je me souviens avoir pris la pilule en continu pour ne pas avoir de règles, mais la gynéco qui m'avait donné ce conseil m'avait tout de même réprimandée : « Ah bon, parce que ça le dérange ???!!! » Je ne savais pas si ça le dérangeait, mais, pour une première fois, je ne trouvais pas ça très... heureux avec un homme pas vraiment familier. Pour la petite histoire, je n'ai pas eu mes règles, mais j'ai attrapé une telle bronchite que je n'ai pas pu échapper à la honte de lui tousser dessus sans interruption ! Aujourd'hui, on me prend comme je suis, au stade du cycle où j'en suis (rires). Je suis une femme, et si monsieur apprécie mes seins... ça fait partie du packaging ! *Dans le fond, je fais davantage confiance aux hommes et j'assume mieux ma féminité. Vieillir doit avoir du bon, n'est-ce pas ?*

Les règles sont notre nature, et l'on pourrait, chaque mois, comme un rite, célébrer leur venue, les accueillir avec joie.

J'ai vu comment, après une longue période d'aménorrhée, leur retour a marqué mon propre retour à la vie. Quand elles sont réapparues, la femme est réapparue avec elle, ainsi que son énergie vitale. J'ai senti le sang couler à nouveau... dans mes veines. Je ne les vois plus comme une contrainte tous les vingt-huit jours, mais comme une chance, un signe et une garantie de bonne vitalité, un signe inexorablement et nécessairement lié à ma féminité.

Au moment de l'apparition des règles, il y a, chez la petite fille, l'appréhension de ce passage à l'état d'être sexué et, à la fin, chez la femme, avec leur disparition et la ménopause, l'appréhension de ne plus être un être sexué. Une boucle bouclée, avec la peur aux deux extrémités.

Toujours est-il qu'avec l'apparition des règles de la fille cohabitent soudainement sous le même toit deux êtres sexués, ce qui instaure une jalousie, une rivalité inconsciente. La mère n'est plus la seule à pouvoir donner la vie, à avoir un sexe et « un équipement »

---

9. Nancy Friday, *Ma mère, mon miroir, op. cit.* p. 137.

en état de fonctionner. En même temps, elle a peur pour cette «petite» fille qui continue à dormir avec un bataillon de toutous en peluche et à qui il arrive encore de se traîner sur le parquet pour faire avancer les carrosses de ses poupées. De jolis carrosses tirés par des chevaux bleus à crinière rose.

Ces règles qui sont parfois vécues comme une gêne par les très jeunes filles sont aussi exploitées par les plus grandes. Combien de fois leur permettent-elles d'être dispensées de gymnastique? Et plus tard, dans le cadre conjugal, d'être dispensées de faire l'amour – quand ces mêmes règles remplacent la migraine classique… ?

Comment on fait les bébés

Une fille se souvient toujours des circonstances et du lieu où elle a appris comment on faisait les bébés.

La plupart du temps, les mères n'assument pas le rôle qui leur revient dans l'explication de la sexualité. Souvent, ce silence des mères, qui aujourd'hui a été relayé par l'éducation sexuelle dispensée à l'école ainsi que par des ouvrages de vulgarisation, procède d'une forme de pudeur mais, surtout, résulte de l'appréhension, chez la mère, de voir changer sa fille, de la voir grandir et donc se préparer à partir. C'est aussi la peur du sexe, ce dernier étant associé dans la tête de la mère à la honte et au danger.

Moi, j'ai tout appris d'une copine sur mon aire de jeu préférée, les jardins de l'église orthodoxe, en bas de chez moi, sous les palmiers dattiers. J'en avais l'œil écarquillé… et les oreilles, n'en parlons pas! C'est la sœur aînée d'une fille de la classe, une «vieille» qui avait douze ans, qui m'a expliqué comment on faisait les bébés, très fière de son *scoop*. Il y avait de quoi!

Carrière de femme

Qu'est-ce qu'une carrière de femme? C'est mener au mieux cette vie aux multiples casquettes: celle de l'épouse, de la mère, de la professionnelle, de la femme ayant accès au plaisir et à la réalisation personnelle. C'est la conjugaison de toutes ces facettes, au mieux, dans un but unique: être une femme «heureuse». J'entends émettre certains doutes: pas facile… Oui, c'est vrai, quel programme!

Dans un premier temps, la mère guide sa fille (ou ne la guide pas) dans sa «carrière de femme» – en fonction de ce qu'elle lui dit ou ne lui dit pas, notamment sur la sexualité et la relation aux hommes. Ce n'est pas seulement une question de génération, mais il faut reconnaître que nos mères n'ont pas toujours su nous guider en matière de sexualité. Savaient-elles seulement elles-mêmes? D'autant plus que c'est un domaine très encombré de phénomènes inconscients et d'ambivalences.

Or, justement, ce qui compte, ce sont les messages inconscients que transmettent les mères. Toutes ces contradictions entre ce qu'elles disent, font et ressentent profondément et parfois bien souvent inconsciemment, la fille les perçoit.

Maman: «Si tu savais, ma chérie, comme c'est tellement mieux quand on aime!»

Voilà le joli cadre du délire romantique en place! C'est maman qui l'a planté et pour longtemps: le désir mis en veilleuse, et le sexe pour le sexe, banni! Avec pour toile de fond: les femmes sont attachées aux sentiments… les femmes sont sentimentales… les sentiments, c'est le registre des femmes!

Ce que maman dit des hommes et… ce qu'elle ne dit pas

Ce que les mères disent sur les hommes à leurs filles est déterminant. «Le dit et le non-dit sur les hommes de notre mère s'enregistre en nous de manière indélébile[10].» Si la mère a tendance à dénigrer les hommes et le père, il y a fort peu de chance que la fille ait une bonne image d'eux, au fond d'elle-même. Il y a aussi en ce domaine un fort impact de l'éducation par l'exemple. Comment, notamment, avoir du discernement dans le choix d'un partenaire quand on n'a pas eu d'exemple structurant dans la relation de couple de nos parents?

La position de l'homme, l'image du père

L'absence de père peut «donner» des filles qui ne comptent pas sur les hommes, ni sur un mari pour vivre et qui ne voient pas dans un

10. Paule Salomon, *La sainte folie du couple,* Paris, Albin Michel, 1994, Le Livre de Poche, 2002, p. 35.

homme leur « carrière ». C'est l'opposé de ce qui se passait dans les salons du XIXe siècle, où les filles faisaient leur entrée pour trouver un mari – le seul salut pour elles, la jeune fille non mariée encourant l'opprobre. Aujourd'hui, la question subsiste : se « caser » ou non ? Mais l'enjeu n'est pas le même, la fille a un métier, ou tout au moins elle travaille ; elle est indépendante financièrement.

Il y a aussi ce que le père donne à voir lorsqu'il est présent. La structure psychique du père a un impact sur celle de sa fille. Donne-t-il l'exemple d'un homme effacé ou présent ? D'un homme avec qui il faut compter ? D'un homme autoritaire et despotique ? Ou doux ? D'un homme avisé ou naïf ? Tout cela n'est pas sans incidence sur sa fille.

Ce qui fait dire à Clarissa Pinkola Estés, dans *Femmes qui courent avec les loups* : « Les filles dont le père est naïf mettent souvent longtemps à s'éveiller[11]. »

Dans un monde parfait, neutralité ou juste milieu

Dans un monde idéal, une mère prodigue, en toute neutralité à l'égard des hommes et sans faire de son expérience personnelle une généralité, quelques séances d'éducation sentimentale à sa fille. Je n'ai pas dit d'éducation sexuelle, laquelle est non moins fondamentale mais aujourd'hui relayée par l'école de manière assez satisfaisante, mais d'éducation sentimentale, d'éducation relationnelle… d'éducation à la relation amoureuse.

Ce sont parfois des amies, de « vieilles » amies, à condition que ce soient des femmes d'expérience, qui lancent quelques maximes éparses, points de repère pas toujours en rapport avec notre sujet, mais que la très jeune fille peut se mettre dans un coin de la tête, ou derrière l'oreille, c'est comme on veut…

Par exemple :

- Sur le fait d'épouser un homme plus âgé : « N'oublie pas que si une femme peut toujours recevoir, un homme, un jour, ne peut plus donner ! » Vu et noté (la dame en question, ancienne très

11. Clarissa Pinkola Estés, *Femmes qui courent avec les loups*, Paris, Grasset et Fasquelle, 1996, Le Livre de Poche, 2002, p. 128.

jolie femme, avait quatre-vingts ans). De cela, on déduira que plus la femme vieillit, plus son choix doit se porter sur des compagnons plus jeunes ! Voilà qui, je pense, vous ira très bien, tout comme à moi !

- Sur le choix amoureux en général : « L'essentiel, pour une femme, c'est d'être bien accompagnée. Un homme doit lui faciliter et lui embellir la vie. S'il la lui complique, il faut en changer ! » (La femme qui applique cette maxime vit un troisième âge affectivement et sexuellement très actif. Cela ouvre des horizons…)

Terribles, ces vieilles dames sans peur et sans tabous ! Si c'est cela, ce n'est pas très lourd et la jeune-fille débarque dans la vie amoureuse avec très peu de bagages en matière d'éducation sentimentale et relationnelle, à part ce que sa mère a bien voulu lui « lâcher » sur les hommes.

Une chose est sûre, une mère qui a en elle une charge trop négative envers les hommes est aussi dangereuse pour le bonheur sexuel et amoureux de sa fille qu'une mère permissive qui ne place pas de balises, ou qui les place après coup, quand c'est trop tard.

Car cela existe aussi, les mères « enfants », les mères « jeunes filles » qui tombent dans le panneau du prince charmant en même temps que leur « rejetonne », qui succombent au charme du prétendant, sans rien voir venir.

Une fille raconte :

Maman ne m'a pas mise en garde quand j'ai épousé un homme de dix ans plus âgé que moi, et divorcé de surcroît. Elle aurait dû sentir qu'il avait un coup d'avance sur moi. Aussi, à notre première visite chez elle, il a su la séduire. Il lui a offert trois douzaines de roses rouges. Seulement, des années plus tard, avant même que j'aie formulé dans ma tête le projet de le quitter, il avait déjà vidé la maison et les comptes bancaires ! Maman, elle aussi, était tombée sous le charme et n'avait pas vu que nous avions affaire à un filou !

Les mères silence, les « sans opinion » ou les « Vas-y pour voir ! »

Et puis, il y a les mères silence qui ne parlent pas des hommes parce qu'elles en ont peur. Elles ne les connaissent pas, ne savent pas quoi en dire. Elles laissent partir les filles sans savoir, sans savoir-faire, pour voir comment elles se débrouilleront, et ce qu'il en sortira. Croisant les doigts, vivant l'aventure par le truchement de leur fille, ou parfois espérant qu'elles galéreront comme elles ont galéré elles-mêmes...

Mieux vaut encore une mère qui ne dit rien, ni en bien ni en mal, qu'une mère qui dit une chose et qui, au fond d'elle-même, en pense une autre. La fille le sent. Une mère qui ne dit rien, au moins, n'inculque pas de préjugés à sa fille. Mais celle-ci doit alors aller chercher ailleurs, auprès des autres filles.

Ou auprès de frères plus âgés – dont elle découvre la pile de *Playboy* sous le lit. Ce sont eux qui lui ouvrent les yeux ! C'est mieux que rien !

Certaines de ces mères silence qui ne nous disent rien ou ne nous adressent que des messages contradictoires nous reprochent parfois d'avoir mal mené notre barque. On flirte alors avec la rivalité inconsciente de la mère.

Une fille explique qu'il est arrivé que, à certains moments, sa mère lui donne ce conseil : « Pense à toi ! »

Et maman rajoutait : « Si tu étais restée dans l'état d'esprit qui était le tien quand tu étais célibataire, tu n'en serais pas là ! » Il était bien temps de me dire cela, maintenant que j'étais mariée, mère de famille, avec tous mes désirs mis en veilleuse ! Pourquoi ne m'avait-elle pas prévenue plus tôt ? Voulait-elle inconsciemment que je fasse comme elle ? Ou pas mieux ? Elle a enfoncé le clou le jour où elle m'a dit : « Je ne pensais pas que tu aurais cette vie-là ! » Elle ne m'a jamais précisé quelle vie j'étais censée avoir ; mais combien de fois ne m'a-t-elle pas servi : « À ton âge, j'étais mariée, j'avais déjà deux enfants, etc. » ? Maman n'a pas vu que j'étais une autre femme qu'elle. Les mères, ça ne sait pas, ça ne dit pas, et ça croit avoir dit !

Les mères incitatives

Les mobiles qui font qu'une mère pousse sa fille dans les bras d'un homme peuvent être multiples. Il peut y avoir un moment où la mère trouve la fille encombrante et souhaite la voir partir, se marier, pour qu'elle soit «casée», pour qu'elle ne soit plus un souci, pour qu'elle s'adjoigne le soutien d'un homme qui prendra le relais de maman. Parfois, c'est pour qu'elle ne soit plus une bouche à nourrir.

Une fille de trente-huit ans raconte:

Cette manie qu'elle a de vouloir que je me case! Quand je me suis retrouvée à nouveau libre après mon divorce, elle m'a dit qu'il fallait que je refasse ma vie, comme si ça l'angoissait, exactement comme elle me le disait quand j'avais vingt ans!

Certaines mères sont donc incitatives, par peur que leur fille ne finisse vieille fille…, comme cette mère qui adressait cette mise en garde à sa fille de vingt-trois ans (encore) célibataire: «Méfie-toi! À force de vivre seule, tu ne pourras plus t'habituer à un homme!».

S'habituer à un homme, voilà une expression qui porte en elle une signification très lourde. Vous entendez, messieurs? Vivre avec un homme demande un effort. Il vaut mieux s'y prendre de bonne heure! Comme si les hommes étaient la réponse à tout. Cette mère disait cela à sa fille tout en lui faisant comprendre que la sexualité était mauvaise et que les hommes abuseraient d'elle! Néanmoins, marquée par cette phrase, la fille s'est mise désespérément en quête d'un compagnon. Elle s'est précipitée, en a trouvé un, pas forcément le bon, calmant ainsi les craintes de sa mère. Rassurée sur son avenir, elle s'est dit: «Comme ça, je finirai bien par m'habituer!»

Là, le message transmis par la mère à sa fille est: «Une femme sans homme n'est rien du tout.» Il en faut un, nécessairement. Voilà pourquoi les filles peuvent être atteintes de délire romantique une bonne partie de leur vie, obsédées par le besoin d'un homme.

C'est comme si, par les interdits qu'on fait peser sur elle pour soi-disant la protéger, pour qu'elle ne prenne pas de risques sur le plan sexuel, professionnel, etc., on voulait épargner à la «petite» fille ce qui à l'âge adulte lui sera infligé à la puissance dix. Intériorisant ces limitations, elle trouvera un travail tranquille et peu rémunérateur et recherchera la protection d'un homme. Mais comme cela n'existe pas, elle a une chance sur deux de… se faire plaquer. Ainsi, au nom de sa soumission orchestrée par son éducation, elle élèvera seule ses enfants, sans moyens, en tirant le diable par la queue! *Alea jacta est!*

Les femmes aujourd'hui ont élargi leur univers, mais elles continuent à avoir peur d'être abandonnées, alors elles se diminuent, se limitent volontairement. Elles renoncent à l'indépendance et, devant leur mari comme devant leur mère, elles disent: « Je suis fragile. Protège-moi. Je suis toi... » Du coup, le mâle se fait la malle. Et on le comprend. Lui, il a besoin de sexe et pas d'une petite fille!

Bien souvent, c'est alors que nous ne sommes pas encore séparées de notre mère que nous devons, nous les filles, faire le choix de notre compagnon. Voilà pourquoi les premières unions ont moins de chance d'être réussies que les secondes... C'est peut-être pour ça que certaines filles espacent de plus en plus les relations sexuelles avec leur compagnon: elles le prennent pour maman!

L'amour suppose une séparation. À défaut, il est impossible d'établir une relation saine avec un homme. C'est ce qui explique pourquoi on dit parfois que le mariage marque la fin de l'amour lorsqu'il s'agit par là de transférer la symbiose sur le mari.

Dans le rapport sexuel, on rejoue la symbiose et l'on voudrait la voir perdurer au-delà de l'acte. Voilà l'hérésie, la tentation, la rechute, alors qu'on a eu tant de mal à se séparer de maman! C'est ce que font certaines femmes qui, au prix d'efforts méritoires, ont pourtant réussi à acquérir l'autonomie, puis qu'on voit se précipiter à nouveau sous la protection d'un homme comme sous celle d'une mère.

Pire, la fusion tue le sexe. Je me souviens avoir lu dans un magazine (faut-il croire tout ce que racontent les magazines?) que les couples qui dorment ensemble tous les soirs depuis des lustres n'éprouvent plus guère le besoin de faire l'amour, car il se passe, pendant le sommeil, un échange hormonal qui équivaut à celui qui a lieu lors de l'acte sexuel. Moi, je dirais que leur besoin de contact, de fusion, est comblé. Collés l'un contre l'autre, ils connaissent la plénitude. Ont-ils vraiment besoin de plus? Le sexe, dans ces conditions, est superfétatoire!

Remarque d'un homme divorcé de cinquante ans: « Avec les femmes, c'est toujours le même scénario, au départ tout va bien, puis elles veulent l'engagement, une maison en commun... » Oui, la sécurité, comme avec papa et maman.

On comprend pourquoi, lorsque nous sommes en couple, nous semblons soudain nous endormir. Pour certaines, c'est comme si elles étaient avec maman, qui devait tout faire, subvenir à tout.

Nos mamans ne nous ont pas dit souvent (mais comptez sur moi pour le dire à ma fille!) qu'on peut s'épanouir toute seule, sans homme, ou qu'au moins il est possible de trouver d'autres sources de satisfaction et d'autres centres d'intérêt, qui pourront s'ajouter à ceux que nous procurent ces messieurs.

Pas à une contradiction près, ce sont parfois ces mêmes mères incitatives qui nous accusent volontiers «de faire la vie» lorsque notre sexualité commence à prendre son essor. À la fois curieuses - pour ne pas dire voyeuses - et prêtes à sanctionner. En tout cas, déroutantes et déroutées. Il faut dire à leur décharge qu'elles raisonnent souvent en fonction de leur propre expérience et de leur époque - alors que les relations hommes-femmes ont évolué depuis... un peu.

Dans le roman *Onze minutes* de Paulo Coelho, Maria, l'héroïne, veut faire une carrière artistique en Europe. Elle ne cherche donc pas un mari. Sa mère lui dit:

Les carrières artistiques, c'est très bien pour les jeunes filles, mais ça ne dure que tant que tu es belle [...]. Donc profites-en, trouve-toi un garçon honnête, amoureux et, je t'en prie, marie-toi. Il ne faut pas trop penser à l'amour[12].

Au nom du souci qu'elles se font pour nous, de façon très légitime, nos mères nous donnent des conseils parfois très inadaptés à notre nature.

Toute la vie d'une femme peut se résumer à cette lutte pour sortir de la dépendance affective transférée de maman à son homme. Toute sa vie, une femme oscille entre le désir de liberté et le besoin de protection. Une grande partie de son énergie s'use dans cette lutte intérieure pour se convaincre qu'elle est un individu à part entière, doté de qualités, ayant des choses à faire, une vie personnelle à vivre, une trajectoire, tout en restant une femme sexuée. Sur le chemin pour y parvenir, la femme connaît des moments de régression. Elle est

12. Paulo Coelho, *Onze minutes,* Paris, Anne Carrière, 2003, p. 56.

tentée d'écouter l'envoûtant chant des sirènes qui lui susurrent: «Retourne à la symbiose, ma jolie, retourne à l'abri. Tu sais comme c'est doux!»

Rien n'est jamais acquis...

La solution n'est pas de se couper de ses besoins en déclarant: «Moi, les hommes, je m'en passe, je ne veux pas m'attacher et retomber dans le toi et moi!» C'est ce que j'entends fréquemment autour de moi, de la part de femmes mûres, des «revenues» de la fusion... «Le sexe, ça s'oublie, la libido passe avec l'âge.» Ouais, ouais, il y a des activités compensatoires, on le sait. Le jardinage, par exemple...

Non, la question est: comment avoir une vie sexuelle sans «s'attacher», en restant séparée et en échappant au désir du retour à l'âge d'or de la fusion, cette fusion qui nous empêche d'être? Car le sexe, pour une femme, est une souricière. À compter du moment où elle a consommé, la voilà prête à fusionner, l'inconsciente!

Certaines femmes ont trouvé la mauvaise solution: elles ne fusionnent pas avec l'homme mais avec l'enfant. La boucle est bouclée. Erreur!

Il me semble que j'ai toujours eu une relation symbiotique, fusionnelle avec un homme lorsque j'étais fâchée avec... maman. Sinon, j'arrivais à maintenir une certaine distance entre lui et moi, puisque j'avais... maman. Et puis, chaque fois qu'entre elle et moi ça bardait, elle disait: «Ton copain ne te supportera pas! Tu es trop insupportable!» Pour elle: maman = copain. Si je suis «vilaine» avec maman, je suis «vilaine» avec mon copain. C'est ce qu'on pourrait appeler la *con-fusion*!

En aparté, entre nous et nous: «J'ai deux amants, c'est bien plus confortable!» chantait Yvonne Printemps durant les années trente. Pas si sûr! Bien des femmes disent que c'est trop compliqué et que c'est ce qui les arrête. En fait, ce qui les arrête, c'est la peur du manque, oui, la peur de perdre l'homme qui représente la relation principale, le mari, lorsqu'il apprendra leur infidélité. Ce qui les arrête n'est pas la morale, ni les complications! La peur de perdre la relation principale est puissante, parce que cette relation-là est fondée sur l'attachement, lui-même trouvant sa source dans le sentiment que l'autre répond à un de nos besoins les plus archaïques, les plus primaires au sens de «premier», à savoir le besoin de sécurité. La sécurité que maman nous apportait lorsqu'on était nourrisson. On comprend pourquoi les femmes ne quittent pas leur mari pour leur amant, même si elles éprouvent de puissants sentiments pour lui. L'attachement qui nous fait rester avec ce substitut maternel qu'est notre conjoint est le plus fort. D'autant plus si maman nous a fait passer ce message: personne ne nous aimera comme elle – message qui est à l'origine de la fausse croyance selon laquelle on ne peut aimer qu'une personne à la fois. Ainsi, chaque amour nouveau suscite la peur d'être abandonnée par celui qui n'est pas là.

La perte de la virginité: à chacune son style, mais maman est toujours là…

Bien souvent, les filles ne s'adonnent au sexe que pour retrouver la symbiose avec leur mère. Les mères attachées à la virginité de leur fille sont moins nombreuses aujourd'hui, mais elles sont encore un peu soutenues dans leur démarche par l'inconscient des hommes. De nombreux hommes veulent une bonne affaire au lit, mais nourrissent secrètement le fantasme de la vierge, de la «fille bien». Ils n'aiment pas les «filles faciles»; les femmes libérées leur font peur, tout en les attirant. Dilemme.

Une fille raconte ses démêlés avec la virginité:

Moi, la virginité, c'était quelque chose qui m'encombrait, j'étais dans ma tête plus avancée que ce «truc»: je ne voulais pas en faire une affaire d'État. Quand je l'ai perdue, je me suis dit: «Ouf! Voilà une bonne chose de faite!» J'allais maintenant affronter le monde des hommes librement. Je n'étais plus marquée de cette étoile jaune qui en disait long sur ma vie amoureuse jusque-là. J'ai perdu ma virginité sur le tard et celui qui m'a délivrée de ce poids était surpris du décalage entre l'image que je dégageais d'une fille sexuelle et la réalité. Je n'avais aucun regret d'avoir attendu, j'étais prête mais, quelque part, j'avais un peu honte… J'ai voulu rattraper le temps en peu de temps et je l'ai fait. Il n'était pas question de faire une fin avec mon dépucelage, mais bien un commencement, pour que l'image colle enfin à la réalité. Voilà pourquoi, tout en me mourant d'amour pour le garçon en question, je l'avais inconsciemment choisi parce qu'il n'était pas libre et qu'il ne risquait pas de me demander en mariage ! Contradictoire, comme ma mère ! Il y a les vierges dans leur tête, je crois que je ne l'ai jamais été dans la mienne.

Au campus, nous étions trois filles délurées, toutes trois vierges. À nous trois, nous étions puissantes contre les garçons. Isa ressemblait à ma mère. Comme elle, elle était toujours en action. Elle conduisait, elle venait me sortir de chez moi, elle me donnait des ordres et je la suivais. Mais comme j'avais un faible pour les garçons et qu'ils le sentaient, j'étais souvent « enlevée ». Isa jouait bien son rôle de mère inquiète, gardienne de ma réputation et de mon cœur aussi ! Un jour, elle m'a dit : « Ce garçon, quand l'année sera finie, d'ici quelques mois, tu ne le reverras plus ! » Le soir même, au lit, j'ai répété au prétendant, mot pour mot, les paroles d'Isa, et je ne l'ai pas laissé aller plus loin. Il avait fallu que je me trouve une mère chaperon !

Plus tard, lorsque je me suis retrouvée sans maman et sans chaperon, j'ai éprouvé un sentiment de solitude. Et là, j'ai décidé d'accorder à un homme ce qu'il désirait. Même si j'aimais le sexe – et jusque-là j'avais joué avec sans m'y laisser prendre – je voulais désormais un homme, une présence avec qui fusionner !

La fille peut avoir tendance, loin de sa mère, à créer cette situation où un chaperon se substitue à maman, mais dans une version plus permissive. Car beaucoup de filles, devenues adultes, ont encore besoin de l'approbation de leur mère.

Parfois, le chaperon est fantasmé, intériorisé ; c'est la mère intérieure qui en assume la fonction. La mère intérieure, c'est lorsque la mère est devenue une certitude intérieure.

Une fille de quarante-deux ans illustre ce fantasme :

Maintenant que je suis une femme mûre, quand je vais vers un homme sans chaperon, je suis dans une grande exaltation, mais malgré tout j'ai toujours la sensation d'aller vers le grand méchant loup ou dans l'antre de l'ogre. C'est ma mère intérieure qui me suggère cela, en lieu et place de l'autre. Et je suis toujours un peu étonnée de revenir vivante, pleine de plaisir à ras bord. Je ne le raconte à personne, surtout pas aux autres filles, j'aurais peur de faire des jalouses ! Et surtout pas à maman…

Toujours cette sensation, quand la femme est sexuelle, de braver l'interdit de maman et des autres filles, celles qui ne s'autorisent pas à agir !

Une fille de trente-quatre ans s'insurge :

Je ne comprends pas pourquoi maman me reproche toujours d'être une évaporée en short et en minijupe. Ce n'est qu'une partie de moi, mais elle, elle ne voit que ça. Elle ne supporte pas de me voir en femme sexuelle, à mon âge, elle me voudrait comme sa petite fille éternellement sage.

Quand on est mère, on a peur pour ses filles : c'est pour cela qu'on les limite… On ne sait quoi dire, on ne veut pas trop les encourager.

Maman et la masturbation

Une fille avoue

La masturbation n'était pas un interdit formulé parce que j'ai toujours été enfermée à double tour ! Je savais confusément que c'était un truc qui risquait de me créer des problèmes. Mais c'était mon corps et ça ne regardait personne. Du coup, je ne m'en suis pas privée et j'ai pu attendre un peu avant de me jeter sur les garçons.

Les mères préfèrent ne pas en entendre parler. Très tôt, maman écarte les petites mains de sa fille de son sexe. La masturbation est associée à la culpabilité qui résulte du fait de se donner du plaisir toute seule, ou avec le godemiché et le vibromasseur. Aujourd'hui, l'usage des *sex toys* est davantage vulgarisé chez les jeunes filles.

Maman et le sexe ou le modèle maternel façon bête de sexe

Quand la mère voit les regards des hommes se poser sur sa fille, des hommes plus âgés, elle a forcément un réflexe d'inquiétude. Elle a peur de ce qui représente une menace. Elle voudrait que sa fille reste sa petite fille. À partir de là, elle commence à poser des interdits, des inhibitions. Il faudrait qu'elle mette en garde sans inhiber, sans dire que le sexe est mauvais.

Ces mères aux ordres contradictoires...

Il y a ce que maman voudrait paraître, moderne et «dans le coup», et ce qui est sa croyance profonde, une conception à l'ancienne qu'elle nous a un peu transmise (mais pas trop); enfin, jusqu'à ce que nous ayons commencé à être active sexuellement, bref, jusqu'à ce que nous soyons entrées sur le marché du sexe. Ces messages contradictoires que les mères transmettent à leurs filles sont un véritable imbroglio, à l'origine de celui qui commande nos comportements. Par moments, nous ne savons plus si nous sommes une roulure[13] ou une femme sexuée qui assume sa sexualité. Nous jouons simultanément les Messaline et les vierges effarouchées. Pas vraiment étonnant...

Lorsque vous lui racontez une histoire d'amour qui a tourné court, elle répond: «Ben, tu penses, les hommes, maintenant, ils ont tout et tout de suite! Pourquoi veux-tu qu'ils fassent des efforts?» Et vous vous souviendrez longtemps de son regard si votre copine commet la gaffe de dire que le monsieur était un juif avec l'étoile de David au cou, poilu, coupé et tout et tout, ou un cheik d'Arabie Saoudite portant le chèche! Pourtant, votre maman n'a jamais tenu de propos antisémites, ni racistes! Pourtant, vous l'avez bien vue, sa lueur d'excitation dans les yeux, oui, oui, en même temps que sa consternation! «Ma fille, tâche de l'avoir!» Parfois, maman vous incite, dans la jungle de la vie, ce safari sentimental, à capturer la bête.

Votre mère, comme beaucoup de mères, a fait passer le message (entre autres) que ce n'est pas bien de faire l'amour avec un monsieur dès le premier soir sans contrepartie, comprenez sans la bague au doigt (enfin, maman, pas dès le premier soir quand même!). Elle n'était pas prête à entendre que vous vous serviez du corps du monsieur autant que lui se servait du vôtre, que c'était un échange égalitaire, que vous n'étiez pas plus que lui un objet, que, dans cette affaire, vous étiez un sujet agissant et qu'on ne vous exploitait pas. Il n'empêche, il se peut que quelque part soit fichée dans votre cervelle cette petite, très petite, toute petite idée pernicieuse voulant que, quand vous donnez (prêtez) votre corps à un monsieur, peut-être qu'il en abuserait un peu, et peut-être même de votre jeunesse... «Il t'exploite!» C'est l'image de l'homme que maman nous a transmise.

13. Roulure: terme familier signifiant une femme dépravée ou désignant une prostituée (terme injurieux).

Beaucoup de femmes n'arrivent jamais à se libérer des lois de l'adolescence et elles reportent cela sur d'autres femmes, les copines : « Qu'est-ce qu'en pensera ma meilleure amie si elle sait que j'ai couché avec cet homme le premier soir ? »

Votre maman, elle veut souvent savoir si vous avez rencontré quelqu'un. Alors, si vous lui racontez, ne serait-ce qu'un peu, elle se réjouit dans un premier temps, puis, à l'occasion d'une tension quelconque, elle vous lance que vous ne pensez qu'à courir après les hommes – quand vous n'êtes pas scotchée à votre ordinateur à écrire des romans ou à écumer les boutiques pour acheter ces mini-jupes qui font qu'un jour on vous violera ! Vous trouvez cela terrible. Quelle traîtrise ! Quelle extrapolation ! Quel détournement de vos confidences ! Oh, et puis flûte à la fin ! Dites-vous que, finalement, c'est un raccourci plutôt assez sympathique de ce que pourraient être vos préoccupations dans la vie : l'amour, la littérature et le shopping ! Elle n'a pas tort ! Voilà qui confirme, si besoin en est, que maman a peur du sexe. Bon !

Il n'empêche, si elle ne lâche pas grand-chose sur le thème de sa propre sexualité – votre mère a toujours été discrète sur le sujet et cela vaut mieux pour vous –, le peu qu'elle vous en dit est parfois assez direct et instructif, surprenant même. Elle ne cache plus, alors, que le sexe a du bon. Comme cette mère qui disait à sa fille : « Ton père n'a jamais pu s'habituer à quelqu'un d'autre. Il y a des femmes comme ça, qui ont le sexe très serré. Ma mère, quand elle voyait ton père si amoureux, me demandait : "Tu as le minou en or ou quoi ?" » La preuve qu'en matière de sexe les mamans sont parfois un brin mégalomanes… et les grands-mères assez coquines !

Elle peut aussi vous avoir adressé une mise en garde sans équivoque concernant la sodomie : « Surtout, ma fille, n'accepte jamais ça ! Les filles qui se laissent faire ça ont des problèmes d'incontinence après ! Elles ont les sphincters tellement relâchés qu'elles n'ont plus aucune sensation ! »

Adieu la sodomie pour la vie !

À ÉVITER : les confidences entre mère et fille sur leur sexualité respective ! Mais sur la sexualité en général, trouvez-moi une mère qui va parler du clitoris à sa fille… Ce qui fait dire à Nancy Friday :

« Ce que les femmes, par peur, ont l'impression de devoir protéger et nier, elles peuvent aussi apprendre à le libérer[14]. »

L'interdit de la vie amoureuse

Une fille de quarante-cinq ans raconte :

Finalement, la loi de ma mère, j'y ai échappé tardivement, une fois partie de la maison. Ma mère était une figure tellement prégnante, tellement écrasante qu'il m'aurait été impossible d'avoir une vie amoureuse en vivant sous son toit. Et puis notre relation était tellement fusionnelle que… je n'en éprouvais pas le besoin. Ma mère remplissait tout ! Il y avait de sa part une espèce d'interdit tacite, elle n'avait rien dit, mais cela allait de soi. J'étais la petite fille. Les petites filles ne font pas l'amour.

Vous avez l'âge de sortir, un travail assuré, vous pourriez penser à vous lier un peu plus à un gentil garçon, et votre mère vous dit : « Oui, ce serait bien que tu aies un copain, mais alors, tu ne pourras pas mener à bien ton travail, ni t'investir autant pour ta promotion. »

La mère ne veut pas que sa fille soit attachée symbiotiquement à une autre personne qu'elle. Elle tente ainsi de contrôler sa vie sexuelle, sous couvert de favoriser son indépendance, c'est-à-dire sa réussite professionnelle. La fille est toujours partagée entre les deux : la femme sexuelle et la petite fille.

Pour certaines mères, être « sexuelle », c'est être en danger.

Il n'est pas question de révéler sa vie sexuelle à sa fille, de lui faire ses confidences, mais certaines mères lui cachent carrément qu'elles en ont une. Peut-être pour que la fille ne puisse imaginer que sa mère coure un danger en raison de cette sexualité.

Les petites filles n'aiment pas non plus le regard des hommes, dans la rue, quand il se pose sur leur mère. Alicia, neuf ans : « Maman, ne t'habille pas trop jolie, j'ai peur qu'on te vole ! »

C'est peut-être là que cette peur infantile des hommes prend sa source. Cette peur qui fait qu'on se sauve comme des gamines alors

14. Nancy Friday, *Ma mère, mon miroir, op. cit.*, p. 138.

qu'on crève d'envie charnelle pour eux, parce qu'on a peur de souffrir, de prendre des risques, et parce que maman ne voulait pas qu'on prenne des risques. On a peur d'être désirée sexuellement, comme une petite fille qui ne pourrait pas se défendre. Pourtant, la sexualité, c'est l'autonomie: elle nous aide à devenir adulte. Elle nous sépare de maman.

Le rôle des mères: transmettre l'amour de soi

Il y a des filles qui ne seront jamais épousées, envers qui les hommes ne s'engageront pas, qui seront toujours des maîtresses, des secondes, et qui finiront dans le dénuement affectif, si ce n'est matériel. Ces filles n'ont pas su s'imposer, faute d'avoir eu un modèle maternel ou une mère avisée.

C'est à la mère de transmettre à sa fille suffisamment d'amour de soi pour que, plus tard, elle ait la notion de sa propre valeur, pour qu'elle s'accorde à elle-même une valeur. C'est une garantie de relations équilibrées avec les hommes.

La mère devrait transmettre le discernement, faire profiter de son expérience objectivement, sans manipuler, sans influencer. Pour cela, la mère doit être sûre d'elle et vivre sa vie pour son propre compte.

La transmission de l'intuition de femmes

Une mère devrait apprendre à sa fille à se connecter à son intuition féminine, cette conscience archaïque, et lui transmettre sa confiance en cette intuition. On dit de ces femmes «connectées», «reliées», que ce sont des femmes qui savent. La vérité, elles la savent intuitivement, elle est en elles. Il faut que nous soyons attentives à ce que nous ressentons au plus profond de nos ovaires. Au Moyen Âge, on a brûlé, pour moins que cela, bon nombre de femmes que l'on accusait de sorcellerie. Parce qu'elles savaient, sentaient. Aujourd'hui, elles ne font plus bouillir du sang et de la bave de crapaud dans leurs marmites – il faut dire que le micro-ondes ne s'y prête guère. N'empêche que l'on continue à parler des sortilèges de la femme.

Mère initiatrice

Une bonne mère doit enseigner et escorter. C'est une maman aimante, mais c'est aussi une mère exigeante, parfois féroce avec son petit, comme dans le règne animal. C'est pourquoi il faut en finir avec cette éducation des filles qui les veut «belles et gentilles» - une éducation aux effets dévastateurs.

Notre maman n'a cessé de nous répéter qu'une «petite fille comme il faut ne se met jamais en colère». Nous avons retenu le message: pour être aimée, il faut être jolie, gentille, motivée, et s'acquitter de toutes ses tâches, même si on est fatiguée ou malade.

Une jeune femme déplorait sa propre faiblesse. Au début d'une relation avec un homme, elle faisait en sorte de se montrer parfaite, sur tous les plans, puis, un beau jour, n'en pouvant plus, elle se montrait telle qu'elle était, c'est-à-dire humaine, avec ses défauts et ses qualités... Eh bien, le monsieur prenait la poudre d'escampette!

Bien que l'on prétende que le féminin, par tradition, soit fluidité et abandon (du moins, c'est ce qu'on fait croire aux hommes!), la mère a une obligation de mise en garde envers sa fille. Elle a pour mission de la prévenir contre les prédateurs (à ce propos, référez-vous à mon livre précédent: *Gardez-vous d'aimer un pervers!*).

Les femmes qui n'ont pas été maternées, ou les très jeunes filles, sont incapables de les reconnaître, ces prédateurs. Certaines, ayant largement atteint la maturité, ne décèlent pas la présence du prédateur et continuent à croire à leur conte de fées. Non seulement il est impossible de leur dessiller les yeux, mais elles risquent fort de vous en vouloir de détruire leur rêve. Parfois, les victimes défendent très bien les bourreaux!

Ainsi, lorsqu'elle ne prévient pas sa fille, lorsqu'elle ne la met pas en garde, on peut dire que la mère collabore avec les prédateurs. La fille non initiée ne voit pas les évidences.

L'empreinte de la mère ou l'héritage positif

Dans *Les enfants de Jocaste*[15], Christiane Olivier explique que l'empreinte de la mère est différente sur le garçon et sur la fille.

15. Christiane Olivier, *Les enfants de Jocaste,* Paris, Denoël, 1980.

La langue maternelle ou la transmission orale

Comme disait maman… Les femmes, ça parle beaucoup, les hommes le savent. Notre mère nous transmet, par la parole, un héritage conséquent. Même pendant les périodes de grand froid (polaire !), c'est souvent en reprenant les expressions de maman que la fille parle au quotidien: « Gentil n'a qu'un œil et lui en a deux ! » et « Quand il n'y a plus de foin à l'écurie, les chevaux se battent ! »

Il s'agit soit de maximes qui rejoignent parfois la sagesse populaire, mais qui ont un tout autre retentissement parce qu'elles ont été énoncées par maman, soit d'expressions plus originales, « familiales », qui ont un lien avec le terroir, les racines géographiques. Pour les filles les plus chanceuses, c'est une sorte de *patchwork* haut en couleur livré par maman, qui l'a elle-même reçu de sa mère, cousu par une lignée de femmes aux personnalités diverses, bien souvent à l'esprit vif et pertinent, parfois moqueur, voire acerbe. Des femmes qui ont la langue bien pendue. Voilà qui fournit à la petite fille une mine de matériaux, d'expressions, un florilège de mots glanés de-ci, de-là. Bref, une richesse sémantique, lexicale, une pluralité de traditions, d'états d'esprit dont elle s'imprégnera et pourra nourrir son imaginaire, et qui contribueront à construire la femme qu'elle sera. Elle est donc bien toujours avec nous, cette maman, elle nous accompagne. Elle nous habite par ses mots, que nous les réfutions ou les adoptions, car c'est elle qui nous a appris à parler. La langue, les mots se transmettent par la mère. On dit la langue maternelle, la tradition orale…

Avoir une mère qui ne parle pas, une mère dépressive qui ne communique pas, n'est pas sans conséquence pour une petite fille.

Il y a aussi ces croyances, ces légendes parfois étonnantes qui circulent de femmes en femmes et voyagent d'inconscient à inconscient.

Une fille de trente-six ans raconte: *Dans ma famille, une légende circule de mère en fille, illustrant le danger qu'il y a à manger de la cervelle de poisson ou de lapin parce que toutes celles qui l'ont fait sont mortes d'une tumeur au cerveau. Et, effectivement, il y a plusieurs cas dans la famille. Eh bien, vous me croirez si vous voulez, mais personne ne me fera manger la cervelle d'aucun animal !*

L'image ou l'esthétique et la féminité

La mère transmet cela aussi. Les petites filles sont très sensibles à l'image de leur maman. Si c'est une maman habituée à se maquiller, la fillette n'aime pas la voir sortir sans rouge à lèvres. « Tu es belle, maman ! » dit-elle, tout énamourée, lorsque sa mère sort de la salle de bain. La fille a encore besoin d'admirer. C'est toujours la fascination qui prévaut, pas encore la rivalité.

Comment maman m'a fait la peau

« Ta peau, c'est ton capital. » Peut-être avez-vous eu une mère qui vous a fait passer ce message. Pour rivaliser avec elle et ses quatre masques de beauté par jour, il ne faut certes pas avoir à faire ses huit heures quotidiennes au bureau ; n'empêche, il en reste quelque chose. « Ma fille, il ne faut jamais négliger sa peau ! » Après un tel diktat, vous ne pouvez que veiller anxieusement à ce que votre capital ne tombe pas en ruine ! C'est rivé dans votre cerveau, ancré en vous : une femme doit faire gaffe à sa peau ! Impossible d'échapper à la tyrannie de la peau nette. Parce que vous avez vu votre mère s'imposer, chaque jour, une hygiène radicale, vous ne pouvez négliger votre enveloppe sans culpabiliser. Heureusement, vous en recueillez les bénéfices. Alors, rien que pour ça, vous pourrez dire : « Merci maman ! » Même si d'autres choses vous ont manqué…

Comme toute une chacune, il vous est bien sûr arrivé d'avoir une rivale. En pareil cas, il est de bonne guerre de trouver la faille de la belle, et, tout naturellement, quelques pensées perfides vous viennent à l'esprit : « Bon, d'accord, elle est bien fichue… mais elle a une sale peau. Elle est ridée pour son âge, elle est plissée, elle a des tâches. Sa peau n'est pas nette ! » Comme le reste ! Votre maman impitoyable l'aurait qualifiée ainsi : « Tu sais, c'est une de ces femmes à gueule verte ! » Cela signifie une femme sans teint, sous-entendu sans fond de teint. Maman exprimait ainsi son mépris pour les femmes « nature » ! La différence, c'est que vous, vous réservez cela à vos rivales, et maman à ses amies. Votre maman ne fait pas de quartier. Vous n'êtes d'ailleurs pas épargnée. La dernière fois qu'elle vous a vue, ne vous a-t-elle pas dit : « Ma fille, tu es mignonne, mais, attention, tu commences à avoir un affaissement des traits. Si je te le dis, c'est parce que j'ai l'œil exercé.» Imparable! Et allez, un petit coup de rivalité! À votre âge, elle n'était pas affaissée comme ça, elle! Mais fouillez un peu dans votre mémoire... N'était-elle pas déjà passée un petit peu sous le scalpel du chirurgien? Ne s'était-elle pas déjà fait remonter un petit peu les paupières? Le pire, c'est que, lorsque vous vous retrouvez seule dans la voiture après avoir dit «au revoir et à bientôt, maman chérie», vous déréglez le rétroviseur à force de le scruter, ce sillon *naso naso*... nasogénien et vous trouverez qu'elle a raison, qu'en ce moment, c'est vrai, il est davantage marqué et effondré, peut-être parce que vous ne dormez pas assez... Avez-vous remarqué que les critiques de votre maman sont d'autant plus efficaces qu'elles s'appuient toujours sur un fond de vérité? Vous venez de prendre un coup de vieux, et la culpabilité vous ronge parce que vous vous couchez à des heures indues. Même si c'est pour finir ce foutu dossier Untel que votre chef vous a confié. Même si c'est pour faire vos preuves afin d'obtenir la promotion que vous convoitez depuis des lustres!

Voilà un héritage chargé d'ambivalences. Comment les filles peuvent-elles avoir confiance en elles avec ces mamans qui les critiquent et leur imposent une perfection inaccessible?

Les contraintes en héritage ou l'héritage négatif

Les mères transmettent parfois plus de contraintes que de libertés...

Cuisine, ménage et dépendance...

En lisant les pages qui suivent, vous comprendrez que j'ai un compte à régler avec le ménage. Si vous trouvez ça trop long, sautez des pages, et excusez-moi, mais c'est plus fort que moi, je fais un rejet du complexe de la boniche! Je refuse absolument d'être aliénée par la cuisine et le ménage comme ma mère.

Une fille parmi tant d'autres explique:

Je me souviendrai toujours de ma mère qui ne pouvait pas sortir le matin parce qu'elle avait son repas sur le feu. Et nous, on ne pouvait pas faire un pas dehors sans être chargés d'une mission: faire des courses pour le déjeuner de midi. Dès neuf heures, les marmites frissonnaient, bouillonnaient, débordaient. Et à notre retour, on butait sur le seau d'eau de nettoyage au milieu de la cuisine, tandis que le Plizz[16] *trônait à côté des patates sautées et des épluchures. Alors, elle arrivait, affolée, un seul œil maquillé, comme une squaw sur le sentier de la guerre: « Vous êtes déjà là ! Bon, on ne mange pas tout de suite, mais il faut mettre la table ! » Si nous devions avoir des invités, elle n'arrêtait pas de gémir: « Il faudra m'aider, je ne pourrai pas m'en sortir seule ! » Et que croyez-vous qu'il arrivait ? On n'avait qu'une envie, mes frères et moi, c'était de se barrer et d'aller au restaurant. Surtout moi, à cause de ce grand désordre qui me culpabilisait et me donnait à voir une image de femme qui me prenait au ventre, qui m'aurait presque fait penser à me faire opérer pour changer de sexe. D'ailleurs, maman invitait rarement, parce que « c'était trop de travail ». Elle ne savait pas faire simple. Tout pour l'image. Elle n'acceptait pas les invitations non plus, parce qu'il fallait les rendre et que « c'était trop de travail ». « Ô maman, tu n'as qu'à faire des pâtes, on est là pour être ensemble ! Tu nous aliènes en t'aliénant de la sorte. On n'est pas là pour te voir galérer et galérer avec toi !*

> Inutile de se faire des illusions : une fille se construit toujours contre ou par rapport à sa mère. Toujours en fonction de sa mère, et jamais en dehors d'elle.

« Comme maman » ou le modèle qui ligote

De l'eau dans le gratin ou une petite anecdote sur un choix culpabilisant : cuisiner de la courgette fraîche ou surgelée…

Une (jeune) femme de quarante ans raconte :

Aujourd'hui j'ai « fait » la maman idéale. Je n'ai rien fait pour moi, mais j'ai la conscience tranquille. J'ai fait avec boulimie et au pas de course, pour m'en débarrasser, tout ce que ma conscience me reproche de ne pas faire habituellement… et ma mère aussi. J'ai fait deux gâteaux et un gratin – je précise que j'ai épluché les courgettes, car je suis sûre que si j'avais utilisé des courgettes surgelées il y aurait eu de l'eau dans le gratin. Donc, j'ai bien fait d'éplucher les courgettes… Certes, j'aurais gagné du temps en

16. Le Plizz est un produit d'entretien utilisé en France par des générations de ménagères. N.D.A.

ne le faisant pas, du temps pour autre chose ou pour moi, mais le gratin aurait été délavé…

Existentiel !

Le sens de tout cela ? Où cours-je ? Où courge ? Où courgette ? Il y a un sens profond : celui d'avoir été comme maman, une bonne maman, une vraie maman, et la bonne petite fille de maman.

On peut aussi ne pas cuisiner parce que maman ne cuisinait pas…

Filles sandwiches ou au four et au moulin

Les mères qui ont des filles autour de la quarantaine sont encore, pour un grand nombre d'entre elles, des femmes qui ont eu une vie et un fonctionnement traditionnels, sur le mode patriarcal, avec une prise en charge masculine. Ces « entre deux » qui ont juste connu les débuts de la pilule ont failli prendre leur essor, mais un grand nombre d'entre elles sont finalement restées à l'abri d'un homme. Tout en encourageant leurs filles à être des femmes indépendantes, elles gardent une vision tronquée de cette nouvelle féminité, parce qu'elles ne l'ont pas vécue jusqu'au bout et en profondeur dans leur corps, dans leur âme. Elles n'ont pas forcément (et on peut le comprendre) le recul, la clairvoyance et l'imagination nécessaires pour saisir ce qu'est la vie de leur fille dans sa modernité : le rapport égalitaire avec les hommes, l'autonomie financière, les comptes à rendre au plan professionnel. Elles cherchent encore à nous vanter l'ancien modèle, mais tout en affichant leur fierté parce que nous sommes des *executive women*. Du coup, elles ont parfois vis-à-vis de nous des exigences qui nous paraissent d'un autre âge. Et elles font souvent des remarques qui nous agacent.

Elles nous semblent alors à contretemps, à contre-époque, à contre-emploi.

De sorte que les filles de ces femmes sont encore, elles aussi, d'une « génération entre deux », partagée. Combien de jeunes femmes modernes en apparence, au *look* dernier cri, sont en réalité, dans leur tête, comme leur mère !

Et puis il y a ces filles qui ont un modèle de mère « boniche » (pardon !) et qui, elles, n'en sont pas, mais à qui cette mère, implicitement ou non, demande d'être de parfaites femmes d'intérieur.

Ces femmes qui se retranchent derrière leur rôle d'épouse, de mère, de cuisinière… La tentation du conformisme, la tentation de la tranquillité, ne pas se poser de questions, ne pas vivre de bouleversements, de remises en question, ne pas explorer ses propres rades inconnues, ses parts d'ombre, ne pas aller à la rencontre de ses possibles, donc de sa vie, s'enkyster.

Ça y est, ça me démange, je vais dire ce que je pense, je sens que je vais me faire des copines !… Pas grave, j'ai l'habitude ! Mais je résiste encore un peu, tant que je peux !

Première salve :

La midinette boniche, c'est la fille qui regarde *Les Feux de l'Amour* en repassant…

La midinette boniche rêve du Prince Charmant qui la réveillera de son sommeil, avec qui elle retrouvera la fusion, comme avec maman. La midinette boniche rêve d'entretenir sa maison comme maman !

Eh bien, dans la réalité c'est un peu différent, il faut qu'elle se sépare de l'homme comme de la mère et qu'elle bosse dehors. Mais personne ne lui a dit combien c'était difficile d'être à la fois une professionnelle accomplie, une femme sexuelle et une midinette boniche !

« Contre maman » ou le contre-pied qui ligote tout autant

On peut aussi cuisiner pour ne pas faire comme maman, qu'on a jamais vue une casserole à la main ! (La mienne, elle ne cuisinait pas, mais c'était elle qui était gratinée !) Ou décider tout aussi bien de ne pas cuisiner du tout parce que, justement, on l'a trop vue cuisiner !

« Elle fait pas le ménage » ou le précipice du jugement

Deuxième salve :

Ma mère n'est pas une intello, c'est une boniche, elle ne peut donc pas me comprendre.

Vrai ou faux ?

Peut-être vous est-il arrivé d'entendre votre maman s'exclamer, à propos d'une femme qu'elle connaît: «Elle ne fait pas le ménage!» Et là, tout est dit. C'est la condamnation sans appel. La fille en question est une moins que rien, une souillon, une feignasse, et j'en passe. Pour certaines mères, le travail intellectuel n'est pas du travail, car le travail intellectuel ne se voit pas. Tenir une maison est un travail, bien visible, lui. Ce type de mère, si vous lui dites que vous allez faire davantage d'heures au bureau, vous demandera, inquiète: «Mais qui va faire ton travail à la maison?»

«Les coins, s'ils en veulent [sous-entendu un petit coup de serpillière], il faut qu'ils avancent!» disait ma mère. Il faut, à ce propos, rétablir un peu la vérité. Ces mères qui nous fustigent de ne pas être autant attachées qu'elles au récurage parfait des coins oublient qu'elles ont été jeunes! Nous les avons pourtant bien entendues, nos grands-mères, déclarer que les mignonnes n'étaient pas plus ordonnées, pas plus femmes d'intérieur que nous lorsqu'elles avaient notre âge! Du reste, certaines ont attendu d'être ménopausées, de n'avoir rien de mieux à faire (selon elles) pour, ayant lâché le reste, le sexe, la séduction et autres ambitions, se mettre aux confitures et à l'encaustique!

«Tu n'es pas une femme d'intérieur...» Maman m'a si souvent décoché la phrase qui tue! Non! Bien sûr que non! Je suis une femme d'extérieur, qui travaille à l'extérieur de chez elle et qui n'a qu'une envie, c'est de prendre un avion pour aller s'envoyer en l'air aux quatre coins du monde! Na!

Lorsqu'on dira d'un homme, d'un air outré: «Il ne fait pas le ménage», l'humanité aura fait un grand pas.

Le modèle maternel façon bête de somme

Une fille de trente-huit ans raconte:

Ma mère n'avait plus d'énergie quand elle avait fait la cuisine et le ménage, alors elle se calait dans le fauteuil, devant la télé, pour somnoler! Ma mère est une femme de ménage. Je l'ai toujours vue faire ça. Alors, quand la femme de ménage est là, j'ai l'impression que maman est là et je me sens réconfortée, comme quand ma grand-mère était là aussi. C'est une tradition, une lignée que j'ai interrompue mais qui vit en moi.

Cette assimilation du rôle maternel au nettoyage de la maison est si puissante !

Quand la mère n'est qu'une ménagère, cette manie qu'elle a de nettoyer sans répit finit par rendre la femme inintéressante, entourée de ses seaux et de ses balais. Il y a des ménagères intéressantes et intéressées qui se cultivent et qui sont très vivantes, d'autres qui ne sont que ménagères.

Je préfère nettement son bœuf bourguignon à sa conversation !

Peut-être est-ce la raison pour laquelle tant de femmes, tant de filles, avouent qu'elles culpabilisent lorsqu'elles engagent quelqu'un pour les aider. Maman ne le faisait pas, donc, c'est trahir maman. C'est ne pas refaire ses gestes qu'on aimait indirectement, puisqu'on aimait maman.

Cette culpabilité touche toutes les couches de la société, et même des femmes dont la vie n'a rien de comparable avec celle de leur mère, des femmes qui n'ont guère d'espace-temps pour caser le ménage et disposent de moyens financiers suffisants pour assumer la charge d'une aide-ménagère. La vérité, c'est qu'on préfère dépenser de l'argent en babioles inutiles et continuer à se plaindre de l'énergie et du temps que prend l'entretien de la maison ! On préfère se sentir coupable quand il y a plus de moutons sous notre lit que dans le troupeau de Panurge que vivre la culpabilité découlant du fait de déléguer le problème à une autre !

Une femme de cinquante ans s'est écriée, lorsque son amie lui a dit (non sans culpabilité) qu'elle pensait sérieusement à s'adjoindre les services d'une femme de ménage parce qu'elle avait décidé de reprendre ses études : « Mais alors, tu fais partie de ces femmes qui font passer leur plaisir avant le reste ! » Et la copine de tenter de se dédouaner : « Mais c'est bien, tout de même, de faire travailler une tierce personne, c'est lutter contre le chômage ! »

Ah, les copines, je vous jure !

Parfois, ce sont les femmes qui entretiennent le système et détiennent le trousseau de clefs de leur prison !

Il y a fort à parier que ma fille ne sentira pas ma présence quand sa femme de ménage s'activera chez elle, sauf peut-être à la cuisine ! Nulle n'est parfaite !

Bon sang, mesdames, faites un effort ! Je sais, c'est difficile, vous avez beau rejeter tout ça, votre maman vous a transmis le savoir-faire. Et vous avez les réflexes, même s'ils vous emprisonnent ! Ils reviennent à la moindre occasion. Vous avez beaucoup de mal à oublier que vous savez faire la cuisine ou tenir une maison, c'est irréversible ; quelle que soit votre capacité de résistance, quand pointe le syndrome de la nettoyeuse lessiveuse, il faut que vous y cédiez ! Certaines arrivent à lutter contre la tentation du ménage – non sans se couvrir de honte et de culpabilité, on l'a vu –, mais elles finissent parfois par succomber à l'appel des fourneaux ! Tout dépend de l'héritage, du modèle de maman, maman modèle ou contre-modèle. Où donc est passé notre espace de liberté ?

ATTENTION ! Payer une femme de ménage coûte moins cher que d'avoir recours à l'aide de maman. Quand maman traque méticuleusement les grains de poussière qui prospèrent chez vous, c'est aussi votre vie privée qu'elle passe au crible.

Quand l'intendance rend aveugle

Il arrive qu'enfermée dans des tâches matérielles la mère ne voie pas le désarroi de sa fille, ni ses attentes. C'est ce qui se passe lorsque la femme est plus boniche que mère…

Les adolescentes comparent leurs mères. L'une dit : « Moi, quand je vais mal à la veille d'un examen, maman me donne à manger. » L'autre réplique : « Nous, on parle. »

Les mères font ce qu'elles peuvent en fonction de leurs moyens. Mais parfois, on aimerait que certaines laissent un peu tomber leurs casseroles et leur fichu balai et soient plus à l'écoute, qu'elles interrompent cette frénésie d'astiquage et de suractivité inutile. Le ménage, c'est tous les jours. On aimerait qu'elles fassent une pause, nous regardent, jettent un œil autour d'elles et sentent ce que leurs proches ont dans leur cœur. Non, au lieu de cela, elles se raccrochent comme à une bouée de sauvetage à ces gestes mécaniques qui remplissent leur temps et leur vie. « Ah, il faut que je… » et « Ah, j'ai encore à… » Parfois, pendant qu'elles rabâchent les mêmes leitmotivs, le mari s'en va, ou un enfant glisse au bord du suicide.

Elles continuent, telles des automates, des poupées mécaniques, inlassablement. Et si on leur enlevait leurs tâches, on les verrait tourner en rond comme des abeilles affolées au sortir d'une ruche en feu.

La fuite dans le ménage. Ces mères-là sont des bêtes de somme qui n'ont parfois qu'un enfant, ne travaillent pas, et qui pourtant ne « s'en sortent » pas. Elles n'ont pas le temps de promener leur fille au parc, ni de lire un bouquin de Dolto ou de Véronique Moraldi (j'insiste !).

Une fille se plaint amèrement du zèle ménager de sa mère :

Maman a toujours tenu au paraître, au détriment de la relation. Elle s'est épuisée dans son rôle de ménagère, sans cesse renouvelé, un alibi, souvent, pour ne pas communiquer avec les autres. Une forme de retrait sur elle-même, de rejet social. Elle me disait : « Appelle tel membre de la famille, je n'ai pas le temps.

Un jour, elle a commencé à lire un de mes romans et elle m'a dit : « Je ne croyais pas que tu avais toutes ces émotions, toute cette vie en toi, j'étais loin de l'imaginer. » C'est une femme qui ne voit rien, qui ne soupçonne rien, qui ne sort pas de son ménage. Elle s'active. Alors, bien sûr, elle n'a pas eu le temps de lire le livre de sa fille en entier. Dommage ! Car elle y aurait vu la quête de mère d'une jeune fille née sous X. Elle aurait vu aussi qu'elle n'y figurait pas vraiment, que seule la grand-mère avait prêté certains traits à un des personnages, qu'il y avait là pourtant une mère perdue et retrouvée, qu'elle aurait pu être cette mère-là, douce et attentive. Quand son mari est mort, elle a dit : « Je ne sais pas si j'ai su l'apprécier à sa juste valeur. » Lui non plus, elle n'avait pas le temps de le voir.

Intendance, quand tu nous aliènes, on ne voit pas passer ni le temps ni les êtres !

Une fille me raconte avec un sourire :

Au mieux, j'entendais ma mère maugréer pendant qu'elle nettoyait la cuisine. Au pire, elle tempêtait. J'avais l'impression qu'elle passait en revue toute la famille et qu'elle réglait son compte à chacun de ses membres à coup de balai !

Très souvent, ces ménagères compulsives sont des femmes qui expriment de manière détournée leurs colères rentrées. Elles évitent de cette façon de les retourner contre elles-mêmes et, ainsi encore, elles contournent la dépression. On se demande parfois où elles vont chercher ce dynamisme. Se pose le problème de l'origine de la colère. Est-ce la peur liée à cette dépendance vis-à-vis de l'époux qui les a fait renoncer à leur autonomie, avec comme prix fort l'absence de tout sentiment d'identité ? Comment accéder a un sentiment d'identité lorsqu'on s'est mariée avant d'être adulte ? Et dans ces conditions, comment poser un regard objectif et adulte sur sa fille ? Comment comprendre ses besoins ?

Voilà pourquoi on les voit parfois mettre tant de hargne dans des tâches aussi anodines que passer la serpillière. Un vrai défouloir ! Voilà pourquoi aussi il arrive que la fée du logis se transforme en vilaine sorcière.

Néanmoins, le ménage, ça peut aussi laver la tête, et ça n'empêche pas de penser. Il m'arrive d'avoir des pensées hautes ou profondes (comme vous voulez...), les gants Mappa[17] à la main. On peut y mettre aussi beaucoup de conscience, en étant dans l'ici et maintenant. Les tâches matérielles permettent de s'incarner. Râler contre le ménage, c'est râler contre l'incarnation.

Le fait de nettoyer, de ranger, de clarifier conduit à évoluer dans un environnement qui « déconfusionne » l'esprit. L'esprit du zen ne fait pas bon ménage (!) avec le bazar et la saleté, celui du Feng Shui non plus ! Mais de là à en faire son activité prépondérante et à être jugée par rapport à cela : non !

En résumé, je suis d'accord sur le fait que tout cela (le ménage et compagnie !) doit être fait, mais on ne construit pas sa vie autour de l'intendance, et on peut avantageusement déléguer cette tâche à d'autres sans culpabilité.

17. Marque de gants de ménage plastifiés utilisés en France pour faire la vaisselle. (N.D.A.)

...nes pour ça!

...nportant de faire son ménage psychique. Cla-...ola Estés dit ceci: «Toute femme sage fait le ménage dans ...on environnement psychique en gardant les idées claires et en veillant à la netteté du lieu où elle travaille et réfléchit à ses projets[18].»

Allez, délaissons un peu notre batterie de cuisine. Cuisiner, c'est comme le vélo, ça ne s'oublie pas. Allons donner un peu à manger à notre esprit.

Le féminin soumis, aliéné

Il y a des mères qui transmettent à leur fille cette mauvaise image de la femme qu'elles portent en elles, qui la transfèrent sur elle. C'est cette humiliation du féminin qui fait qu'elles traitent si mal leur fille.

Ainsi, certaines mères ne voient pas d'un bon œil que leur fille acquière de l'autonomie, de l'indépendance d'esprit, car non seulement elles veulent la maintenir sous leur dépendance, mais elles redoutent leur réussite là où elles ont échoué.

Dans le film espagnol *Te doy mis oros* (Ne dis rien), d'Iciar Bollain, on voit une mère qui, pour justifier sa soumission, hier, devant son époux, encourage celle de sa fille, aujourd'hui, devant le sien. Il y a dans ce film, au-delà de la violence pathologique du personnage masculin qui bat son épouse, cette femme/fille aliénée qui subit la violence conjugale sur ordre infra verbal de sa mère. La traduction du titre en français est «Ne dis rien», parce qu'il ne faut rien dire, il faut subir.

Le message non verbal transmis par la mère à sa fille est: «Tu ne feras pas mieux que moi, pas différemment de moi.» Cas plus rare, cette mère ne liquide pas le mari de sa fille, elle liquide sa fille Pilar. Dans ce film, on voit que la deuxième fille qui a résisté à la mère, s'est érigée contre elle, s'en porte très bien. Elle n'a pas reproduit le modèle. Elle a épousé un étranger, un Écossais, un anti-macho, un «gentil», un gars qui fait la vaisselle et les courses. Reste Pilar. La mère l'entretient dans sa soumission au mari, à l'homme. «Regarde comme ta photo de

18. Clarissa Pinkola Estés, *Femmes qui courent avec les loups,* p. 142.

mariage est belle par rapport à celle de ta sœur : ces deux-là, ils font tout mal ! » lui dit-elle. C'est encore cette mère qui invite le mari au réveillon de Noël, alors que les époux sont séparés et que toute la famille est chez la sœur. La mère dit à la sœur, très en colère à cause de la présence de son beau-frère : « Je ne pouvais pas lui refuser, il voulait voir son fils. » C'est un prétexte, elle souhaite que sa fille revienne avec le tortionnaire, pour qu'elle subisse le même sort qu'elle des années durant. Vers la fin du film, lors d'une scène se déroulant dans un cimetière où repose le père, Pilar ose dire à sa mère, révélant ainsi au spectateur toute la vérité : « Tu as vécu avec un homme qui t'empêchait de faire ce que tu voulais faire, tu aurais dû partir ! » La mère se défend : « Je suis restée pour vous ! » Sacrifice… Sous-entendu : « Tu dois faire pareil ! » Cette mère fait payer cher à ses enfants ce pseudo sacrifice, en aigreur et en mauvais exemple, celui du malheur, la pire des choses à transmettre à sa fille. Deux filles, deux manières de réagir : l'une s'est construite contre, l'autre s'est identifiée. Lorsque Pilar décide enfin de réagir, de se libérer, la mère veut l'influencer, l'en empêcher : si sa fille interrompt la chaîne de la soumission féminine, elle se sentira désavouée, elle saura que son manque de courage lui a fait rater sa vie de femme. Ce sont les autres femmes qui, en lui donnant à voir des modèles différents, aideront Pilar à sortir de sa situation, et non sa mère. Les autres femmes et la passion pour un métier : guide de musée.

Une mère courage est parfois une mère qui n'a pas celui de partir. Il n'y a pas de courage dans la résignation.

C'est ce qui fait dire à Michèle Manceaux, dans *Grand reportage* :

Les mères, d'habitude, ne font part que de leurs misères. Elles donnent une si pitoyable image de leur soumission que, de génération en génération, leurs filles n'ont plus le choix qu'entre la révolte ou le silence[19].

Il y a des mères qui, parce qu'elles se laissent humilier, se transforment en dragons.

---

19. Michèle Manceaux, *Grand reportage*, Paris, Seuil, 1981, coll. Points Roman, p. 85.

Lorsque « tenir coûte que coûte ! » est une tradition maternelle et grand-maternelle, lorsque c'est le credo d'une lignée de femmes, et l'héritage moral de la fille, cette dernière aura certes ce courage en dépôt, mais si elle a une nature différente de sa mère et de sa grand-mère, moins conformiste, plus artiste, elle ne sera pas portée à écouter ses besoins, mais à subir et à supporter.... l'insupportable pour elle. Tenir, tenir à tout prix !

N'être qu'une mère, la belle affaire ! Ou des bénéfices secondaires : pas métro, pas boulot !

Aujourd'hui, une femme ne peut pas se retrancher exclusivement derrière son rôle de mère, que l'on dit, par nature, noble et sacrificiel. Et là, je sais que je ne vais (encore) pas me faire que des copines...

De nos jours, le rôle de la mère au foyer connaît désormais ses limites, car la plupart des femmes travaillent et doivent concilier vie professionnelle et éducation des enfants.

Il arrive encore, bien que de moins en moins, que l'enfant soit la justification de l'existence de la femme, de son mode de vie, que la maternité soit une « voie ». L'enfant est son travail, cet enfant qui doit être élevé à la perfection. C'est son job. D'ailleurs tout est parfait. La pile de linge est parfaite. Tout est aseptisé. Tout est contrôlé. Comment, sinon, justifier qu'une fois l'enfant en âge d'être scolarisé la mère n'aille pas travailler à l'extérieur comme la plupart des femmes ? À noter qu'aujourd'hui les mères sont en concurrence sévère avec certains pères qui trouvent aussi intérêt à rester au foyer et à s'occuper des enfants. C'est parfois plus *cool* ! Des hommes qui privilégient le temps libre...

L'enfant, dans ce contexte, est surinvesti dans la relation, mais aussi en temps. Ce que les autres mères font en cinq minutes, celles-là le font en une heure. Et en plus elles font mille palabres à ce sujet. Ces mères n'ont pas intérêt à ce que leur fille gagne en autonomie. Elles les entretiennent dans la dépendance, même sur le plan de la vie pratique. Ce sont ces petites filles qui sont perdues si on ne va pas leur chercher la petite cuillère dans le tiroir pour manger leur dessert, et qui répètent tout le temps « maman ». « Maman, où est ceci ? Maman où est cela ? » Et la mère accourt toutes affaires cessantes ! Ce sont des mères débordées...

Les enseignants le savent: ils constatent que ce sont les mamans qui travaillent qui confectionnent le plus de gâteaux pour les fêtes des écoles (culpabilité?).

Pour celles qui ont malgré tout un travail, un métier, l'enfant devient leur carrière.

Trouver son style

Dans tous les cas, il importe de trouver son style en tant que femme et future mère. Vous connaissez le syndrome de la cigogne: vous avez l'impression que l'oiseau migrateur s'est trompé de nid, qu'il vous a larguée à la mauvaise adresse!

Vous avez alors intérêt à demander conseil à d'autres mères, d'autres femmes - ces mères de toutes les mères, ces mères de tous les enfants de la terre. Ils vous coûteront moins cher que ceux de la vôtre.

Quand une mère ne peut pas nous offrir de modèle adaptable, adapté à soi, avec lequel on se sente en phase et qui nous convienne, on endosse un habit de confection qui nous contraint et nous gêne aux entournures. Il faut alors se fabriquer son «sur mesure». Voir comment d'autres femmes vivent leur féminité, de manière moins aliénante et psychorigide, ou tout simplement de manière différente. Des femmes qui nous ouvrent des horizons qui nous permettent de nous extirper de la gangue du moule maternel. C'est peut-être cela aussi, faire la peau à sa mère. On appelle cela des modèles de rôle, des figures d'identification, des femmes que l'on croise dans sa vie et qui nous influencent.

Dans tous les cas, ce qui compte, c'est que notre vie soit la conséquence d'un choix délibéré. Si l'on a conquis son indépendance et que l'on décide librement de faire comme sa mère, non par peur, ni par devoir ni par passivité, alors tout va bien!

J'ai connu des filles tout à fait brillantes qui allaient à l'université pour la forme, mais dont le programme préétabli et bien clair était d'être épouse et mère. Uniquement. «Comme maman.» Une maman dont le sort leur semblait tout à fait enviable. Rien à dire, même s'il est possible qu'elles changent d'avis en cours de route.

Ce qui est différent, c'est lorsqu'on aspirait à autre chose et qu'après avoir fait des essais (peut-être comme maman) on en revienne au modèle maternel, de guerre lasse ! C'est partir du giron maternel pour mieux y revenir !

Il arrive aussi que la fille devienne un modèle pour sa mère, qui la voit vivre autrement qu'elle, qui la voit oser ce qu'elle n'a pas osé et lui envie sa liberté. « J'aime comme tu es ! » peut alors lui dire sa mère.

De la nécessité d'être une bonne mère pour soi

Au-delà de la mère physique, il y a ces mères psychiques, intériorisées, très prégnantes qui « recoupent » la mère biologique, et avec lesquelles on chemine toute sa vie, et même après la mort de sa mère.

La mère « intérieure »

C'est la mère reçue en héritage. Elle est le résultat de ce que nous avons expérimenté durant notre enfance avec notre propre mère, mais aussi avec d'autres figures maternelles de notre vie. S'y ajoutent les représentations de la « bonne » ou « mauvaise » mère en vigueur à l'époque où nous étions enfant – la notion de « bonne » ou « mauvaise » mère évoluant différemment suivant les époques.

La mère instinctive

Et puis, il y a cette mère qu'il faut se fabriquer soi-même. Cette mère est plus avisée, plus instinctive que l'est la mère protectrice, dominante et nourricière dont a besoin le petit enfant, et dans le giron ou sur le sein de laquelle il se love, à l'abri de tout. C'est à l'émergence de cette mère-là que l'on reconnaît si l'initiation de la petite fille s'est faite, est arrivée à son terme, et si elle est réussie.

Être une mère pour soi consiste à veiller sur soi-même, à être sur ses gardes pour son propre compte, à être en éveil, à chercher à tout prix à acquérir son autonomie, du discernement, et sa propre notion du danger.

Pour cela, il faut se connecter à son intuition féminine, cette connaissance dont nous avons déjà parlé, qui chemine avec nous à tout moment et partout, puisqu'elle est en nous, et qui passe au crible les événements de notre vie. Il faut faire confiance à ce pouvoir qui nous surprend parfois. En ce sens, il est crucial de ne pas se couper de ses émotions afin de définir ce qui est bon pour soi dans la vie, rien que pour soi, puis de prendre les risques calculés que cela implique. Se mettre dès lors en danger, mais avec discernement.

Cela ne dispense pas d'avoir recours, à certains moments de l'existence, à la chaleur de la mère protectrice, l'autre mère en soi, qui se rapproche de notre mère biologique, celle qui nous protégeait quand nous étions petit enfant. C'est ce qui se passe lorsque l'on ressent le besoin de faire le dos rond, de rester en attente, lorsqu'il est nécessaire de ne pas bouger, ou plutôt de se faire couler un bain et de se préparer un chocolat chaud, comme le ferait pour nous une « bonne maman ». C'est ce qu'il faut faire après les coups de grisou de la vie, ces événements déstabilisants, maladie, rupture, etc. Prendre soin de soi, avant de repartir à l'aventure. Quand j'ai mal quelque part, que ce soit au corps ou à l'âme, je me bichonne comme maman.

Ces deux mères doivent cohabiter en nous, mère protectrice et mère aventureuse, mais avisée.

« Lâcher » sa fille ou la fille qui est en nous

On l'aura compris, il est indispensable, à un moment donné, que la « trop bonne mère » cède du terrain. Cette mère qui craint pour nous et ne nous encourage pas, au nom de valeurs protectrices, à aller explorer au-dehors, hors du camp retranché. Celle qui ne nous pousse pas à nous développer. C'est au moment de l'adolescence que doit (devrait) se produire cette séparation.

Cette trop bonne mère peut ne pas être une mère de chair et d'os, mais une mère psychique qui a la vie dure et qu'il faudra « tuer », même si on est déjà avancée en âge, sous peine, trop frileuse, de ne jamais accéder à notre propre existence.

Quand il y a défaut de transmission, lorsque la fille n'a pas bénéficié de cette bénédiction indispensable qui s'apparente à un « Va ma fille sur le chemin de la vie, je t'ai transmis les enseignements, le discernement pour faire face aux dangers de l'existence mais je te garde sous ma protection, je t'escorte », lorsqu'elle n'a pas été « lâchée » ou, au contraire, lorsque sa mère n'a pas été suffisamment bonne durant la petite enfance, elle pourra souhaiter, dans les deux cas, rester «aux abris» plutôt que d'aller à la rencontre du monde extérieur qui n'est, lui, ni maternel ni protecteur.

Mère surprotégeant sa fille, ou mère insuffisante, le résultat est parfois le même. La petite fille, à l'âge ou cela devient indispensable, peut refuser de s'aventurer seule dans les bois de l'existence.

Régler le mal-être des mères pour régler le mal-être des filles?

Il semble parfois qu'il n'y ait d'autre solution pour une femme que d'être «tout pour elle» ou «tout pour les autres», et cela à compter du moment où elle tombe dans le doux piège de la maternité – le désir d'enfanter étant un désir puissant qui surgit aussi soudainement que la pluie. Hier inconnu, ce désir tenace n'a de cesse d'être assouvi. Bref, ou elle enfante et s'oublie, ou elle n'enfante pas et pense à sa vie, à se réaliser en tant que femme, à développer son féminin.

Une femme de cinquante ans explique: «J'avais trop de travail à faire sur moi en tant que femme pour pouvoir être mère. Peut-être que dans une autre vie...» Elle croit à la réincarnation. Mais on ne peut pas demander à tout le monde d'avoir cette croyance!

Une femme qui enfante et prend à cœur son développement personnel néglige-t-elle forcément ses enfants et son rôle de mère? Ou, inversement, si elle fait le choix d'avoir des enfants pour ne pas se priver de cette joie, doit-elle renoncer pour autant à d'autres formes d'épanouissement? Certaines femmes choisissent de patienter et, à cinquante ans, une fois les enfants partis, reprennent leurs études, ou partent en coopération à l'étranger.

Il arrive souvent que la mère qui s'accorde du temps pour elle et cultive une qualité d'être, un don artistique par exemple, soit montrée du doigt et se sente coupable.

Et quelle femme peut se lancer à fond dans une activité professionnelle, de manière virile, sans se sentir coupable? «Je suis une mère, il faudrait que je m'occupe un peu plus de mes enfants.» Elle va mettre un frein à son enthousiasme, minimiser sa réussite au nom du dévouement à l'autre. On connaît le syndrome de «la femme de l'ombre», dans l'ombre d'un grand homme. À capacités intellectuelles égales, elle reste en retrait. La femme fait rarement cavalier seul.

La moitié de nous-même qui ne veut pas réussir, c'est cette part féminine…

Suivre son chemin

Eh oui, il faut à une mère beaucoup de persévérance, de courage, pour poursuivre (ou retrouver) sa voie personnelle, ce qui caractérise son identité en tant que femme unique. Celle qui ne le fait pas, qui renonce à sa nature profonde – d'autant plus si celle-ci est anti-conformiste – en se rognant les ailes pour rentrer dans le moule, condamne une partie d'elle-même à la mort, si ce n'est la totalité de son être. Cette mort psychique entraîne parfois hélas aussi une mort physique, par dépression et somatisation. Elle raccourcit en tout cas la durée de l'existence et la prive de sa qualité. Renoncer à son identité est source de colère, colère retournée contre soi.

On ne peut pas n'être qu'une mère. C'est se tronquer. On peut alors céder à la tentation de désigner un coupable pour la vocation manquée, un père, une mère…. Mais le jour où les diktats parentaux rendus inopérants sur l'adulte que l'on est devenue ne peuvent plus être invoqués, qu'il n'y a plus d'excuse, ce sont parfois les enfants qui prennent le relais de la faute : « Je ne peux plus, si c'était à refaire, je n'aurais pas d'enfants ! » Ou c'est l'âge : « Il est trop tard, je suis trop vieille ! »

Des excuses, toujours des excuses !

Une bonne mère n'est pas une mère dans le sacrifice de soi

Ainsi, une bonne mère n'est pas une mère dans le sacrifice de soi, d'autant qu'il s'agit d'un faux sacrifice et d'un véritable choix délibéré. Il y a moyen de choisir la vie plutôt que la mort, tout en restant une mère. Même si cela n'est pas facile et nécessite, je vous le concède, que l'on devienne experte en jongleries et acrobaties.

Qui a dit que vivre était facile ? Et surtout qui a dit qu'une vie de femme était simple ? Il n'y a rien de plus complexe ; et c'est ce qui fait sa richesse.

Beaucoup de femmes trichent avec elles-mêmes. Elles ont laissé détruire leur trésor et font ensuite le grand écart pour retrouver à la sauvette, furtivement, des bouts de vie où elles accomplissent des tâches qui les font se sentir vraiment elles-mêmes, dans lesquelles elles ont vraiment la sensation d'exister, d'être « en expansion », selon l'expression du psychanalyste Guy Corneau[20].

Ainsi, le soir venu, une femme peut se poser cette question : « Aujourd'hui, qu'est-ce que j'ai fait pour moi ? » Elle aura peut-être volé quelques heures pour peindre, danser, étudier, écrire, lire ou faire du shopping, du temps volé sur le temps passé avec les enfants, le compagnon, le ménage ! Avec beaucoup de culpabilité. Parce qu'une femme a toujours mieux à faire que de faire quelque chose qui soit strictement pour elle – hormis ce qui touche à l'esthétique et au sport, ce qu'elle s'autorise plus volontiers parce que la société (et les magazines) lui demandent d'être jolie et mince. Le paraître…

Nous, les femmes, devons rompre avec les faux-semblants et nous épanouir, pour ne pas devenir toxiques (empoisonnantes) pour nous-mêmes et pour les autres. Vivre au grand jour, exploiter nos dons, nos talents, tout ce qui correspond à notre nature profonde et unique.

« C'est bien, le développement personnel, mais il n'y a pas que cela ! » me disait une mère de famille. Elle voyait le développement personnel comme une dérive individualiste qui pouvait conduire une femme à délaisser sa famille. C'est une réflexion que d'autres pourraient se faire. Pourtant, tout ce qui contribue au bien-être de la mère contribue au bien-être de la fille. Travailler à son développement personnel n'est pas nier l'altérité. Ce qu'on ne s'autorise pas, on ne l'autorise pas à l'autre, et on l'enferme.

Inversement, l'épanouissement personnel d'une femme ne doit pas dépendre de son enfant. Une bonne mère n'est donc pas celle

---

20. Guy Corneau, *L'amour en guerre,* Montréal, Éditions de l'Homme, 1996, 2004, p. 282-283 : « La voie c'est la joie. Lorsque j'évalue chaque chose que je fais en me demandant si cela avive mon plaisir de vivre ou l'amoindrit, je me rends compte alors que je possède une mesure étalon qui me pousse à agir dans le sens d'un changement positif. »

qui ne s'occupe que de sa carrière ou de ses amours, car, en niant son désir de nourrir et d'élever ses enfants, elle risque d'être minée par une sourde culpabilité qui empoisonnera ses succès et compromettra ses réussites.

Voilà où se situe le point d'équilibre crucial de la vie d'une femme, si difficile à maintenir, entre ne pas nier ses propres besoins et ne pas nier ceux de l'enfant et de la fonction maternelle. Le besoin de dévouement reconnu comme une caractéristique traditionnelle de la femme ne doit pas faire des filles des prisonnières, ni de leur mère ni de leur future descendance.

Alors, s'il y avait un cadeau à faire à notre fille pour « la Fête des Filles » ce serait :

- ne pas lui transmettre la culpabilité liée à la condition féminine ;
- lui inculquer, comme priorité, le respect de ses centres d'intérêt et de la personne la plus importante au monde : elle-même.

Avis aux mères

Qu'aucune mère, plus jamais, ne cautionne cette déclaration que l'on m'a rapportée, venant d'un père au demeurant bien intentionné, concernant la voie professionnelle suivie par sa fille : « C'est bien suffisant pour une fille ! »

Voilà une parole qui peut vous suivre longtemps, même si vous êtes plutôt douée !

C'est un cadeau de vie, de la part d'une mère, que de montrer à sa fille qu'elle tire satisfaction d'activités dans lesquelles personne d'autre qu'elle n'est impliqué. C'est ainsi que cette fille, plus tard, aura des besoins, des désirs et des plaisirs autonomes qui ne dépendront que d'elle.

Une question que me pose souvent ma petite fille de douze ans et qui l'intrigue : « Maman, tu ne t'ennuies pas quand tu es seule sans nous (elle et son frère) ? » Ce à quoi je réponds invariablement : « Non, tu sais, chérie, j'ai les livres et l'écriture… et puis je sais que je vais vite vous retrouver ! »

C'est un cadeau de vie de ne pas « casser » la petite fille sauvage qui est dans toute fille, avec ce bouillonnement de vie et de liberté. Le monde est parfois trop étroit pour elle, et elle se cogne partout à ses limites. Il faut juste arrondir un peu les angles pour que la société ne la rejette pas, sans toucher à sa personnalité. Juste éduquer le petit animal sauvage pour qu'il puisse un jour courir tout seul.

Élever une fille pour qu'elle devienne une personne autonome nantie de son identité sexuelle est une tâche pour laquelle très peu de femmes sont équipées parce qu'elles n'ont jamais réussi à s'affirmer de cette façon dans leur propre vie[21].

On l'a vu tout au long de ce chapitre, être une mère, et plus particulièrement la mère d'une fille, n'est pas mission facile. Incombe à cette mère beaucoup de responsabilités liées aux transmissions à accomplir, en termes d'apprentissages essentiels, d'identité, de mère, de femme. Mais les plus importantes de ces transmissions restent, à mon sens, celle de l'autonomie, de l'estime et du respect de soi.

21. Nancy Friday, *Ma mère, mon miroir, op. cit.*, p.81.

CHAPITRE 2

Un si merveilleux amour

Dans l'immense majorité des cas, il existe, entre mères et filles, un véritable amour, un amour authentique, mais pas forcément celui que l'imagerie traditionnelle nous donne à voir. Un amour si puissant qu'il peut conduire à des dérives. Celle de la confusion identitaire, par exemple, avec le piège de la fusion mère-fille qui peut persister au-delà de ce qui est souhaitable. Ou celle de la confusion des places, quand celle de la mère et de la fille ne sont pas clairement différenciées. Entre ces deux femmes peut alors s'installer une rivalité qui outrepasse le sentiment de rivalité nécessaire à la prise d'autonomie de la fille. Ou, au contraire, il peut arriver que la fille n'ait aucune place attribuée et qu'elle soit alors objectivée. Enfin, cet amour si puissant rend inévitable l'étape, souvent douloureuse, de la différenciation, du ravage, sans lesquels la fille ne pourra accéder au devenir femme, avec une vie à elle, un compagnon, une famille.

LE COUP DE FOUDRE

Une maman de trente et un ans se souvient :

Quand ma fille est née, je n'avais encore jamais ressenti cela auparavant, je me suis dit : « Je ne savais pas qu'un jour je tomberais amoureuse d'une fille ! » Quand j'ai vu ce petit être magnifique, si rose, j'ai eu le coup de foudre. C'était nouveau, pour un être du même sexe.

La maman, c'est le premier objet d'amour de l'enfant. Et c'est vrai que les filles, c'est trop beau ! C'est « maman » tout le temps ! Elles sont toujours près de nous. Les petites filles disent souvent : « Oui maman ! » Il est plus rare d'entendre cela de la bouche d'un garçon. Même si à l'adolescence, c'est une autre histoire !

Ce sont de petits messages roses d'amour laissés partout dans la maison. Dans chacun de mes livres en cours de lecture, je trouve des signets qu'elle a fabriqués elle-même, couverts de cœurs, de baisers et de petits mots tendres.

Une maman explique:

À ma fille de dix ans, je donne tout, et cette relation semble lui suffire. Il y a chez elle une plénitude que je ne sens pas chez mon fils, qui a davantage besoin d'une présence masculine. Ce n'est pas le même univers.

C'est passionné, aussi. Une autre maman raconte:

J'ai senti tout de suite, dès que je l'ai vue, que ce serait passionné. La manière dont elle tétait, avec cette violence... Mon fils, c'est différent, il m'aime, mais on dirait que c'est plus tranquillement.

Une autre encore...:

J'ai toujours envie de lui dire plein de choses, à ma fille, plus qu'à mon fils, comme s'il y avait entre nous des stimuli permanents. J'ai besoin de la respirer, de la sentir, comme un petit animal.

Pour les petites filles, les mamans, ça fait tout mieux que personne. «Le gratin de maman, c'est le meilleur!» Et ne vous avisez pas de dire le contraire.

Une petite fille demande toujours à être rassurée sur la validité du savoir ou du savoir-faire de ses copines: «C'est ta maman qui t'a appris?» Si c'est maman, il n'y a pas de problème, c'est tout bon!

Les petites mains tendues

Les petites filles dont l'amour pour maman est immense avancent offertes, petites mains tendues, petites mains ouvertes. Le postulat de base: c'est l'amour inconditionnel de la petite fille pour sa mère. Les mères n'ont rien à faire pour qu'on les aime, c'est ça qui est injuste! C'est ce qui me fait dire parfois: «Moi, je ne sais pas si je suis digne d'un tel amour...» Personne ne connaît une mère aussi bien que sa fille.

Fille adoucissante

Il arrive que la petite fille soit un bijou de douceur pour sa maman, un havre de paix, un apaisement, comparée à des garçons garnements. Il y a des femmes à qui les garçons font peur, qui souhaitent n'avoir que des filles, même si elles en ont déjà une, ou plusieurs. Comme si le sexe opposé les inquiétait. Elles disent que les garçons sont plus difficiles à élever, à cause de leur violence, de leur agitation. Les mères qui n'ont eu que des garçons font parfois la même constatation en sens inverse. Pour elles, les filles sont trop compliquées; elles sont satisfaites de n'avoir eu que des petits «mâles», parce que «c'est plus près de maman!». Voyez-vous, l'essentiel n'est pas que les unes ou les autres aient raison, l'essentiel est que chacune soit contente de ce qu'elle a.

La plupart du temps, pour la mère, l'univers du garçon est un univers différent du sien, qu'il lui faut apprendre à connaître et qui peut la dérouter. C'est pourquoi certaines femmes ont le souhait du mimétisme, de l'identique, du retour à la symbiose, comme avec leur propre mère. Souvent, on remarquera que ce sont des ex-filles encore très attachées à leur mère, ou à qui la maman a manqué, qui souhaitent ainsi recréer cette fusion avec leur fille.

Le pouvoir de l'amour ou «quiconque a du pouvoir est tenté d'en abuser»

Cet amour si puissant de l'enfant dépendant donne à la mère un pouvoir absolu, le pouvoir de l'amour. Or «quiconque a du pouvoir est tenté d'en abuser». C'est ce que Montesquieu, dans *L'esprit des lois,* constatait déjà, en 1748, en matière de comportements politiques. Le postulat est transposable aux relations humaines, la loi n'étant que la codification de ces relations. C'est dire qu'il faut un contre-pouvoir à la mère, comme il faut un contre-pouvoir au gouvernement d'un pays, ainsi que le préconisait Montesquieu. Le père et d'autres aussi devraient jouer le rôle du Parlement dans nos démocraties intimes.

Les dérives de ce merveilleux amour...

Ce sont, en raison de ce merveilleux amour lui-même, les pièges tendus de la confusion identitaire et de la confusion des places.

« QUI SUIS-JE ? » : LE PROBLÈME DE L'IDENTITÉ

La dérive, c'est lorsque la petite fille dit: «Je suis toi!» et que la mère répond: «Tu es moi!» La dérive, c'est le piège de la fusion.

Quel type de mère fait ce type de réponse: «Je suis toi!» ou «Tu es moi»? La même que celle qui dit: «Tu m'appartiens!» Aucune «bonne» mère ne dit cela. Celle qui dit cela est une mère immature affectivement. Une mère qui n'est pas «séparée». C'est une mère qui ne veut pas voir grandir sa fille et qui se condamne elle-même à ne pas progresser.

Toi, mon double!

Il faut dire, en guise de circonstances atténuantes, que certaines mères et filles sont, physiquement, de telles copies conformes! On se demande, dans ces circonstances, comment le mimétisme pourrait ne pas s'installer. La tentation est forte de l'identique, de la gémellité. Certaines marques de vêtements, comme le Comptoir des Cotonniers, en France, montrent des mères et des filles qui s'habillent dans la même gamme de vêtements. Cette compagnie joue à fond sur cette sororité.

Étonnant de penser que la femme qu'on a sous les yeux est l'image fidèle de celle que nous serons dans trente ans. Cela donne parfois envie de prendre ses jambes à son coup. Nous sommes sauvées si nous ressemblons à papa. Cette ressemblance n'existe pas de la même manière entre mère et fils. Elle est limitée, ne serait-ce qu'en raison de la particularité du corps de la femme. Il peut y avoir une identité de complexion, d'ossature, mais c'est tout. Tandis qu'entre mère et fille, c'est parfois saisissant.

«Ma fille ne peut pas vivre sans moi!» ou l'abus narcissique

Quand une mère prononce cette phrase, il faut comprendre l'exact contraire: c'est la mère qui ne peut pas vivre sans sa fille! Certes, la fille a eu besoin de sa mère pour qu'elle lui donne la vie, et a encore besoin d'elle pour qu'elle lui fournisse les soins nécessaires à sa croissance, mais ensuite elles doivent se séparer.

Le père peut se faire complice de cette fusion lorsqu'il annonce au mari, tandis qu'ils tapissent ensemble la chambre du premier-né : « Tu sais, ces deux-là, jamais tu ne les sépareras ! » C'est vrai, mais il est probable que ce sera la mère elle-même qui, par sa possessivité excessive, contraindra sa fille à se séparer d'elle !

On trouve une étonnante correspondance entre ce qui se noue parfois entre une mère et une fille et le sentiment amoureux passionné qui existe entre un homme et une femme – notamment le manque provoqué par l'éloignement. Seules les retrouvailles peuvent faire retomber la tension. Comme la mère est angoissée quand elle est seule, elle décide que sa fille a besoin d'elle, ou bien qu'elle se trouve en danger.

Une jeune femme qui a un petit garçon en bas âge me raconte :

Quand ma mère a su que nous allions déménager, mon mari et moi, pour son travail, elle a téléphoné à mon frère et lui a dit : « Tu te rends compte ! Comment va-t-elle faire loin de moi pour s'occuper de son fils ? » Mon frère lui a répondu : « Mais c'est une excellente maman, qui sait très bien s'occuper de son enfant ! » Elle en doutait !

La mère avait besoin d'en douter pour croire qu'elle était indispensable.

Ainsi, la fille peut servir de prothèse à sa mère : elle comble un manque. Elle compense la vacuité de la mère quand celle-ci, par exemple, a vu ses ambitions échouer ou que l'âge l'a rendue incapable d'entreprendre des choses.

Souvent, ces mères très fusionnelles ont une vie sentimentale et affective insatisfaisante, qu'il s'agisse d'une famille monoparentale – la mère est seule – ou d'une famille dans laquelle le père est absent pour d'autres raisons (lorsqu'il est, par exemple, sous domination maternelle). Il est alors évincé, ou complice de la mère, ou indifférent.

Des conséquences de la fusion

Dans un cas comme celui-là, la fille est condamnée d'avance à être qualifiée de fille ingrate. Elle peut même être affublée de ce qualificatif très tôt, comme la petite fille de l'histoire qui suit :

La petite fille s'engouffre dans la voiture et, portée par sa vivacité et son enthousiasme pour la vie, referme la portière sans embrasser maman.

La mère rouvre vivement la portière et lance: «J'ai une fille ingrate!» L'enfant a sept ans, et pof! le jugement est tombé. Mais la petite fille n'est pas au bout de ses peines... Une fois descendue de voiture et arrivée chez papa, elle dit à ce dernier: «Maman me manque!» Le père réplique, furieux: «Ce n'est pas gentil pour moi ce que tu dis là!»

Décidément, la petite fille a tout faux dans le monde des adultes, et surtout elle comprend que ce n'est pas bien de faire preuve d'une insouciance d'enfant et de ne pas faire cas de sa maman, comme ce n'est pas bien non plus d'exprimer le manque qu'elle ressent de cette maman à son papa. Cornélien, non? En tout cas, nul doute qu'elle va prendre un abonnement précoce à la culpabilité et niera plus tard ses ressentis.

La culpabilité est une écharpe dont on s'entoure le cou et qui tient chaud l'hiver... parce que s'en libérer, ce serait se libérer de maman. La culpabilité est une notion, une sensation primaire liée à la séparation.

Une fille me confiait:

Chaque fois que j'ai un bonheur dans la vie, je me sens coupable d'être heureuse parce que maman ne va pas si bien. Pourtant, si elle ne va pas si bien, je n'y peux rien. Je n'ai pas le pouvoir, moi, de la rendre heureuse!

La mère possessive transmet ses propres peurs et son angoisse à sa fille et elle rebondit sur les peurs de l'enfant et les amplifie. Si la petite a eu une frayeur lors d'une certaine activité, elle ne l'encourage pas à la poursuivre après l'avoir consolée. Elle la garde auprès d'elle.

Le mur des lamentations ou la mise en accusation réciproque

Ce sont les autres avatars de ce grand amour, de la fusion.

Maman-ci, maman-là... «Maman ne me donne pas ce que je veux, j'ai quarante ans, et elle ne me...» La petite fille qui habite encore cette quadragénaire pleure de ce que sa mère ne fait pas pour elle, et la mère se plaint de ce que sa fille ne fait pas non plus. «Ah, la fille de Marie, elle, vient voir sa mère, même si elle habite très loin...»

Les mères et les filles sont souvent d'une exigence folle les unes vis-à-vis des autres. Elles se disent : « Tu me dois tout ! » et cela parce qu'elles représentent tout l'une pour l'autre.

Cette mère de cinquante-huit ans, parlant de sa relation avec sa fille de vingt-huit ans, exprime sa perplexité : « *J'ai l'impression qu'elle attend quelque chose de moi qui ne vient pas, je ne sais pas de quoi il s'agit... Elle dit que je dis non à tout...* », comme quand elle était petite...

> **Il y a, chez la mère et la fille, une crainte réciproque de l'abandon. C'est ce qui rend leurs rapports si difficiles, voire étouffants.**

Quelques exemples de mères qui ont franchi la ligne jaune

Entre le comportement et sa dérive, la limite est floue. De l'amour dans le sens de l'attention à l'abus de pouvoir, elle est parfois infime. C'est comme s'il y avait toujours deux versants à un même comportement, une limite, une borne au-delà de laquelle il devient excès. Il est important alors d'observer dans quel contexte général se situe ce comportement. Ainsi, ce qui au départ est une qualité de l'être et rejaillit favorablement sur la relation peut changer de nature. Observons quelques cas de mères abusives qui franchissent le pas en toute tranquillité.

Mère à l'écoute/mère confidente/mère intrusive ou l'incitation au mensonge

Il y a la mère qui veut savoir, mue par une bonne intention, pour assurer sa mission de protection. Mais où est la limite entre une saine curiosité, une saine attention, un devoir d'écoute et une ingérence malsaine ?

« Tu as rencontré quelqu'un ? » En général, les mères qui posent cette question ne se trompent pas. C'est comme si elles avaient un sixième sens. Elles le voient sans doute à la mine de leur fille, qu'elles connaissent si bien : « Dis, je suis ta mère, tu sais que tu ne peux rien me cacher!» Bon, admettons! Là, avec ce type de mère, il faut faire feu de tout bois pour protéger son intimité. Le mot d'ordre est: «Motus et bouche cousue!» On ne dit rien, ou alors des banalités. Une fois le sujet de la météo épuisé, il ne reste plus qu'à parler d'elle pour s'en sortir. Mais comptez qu'elle va revenir à la charge de manière récurrente. Certaines mères sont extrêmement douées pour tirer les vers du nez. C'est le jeu du chat et de la souris, et vous finirez toujours par cracher le morceau… ou une partie. Là, tant que vous n'avez pas tout livré, elles le sentent et continuent leur fouille chirurgicale. Ce sont de fines mouches, de fines lames. Leur but n'est pas seulement le souci de votre personne, mais de tout savoir, ou plutôt de ne rien ignorer. Ce sont des mères qui, au nom du légitime intérêt qu'elles portent à leur fille, s'ingèrent pour (tenter de) la contrôler. Et la fille n'est pas à l'abri du fait que maman pourrait raconter la chose à tout le monde. Pis que cela, elle pourrait, plus tard, critiquer, déplorer un événement dont elle semblait pourtant se réjouir à la première narration.

Face à cette mère omniprésente et étouffante, la fille doit trouver une aire ou une marge de liberté: le mensonge.

La mère qui nous fait rentrer dans un trou de souris

C'est la mère qui révèle à des tiers notre intimité, qui soulève sans scrupule le voile de notre pudeur.

«Je lui ai dit quelle fille tu étais.» «Lui», c'est le futur mari. La fille se sent comme dépouillée de son mystère, dépouillée d'elle-même. La mère a commis, sans le savoir consciemment, et en croyant peut-être bien faire, un abus narcissique. Elle déclare détenir la vérité sur sa fille, elle sait qui est sa fille, ce qu'elle est. Elle la définit. Puis elle décide de révéler des choses qui appartiennent à sa fille, sans lui demander son avis. C'est une manière de montrer le pouvoir qu'elle a sur elle. Elle raconte la vie, l'histoire de sa fille, à sa place, de son point de vue à elle, de son point de vue de mère. Elle révélerait même au promis, si elle la connaissait, la date à laquelle sa future a perdu sa virginité. Voilà pourquoi il est si crucial de ne pas faire de révélation sur sa vie sexuelle à sa mère. Et de respecter l'intimité de sa fille quand on est mère!

Mère infirmière/mère pathogène

Il arrive que le câlin avec maman soit connoté et que, dès lors, on soit « malade de mère ». Il ne reste à la fille que « les maux pour le dire ». Pour dire à maman qu'elle l'aime et recevoir d'elle de l'attention.

Quoi de plus beau que la compassion d'une mère lorsque son enfant est malade ? La mère est « soigneuse », attentionnée, par tradition. Mais lorsqu'il s'agit d'une mère qui accorde peu d'attention à son enfant lorsqu'elle se porte bien et qui soudain se met à faire preuve d'un excès de zèle quand la petite est affaiblie, il y a de fortes chances pour que cette « mère infirmière » devienne une mère pathogène – qui provoque la maladie.

C'est le cas de cette mère qui a perdu son propre père dans des conditions tragiques, à la suite d'une grave maladie. Sa fille se plaint d'avoir mal au ventre ? Elle anticipe le problème, elle dit à son mari : « Prépare-toi à sortir la voiture, notre fille va peut-être rentrer à l'hôpital ! » La fille a hérité, à l'âge adulte, de cette peur de la maladie grave. Au moindre symptôme, elle se voit déjà aux soins intensifs ! Toujours la peur de mourir.

La violence de la maladie du père poursuit la mère par le truchement de son enfant. C'est, pour elle, une manière de récupérer son père malade, de rester reliée à lui. Il y a, de la part de cette mère, une véritable théâtralisation de la maladie, une dramaturgie, une dramatisation, même dans les vocables qu'elle emploie. La maladie est devenue sa marotte. Petite, elle aurait voulu sauver son père, parce qu'elle était convaincue que c'étaient « ces ignorants de médecins » qui l'avaient tué en ne le soignant pas comme il fallait. Devenue mère, elle s'autorise à diagnostiquer. Elle se souvient moins des bons moments de sa fille que de ses moments de maladie : « Je t'ai gardée toute une nuit contre moi, dit-elle, tu avais une grosse fièvre, tu délirais, mon petit trésor… » Pour être un petit trésor, il fallait délirer ! C'était le prix à payer !

Un jour, à l'école, la petite fille veut narrer dans un texte libre le doux délice que représente pour elle le fait d'attraper une angine. Maman, enfin, s'occupe d'elle. Elle est même aux petits soins : antibiotique à la banane, câlins, front plissé d'inquiétude. L'enfant existe pour elle. La petite récolte une mauvaise note. L'institutrice n'a pas apprécié cette complaisance précoce envers la maladie, se disant, à juste titre, qu'une note élevée l'encouragerait dans une vocation d'hypocondriaque.

C'est comme si la mère ne retrouvait sa fonction de maman que dans des situations dramatiques liées à la maladie. Elle raconte à sa fille: «Quand j'ai épousé ton père, on m'avait prévenue: "Vous épousez un malade, il n'a pas de santé."»

C'est un thème récurrent chez elle, comme si la bonne ou la mauvaise santé était donnée au départ, une fois pour toutes, et que sa gestion n'appartenait pas à son propriétaire. Une forme de déterminisme. Elle, par chance, jouit d'une bonne santé. C'est ce que l'on peut appeler une force de la nature. Une robuste constitution lui a été allouée à la naissance. Une élue. Du moins, elle le fait sentir à son entourage. Elle a reporté le problème de «la petite santé», le signe des faibles, des déshérités, de manière fantasmatique sur sa fille, qui a une constitution proche de celle de son père. Cette fille a ainsi hérité de cette fatalité: «Tu as une santé fragile!» Quand on connaît le retentissement grave de ce genre de «croyances», on imagine que la fille va tout faire pour valider les propos de maman, en tombant malade aussi souvent que possible. Une manière de lui être fidèle, d'avoir besoin d'elle, de lui donner l'occasion d'avoir du pouvoir sur elle, de continuer à s'occuper d'elle, de remplir sa fonction. Bref, une manière de ne pas quitter maman. Des bénéfices secondaires chèrement payés dans son corps! On appelle cela une *attribution parentale*: le scénario est prévu d'avance et l'enfant s'y conforme.

Un autre cas de «câlin connoté» m'a été rapporté: c'est celui accordé par la maman en guise de preuve de pardon après que la petite fille a fait une bêtise. Rien d'étonnant à ce que la fille, plus tard, se sente coupable lorsqu'on la câline, ni qu'elle ait tendance à accumuler les bêtises, même à l'âge adulte, pour soutirer de l'affection.

Mère généreuse/mère acheteuse

À l'opposé de la mère qui ne donne rien, nous le verrons plus loin, il y a celle qui donne trop.

Et puis, il y a des mères qui sont « bonnes » dans un domaine. Cela renvoie à la relativité de l'amour. Qu'est-ce que l'amour ? Pour certaines, c'est donner de l'argent. Pour d'autres, c'est donner de la nourriture.

Ces mères qui donnent de l'argent, c'est l'histoire du rasoir à deux lames. Une mère qui paie est une mère à double tranchant. Cela rend service mais cela tranche, entame en retour. La mère « achète » parfois ainsi le droit de s'ingérer dans la vie de sa fille.

C'est, par exemple, cette mère qui a été une « trop » bonne mère. Et maintenant sa fille le paie cher. Une trop bonne mère au sens où elle a toujours donné sans compter à sa fille : argent, cadeaux, etc. Devenue vieille, lorsqu'une trop grande dépendance l'oblige à vivre dans une maison médicalisée parce qu'elle a besoin de soins constants, elle fait passer le message suivant à sa fille : « J'ai assez d'argent pour te payer. Tu ne travaillerais plus, tu t'occuperais de moi. » Elle veut quitter la maison médicalisée, et que sa fille lui consacre sa vie et tout son temps. La fille ne cède pas à la demande, elle se préserve, elle et la famille qu'elle a construite avec un homme, mais chaque dimanche, elle va voir sa vieille maman et l'emmène au restaurant. Voilà une maman généreuse qui a toujours payé. Il est évident qu'elle a adouci le quotidien de sa fille tout au long de sa vie. Mais la fille a un prix à payer : l'impression d'avoir une énorme dette envers sa mère. L'affectif a rejoint le matériel.

Mère nourricière/mère gavage, mère frustration

Quand aimer, c'est donner de la nourriture, il y a anguille sous roche.

Patricia témoigne :

Ma mère ne veut pas que je maigrisse. Si je maigris, je risque de lui ressembler, à elle et à sa famille. Alors dès que je suis bien, que je maigris dangereusement, le reproche arrive : « Il faut que tu manges, c'est pas bien, ça ! » et mon père s'arrange pour m'apporter ce qu'il faut pour que je ne ressemble plus à ma mère… alors la petite fille impuissante devant cette injonction maternelle grossit, grossit, juste assez pour ne pas être dans le clan de sa maman.

Anorexie ou boulimie sont les deux versants d'un même problème. Ces filles qui mangent trop ou pas assez, c'est la même chose. La vérité sort de la bouche des enfants, et parfois elle y entre. La fille à sa mère : « Si tu veux que j'arrête de manger, fais-moi un câlin… » « Je te bouffe ! » dit la mère à sa petite fille qui sort de son ventre. C'est bien un circuit fermé !

L'anorexie frappe les toutes jeunes filles. L'anorexie, cela peut être le refus d'absorber la nourriture de la mère quand cette nourriture est inadéquate. Cela peut être le refus d'ingurgiter, avec cette nourriture, sa froideur, son indifférence, sa bêtise, son angoisse, ses peurs, ses faux-semblants, son hypocrisie, etc., l'image de bonne mère qu'elle veut faire passer pour elle, et pas pour nous…

Une fille de quinze ans explique :

Ma mère prétend qu'elle m'aime, que je suis son trésor, mais je sens que, sous ses déclarations d'amour, il y a autre chose. Ce que je ressens, c'est qu'elle veut uniquement que je la chérisse, elle, et que je m'occupe d'elle. Et là où elle est fausse, c'est qu'elle essaie de me faire croire que c'est l'inverse. C'est une mère nourricière qui donne à manger, ça oui, une mère gavage, mais rien d'autre que ça, alors moi, de sa bouffe, je n'en veux plus, je la restitue aux chiottes !

Avec Christiane Olivier, on peut émettre l'hypothèse que la frigidité féminine pourrait prendre naissance dans ce refus de recevoir (d'ingurgiter) ce qui vient de la mère, considéré comme nocif. Assimilant l'homme à une mauvaise mère, la femme refuse pareillement ce qui vient de lui.

Cette ambivalence, Michèle Manceaux la décrit également :

Ma mère m'a bouffée […]. Moi, je la vomis. J'ai du mal à comprendre comment on peut vomir ce qui vous bouffe. Pour l'analyste, c'est un mouvement logique. On digère mal ce qui « reproche »[22].

Quand la mère n'est pas une ogresse qui bouffe sa fille, comme cela arrive pour de bon dans le règne animal – chez les chattes, par exemple –, c'est la fille qui bouffe !

---

22. Michèle Manceaux, *Grand reportage, op. cit*, p. 39.

La boulimie, c'est la même chose, c'est remplir le vide que tout cela creuse en l'enfant, c'est combler les carences de la mère qui n'a pas apporté la nourriture dont la fille a besoin, c'est combler cette constante sensation d'estomac creux. Ce qui fait dire à Christiane Olivier : « Quelle imposture, quel cercle infernal où les mères nourrissent des familles entières afin de nourrir par voie détournée la petite fille affamée qui les habite ! »

Et le cercle infernal se perpétue de mère en fille !

Mère succès ou la chaîne de l'insatisfaction

Quand on est fille d'une mère qui réussit tout, on peut se sentir écrasée. « Je ne lisais pas Colette, parce que ma mère lisait Colette », me dit cette fille d'une intellectuelle connue. Quand la mère est trop parfaite, c'est une mère à abattre, car la fille se sent inférieure.

Il arrive que les filles en quête d'identité et de réussite, devenues mères à leur tour et ayant atteint un certain niveau de reconnaissance, soient l'objet de reproches de la part de leur propre fille. Cela parce qu'elles ne sont pas disponibles ou qu'elles sont trop brillantes. Les filles de ces femmes se plaignent de trop entendre les autres louer leur mère : « Ta maman par-ci », « Votre mère par-là ». Dommage !

C'est pourquoi je souhaiterais faire passer ce message aux filles de mères « douées » : sortez de la fascination/rejet et profitez de leur savoir pour en faire l'apprentissage, si cela correspond à vos goûts. Si maman est bonne en français, ne vous construisez pas en rejet, ne soyez pas nulle parce que maman est bonne et que ça va suprêmement l'agacer, la décevoir, et qu'ainsi, au moins, vous vous démarquerez d'elle. Trouvez d'autres moyens de vous démarquer que l'autosabotage. Ne gâchez pas vos potentialités.

Paradoxalement, on rencontre beaucoup de femmes remarquables dont la fille rejette le modèle, alors que ses amies essaient de les imiter. Nulle n'est prophète en son pays !

Si la mère est plus douée que la fille et que cette dernière s'en rend compte, sa jalousie peut aussi venir s'ajouter à la jalousie œdipienne vis-à-vis du père.

Certaines mères qui ont le sentiment d'avoir fait l'impossible pour tout apporter à leurs filles tombent sincèrement des nues lorsqu'elles constatent que ces dernières se sentent écrasées par elles, alors qu'elles ont réellement cru bien faire. Ce sont souvent des mères qui élèvent leur fille toutes seules, ou des mères très investies professionnellement qui ne sont pas très présentes au foyer. On ne peut pas demander à une femme de tout assumer et d'être partout.

Une mère témoigne :

Comment se fait-il que ma fille me reproche d'être parfaite alors qu'au contraire ce que je fais me demande un effort ? J'aurais plutôt pensé qu'elle serait fière, parce que je le fais aussi pour elle, à titre d'exemple. Mais elle se sent écrasée. Pourtant, je ne peux pas renoncer à mes points forts. Elle, elle préférerait une maman qui confectionne des gâteaux, des crêpes et organise des anniversaires. Moi, je fais souvent le grand écart pour arriver à faire le minimum de ce que font les autres mamans. Ce n'est pas que je n'aime pas faire des gâteaux, mais je ne peux pas tout faire et je ne veux surtout pas faire des choses à contrecœur. J'ai une revanche à prendre. Cela m'occupe beaucoup et parfois cela me rend indisponible pour elle. Je sais que parfois elle m'en veut. Mais je n'ai pas le choix. Parce que si je renonçais à mes ambitions, je rejoindrais le bataillon des mères frustrées. Que lui offrirais-je alors comme image ? Mon seul espoir, c'est qu'elle comprenne que je suis là pour elle, que si quelque chose ne va pas j'accourrai, je rentrerai, quel que soit l'endroit où je me trouve. J'ai la chance d'avoir cet instinct-là qui, même si je suis une femme passionnée par ailleurs, me protège, m'empêche de devenir un monstre aux yeux de ma fille et à mes propres yeux.

Être une mère suffisamment bonne, c'est parfois peu de chose ; en effet, c'est un mot, un coup de fil qui calme une angoisse, qui dit : « Tu vois, c'est vrai, je suis loin, je suis absente physiquement, mais je suis en lien avec toi, je me soucie de toi, de tes états d'âme. » Un mot qui calme, qui rassure, mais qu'il faut savoir dire. Un mot, un cadeau, qui, s'il vient à manquer, creuse des fossés, si difficiles à combler par la suite. Ce mot, en même temps, a la vertu de déculpabiliser la mère qui le prononce. Ce n'est parfois pas beaucoup plus que cela, être une bonne maman. « Je ne m'empêche pas de vivre ce que j'ai à vivre, mais je suis là pour toi. Si quelque chose ne va pas dans ta vie, je serai là. »

Ces filles, même si elles se plaignent de ne pas trouver maman à la maison en rentrant – ce qui est le cas de beaucoup d'enfants –, ont un bel exemple d'autonomie et d'indépendance, qui les portera plus tard dans leur vie de femme.

Du côté de la mère : si elle reste attentive à son enfant, alors elle pourra vivre ce qu'elle a à vivre, sa fille ne lui en voudra pas. C'est l'indifférence, parfois pire que la haine, qui fait des ravages.

Du côté de la fille : la solution, c'est cesser d'être en réaction face à toute incitation, être « ailleurs » que sa mère.

L'adolescente a besoin de chercher ailleurs, là où sa mère n'est pas. Pour se détacher d'elle, il lui faut un modèle de rôle autre, une femme à qui elle puisse s'identifier, un modèle de séparation et de sexualité. La mère ne peut être ce modèle. Si elle l'est, la rivalité ne tardera pas à surgir.

Maman la plus belle, la mère étoile, la mère astrale

Il est plus facile de se séparer d'une mère moyenne. Une mère étoile nous tient sous sa fascination, souvent pour longtemps. C'est comme si la fille, tout au long de sa vie, lisait dans les yeux de son entourage cette petite phrase : « Trop belle pour toi, ta maman ! »

Une jeune femme raconte qu'elle râlait un peu parce que, quand ses copains venaient à la maison, c'était plus pour sa mère, qui était très belle, que pour elle. Aujourd'hui ses enfants lui disent encore : « Maman, tu es la plus belle après grand-mère ! »

Les petites filles sont fascinées par la beauté de leur mère, d'une manière différente des petits garçons, puisqu'il y a identification. La mienne avait une chevelure rousse que je comparais aux feuilles d'automne en montagne. Je la sublimais dans des poèmes ; je la dessinais partout dans mes cahiers.

Quand elle dit que maman est la plus belle, la petite fille sublime le sentiment qu'elle a de la supériorité de sa mère. Elle justifie aussi que papa lui préfère maman. Elle justifie le fait que maman est le premier modèle de sa vie. À cette époque de sa vie, cette supériorité de la mère incarnée dans ce sentiment de beauté idéalisé est structurante pour elle, car elle en a besoin, qu'il s'agisse d'une beauté objective de la mère ou d'une beauté fantasmée.

Le pouvoir de fascination de la mère est proportionnel au sentiment d'identification de l'enfant. C'est pourquoi le terme « vilain » est si fréquemment utilisé par la petite fille qui, lorsqu'elle est fâchée contre maman, crie : « Maman, tu es vilaine ! » ou « Tu es une vilaine maman ! »

La fille doit, en miroir, trouver à son tour dans le regard de sa mère le sentiment de sa propre beauté. Si ce sentiment fait défaut, le fossé se creusera entre elles : la beauté de la mère ne jouera plus son rôle structurant – dans le sens où elle est modèle pour la fille et lui apporte une reconnaissance réciproque. C'est le cas lorsqu'une mère trop narcissique, trop indifférente à ce qui n'est pas sa propre personne se laisse admirer par sa fille sans la voir, elle. Cette fille se « verra » toujours comme inférieure à sa mère, car elle n'a pas été vue telle qu'elle est, ni pour ce qu'elle deviendra lorsqu'elle sera femme. Peu importe qu'elle soit objectivement moins jolie que sa mère ou non. La beauté ne fait rien à l'affaire. C'est une question de regard.

Une femme de trente-sept ans raconte :

Je suis devenue une femme à compter du moment où j'ai quitté maman. C'est-à-dire que je ne savais pas, jusque-là, que j'étais jolie et désirable. C'est dans le regard des hommes que j'ai cherché inlassablement à le vérifier, jusqu'à très récemment, où j'ai pris conscience un peu plus profondément du fait que j'avais un certain pouvoir de séduction. Mais j'ai eu besoin de beaucoup, beaucoup de preuves concordantes pour m'en convaincre ! En fait, je crois que c'est le regard de maman dans ma petite enfance et dans mon adolescence qui m'a manqué, lorsque je vivais dans l'ombre de cette belle femme narcissique. Après, je ne peux pas dire qu'elle ne m'ait pas fait, parfois, des compliments. Mais c'était sans doute trop tard. J'ai épousé un homme qui ne me regardait pas non plus et qui ne m'adressait jamais de compliments.

Voilà pourquoi certaines filles, en grandissant, n'ont jamais pu s'affranchir de leur fascination pour la beauté de leur mère. C'est l'ombre de cette mère princesse à la beauté angélique, lointaine et inaccessible qui plane sur ces filles – une mère semblable à Marlène Dietrich (*L'ange bleu*) ou à Grace Kelly.

Il arrive que la mère n'y soit pas pour grand-chose. La mère peut être belle, certes, mais c'est surtout le regard de la fille qui est en cause. Elle est fascinée, elle a l'impression qu'elle ne pourra jamais égaler maman. Elle restera complexée vis-à-vis d'elle. Le regard bienveillant de la mère sur la fille n'a pas forcément fait défaut. Dans ce cas, il faut chercher du côté du regard du père, qui a manqué pour une raison ou une autre… mais là, c'est une autre histoire, que nous verrons plus loin lorsque nous aborderons le rôle du père.

Cela peut faire des filles fixées sur l'image, qui cherchent dans le regard des hommes la reconnaissance de leur beauté mais recherchent aussi la beauté inégalée de la mère dans leurs partenaires masculins. Elles sont attirées par des hommes très beaux. Une jolie femme est attirée par les séducteurs et veut leur plaire. Ce sont des hommes fascinants, comme sa mère était fascinante. Elle se met ainsi perpétuellement en situation d'être abandonnée, rejetée, ce qui lui confirme l'opinion qu'elle se fait d'elle-même : elle n'est pas aussi belle que son inégalable mère.

« Untel ne s'intéressait pas à moi, il ne voulait pas de moi… » Comme papa qui ne l'avait jamais regardée parce qu'il voulait un garçon. Pourtant elle avait une telle aura, elle était si gaie, si drôle, que ces messieurs faisaient grappe autour d'elle en toute occasion. Et que croyez-vous qu'il arrivait quand un garçon « sérieux », plein de bonnes intentions, s'approchait d'elle ? Eh bien, cette fille adorable lui balançait une vacherie dans les gencives, un de ces propos acides qui tue dans l'œuf toute velléité d'y revenir !

Voilà ce qui se passe parfois dans la tête des filles qui ont une maman à la beauté hors du commun et un papa indifférent. « Si papa ne me regarde pas, c'est que je ne suis pas aussi belle que maman. »

Voilà qui n'aide pas la petite fille à sortir de sa fascination pour la beauté de maman.

Une autre fille raconte :

Ma mère était très belle, elle était mannequin. Un jour, dans une soirée mondaine, elle a été acclamée. On l'avait prise pour une actrice de cinéma célèbre à qui elle ressemblait ! Moi je ressemblais à mon père qui était au bout du monde. Alors dans ma tête, j'étais le vilain petit canard.

D'une manière générale, les filles qui n'ont pas eu assez d'éloges quand elles étaient jeunes douteront de leur pouvoir de séduction. On le voit, ce n'est pas un cadeau à faire, ni à sa mère ni à soi-même, que de la mettre trop longtemps sur un piédestal. De même que ce n'est pas un cadeau à faire à une fille que de lui faire croire qu'on est une déesse. Il est si facile, pour une mère sans recul, de s'admirer, d'aimer son image dans les yeux de sa fille, comme Narcisse dans l'eau de la source où il s'est penché pour se désaltérer ! Il faut avoir conscience que cette fascination naturelle est nécessaire, mais qu'elle doit cesser tout aussi nécessairement.

Citons le cas de Marlène Dietrich, qui se servait de son enfant comme d'un faire-valoir pour sa carrière, posant en photo avec elle pour exploiter l'image de l'actrice mère, ou bien pour tenir ses amants à distance.

« OÙ SUIS-JE ? » : LE PROBLÈME DE LA PLACE

Suivant les réponses à cette question, la carte du monde de la fille change.

La dérive, c'est lorsque la réponse est : « pas à ma place » ou « à ta place »

C'est là que les ennuis commencent…

La rivale

Quand mère et fille se battent pour la place, elles entrent en rivalité. Cependant, il est important de préciser qu'il faut, de la part de la fille, des pulsions de rivalité. C'est ainsi qu'elle deviendra autonome.

Les filles sont, inévitablement, en rivalité avec leur mère, tout en ressentant la nécessité de nier cette rivalité. Les mères s'en défendent pareillement, et pourtant c'est une fiction de penser qu'il n'y a pas de sentiment de rivalité de la mère envers sa fille, même si cela est difficile à admettre sans culpabilité et reste au niveau inconscient. Ainsi, certaines préfèrent s'auto-dénigrer plutôt que de reconnaître la rivalité, le besoin de comparer. Je me demande si je ne suis pas de cette espèce-là…

Cette rivalité est inconsciente parce que, avec la raison et le cœur, elle est difficile à concevoir. Que nous soyons en rivalité avec ce qui constitue notre prolongement narcissique, notre enfant, tient du paradoxe. En tout cas, pour que cette rivalité puisse exister, il faut que la mère soit suffisamment présente. Présente physiquement pour que la fille puisse la « tuer ». Sinon elle aura tendance à la fantasmer et à garder ce regard fasciné…

Mère jalouse de l'affection du père

La rivalité inconsciente entre mère et fille au sujet du père est normale, mais certaines mères l'expriment parfois de manière très violente, car elles ne peuvent réprimer leurs pulsions.

Une mère avoue avec franchise :

Mon mari, c'est l'amour de ma vie. Je suis contente d'avoir deux garçons [avec qui elle est très possessive aussi], *car je ne supporterais pas de voir une fille sur les genoux de mon mari !*

Une autre mère coupe court à tous les élans filiaux de sa fille lorsqu'elle lance, un jour où elle voit celle-ci donner un baiser à son papa : « Ces deux-là, ils n'arrêtent pas de se sucer la poire ! » Plus tard, le père et la mère de cette enfant (surtout le père) lui reprocheront de ne jamais les embrasser. « Tu ne fais donc jamais de bisous, toi ? » Le blocage remonte au jour où la phrase citée plus haut s'est ancrée dans le crâne de la fille. Il y a des mères qui en tenant leur place veillent à ce qu'il n'y ait pas d'inceste entre papa et sa fille, mais certaines font du zèle !

Une autre fille déclare :

Moi, pour éviter la rivalité ouverte, l'affrontement avec ma mère, j'ai préféré renoncer à mon père, et lui a renoncé à moi pareillement. Normal, c'était pour elle un mari papa, alors, il ne pouvait être mon papa à moi !

En pareil cas, la fille choisit de s'éloigner de son père pour préserver le lien primordial avec la mère. Elle nie sa rivalité inconsciente avec sa mère par rapport au père, pour ne pas la perdre. À compter de ce moment, elle choisit son camp, le camp des femmes. Elle préfère se lier à maman et à toutes les autres filles.

Comme le fait remarquer Christiane Olivier, il arrive, lors d'une dispute entre époux, que le mari en colère lance à sa femme : « Tu n'as qu'à retourner chez ta mère ! » Il ne lui proposera jamais de retourner chez son père, ce père avec lequel elle n'aura jamais véritablement vécu, bien qu'ils aient tous deux habité sous le même toit. Ainsi, la première demeure d'une femme est bien celle de sa mère, et si l'on nous renvoie quelque part, c'est chez elle.

Pourtant, quand il est là, le père a un rôle important à jouer, mais pas toujours facile à tenir si la femme, tout comme la mère, est possessive. Si le père jette sa fille adolescente dans les bras de sa mère, elle ne se différenciera pas d'elle.

Le petit manteau rouge… Il était une fois un papa dont l'amour pour sa fille était immense. Même s'il ne se souvenait plus de sa date de naissance… Un jour, il lui a pris la main et a prononcé ces mots : « L'être que j'aime le plus au monde. » La fille était gênée pour sa mère qui était là et qui, pour une fois, n'a rien dit. Et le père a ajouté : « Quand je t'ai connue, tu avais un petit manteau rouge. » Le père avait oublié les années d'avant le petit manteau en velours rouge au col de fourrure noire, qui figurait toujours dans l'album familial, avec la bombe de cavalier qui allait avec lui. Un pan de sa mémoire s'était effondré. La fille s'est mordu les lèvres, mais l'image de cette rencontre avec une enfant de quatre ans et le souvenir du vêtement qu'elle portait – comme on se souvient du vêtement qu'une femme portait la première fois qu'on l'a rencontrée –, elle a trouvé cela très joli, et même romantique, si on peut parler de romantisme entre papa et sa fille… La mère disait souvent : « Tu as tes deux femmes près de toi. » La fille n'est-elle pas devenue, le jour où son père lui a dit qu'elle était « l'être [qu'il aimait] le plus au monde », l'unique femme de sa vie ? Ce jour-là, elle a compris pourquoi sa mère avait été jalouse toutes ces années… Si on craint la rivalité avec les autres femmes, c'est qu'elle nous rappelle la rivalité avec la mère.

C'est cette peur d'être abandonnée par maman qui va nous pousser à éviter de rivaliser avec d'autres femmes, tant elles sont importantes dans notre vie. Nous craignons de perdre leur soutien, comme celui de maman. À plus forte raison lorsqu'il y a une rivalité très puissante avec la mère. On aura alors une tendance très nette à aller chercher des alliées chez d'autres femmes. On gomme ses différences pour gommer tout sentiment de rivalité. Cela peut présenter l'inconvénient d'annuler tout esprit de compétition.

La compétition doit avoir lieu avec la mère pour qu'elle ait lieu avec les autres femmes, notamment dans le domaine amoureux. Le même homme s'intéresse à nous et nous attire irrésistiblement? On décide de ne pas perdre notre belle entente. Sacrifier cela pour un homme??? Pas question. On ne va tout de même pas perdre le soutien mutuel qu'on s'apporte pour une partie de jambes en l'air!... Voilà, c'est la grande défaite des hommes qui nous vient de maman! Petite fille bien sage (PFBS)!

Rares sont les filles qui osent braver cette entente. Il faut qu'elles aiment vraiment les hommes et... le sexe, et se soient suffisamment séparées de maman et donc des autres femmes. Mais même celles-là se cherchent des excuses pour ne pas avouer leur rivalité: «Je ne voulais pas nuire à Patricia, je la connais, je l'apprécie, mais c'est son mari qui m'a fait une cour acharnée!» Mon œil!

Quand un amant a contre lui les copines, les autres femmes, on ne donne pas cher de sa peau!

Une femme de trente ans m'a fait cette confidence:

Je crois, et je le regrette, que j'ai écouté d'autres femmes comme des mères, et que j'ai quitté mon amant parce qu'elles me disaient que je n'avais pas d'avenir avec lui, qu'on ne construirait rien ensemble. Peut-être... mais moi j'étais bien avec lui.

Parfois, nous n'osons pas raconter nos succès aux copines; nous les minimisons ou n'ambitionnons pas davantage parce que nous avons peur de ne plus faire partie de la bande, d'être jalousées, de ne plus être aimées. Ce qui est en rapport direct avec cette crainte que nous avons de nous distinguer de notre mère, de nous séparer d'elle.

Nous avons besoin de l'approbation des autres femmes comme de celle de notre mère. Inversement, on se venge de sa mère sur d'autres petites filles. Il y a parfois une grande cruauté entre petites filles.

Une mère de famille de trente-huit ans raconte en souriant:

Quand j'y pense, j'étais une peau de vache! À l'école primaire, j'ai souvent laissé « tomber » des petites filles quand la relation devenait trop étouffante, trop fusionnelle, quand elles étaient si jalouses que je n'avais pas le droit de jouer avec une autre. Et elles avaient des réactions très violentes vis-à-vis de moi, comme des femmes délaissées. Une fois, j'ai pris une claque qui m'a dévissé la tête. Avec les hommes, j'agis un peu ainsi. Je passe d'un excès d'attention à la lassitude, et dans ces moments-là je décrocherais bien, comme je le faisais avec mes copines. Inconstance ou étouffement ? Ou toujours à la recherche d'un amour plus fusionnel, plus idéal, celui de maman, qui finit toujours par me peser, bien sûr…

On se fait la main sur les petites copines pour commencer à se séparer de maman, on recrée avec elles la fusion que l'on avait avec maman, et on leur en fait voir de toutes les couleurs!

D'ailleurs, les femmes adultes restent des filles, et par moments des petites filles. Il arrive qu'elles soient copines comme cochonnes, sincères, elles ont besoin les unes des autres, puis, par-derrière, traîtreusement, elles se «démontent», se «dégomment», se «déboulonnent»… comme les gamines.

L'inimitable ou au-dessous du niveau de la mère

Il arrive que l'infériorité de la fille soit objectivement exprimée par la mère: «Jamais tu ne seras comme moi!» Rabaisser sa fille peut être, pour la mère, un moyen d'empêcher la rivalité et de garder sa fille pour elle.

Si le père établit lui aussi des comparaisons entre la mère et la fille au détriment de cette dernière, il n'est plus un allié. Lui aussi devient plus homme que père, plus amant que papa. La petite fille, en pareil cas, s'en sort difficilement. Papa ne lui est plus d'aucun secours contre sa mère.

La mère a peut-être «travaillé» à mettre ses dons en valeur aux yeux du père, ainsi que sa supériorité, quelle qu'elle soit, physique ou autre. Elle a ainsi accentué la rivalité. Elle a pu aller jusqu'à dénigrer sa fille devant le père qui, aveuglé, n'a pas su conserver à cette dernière sa sollicitude.

La rivalité amoureuse

L'anthropologue Françoise Héritier a identifié un tabou tragique, qu'elle a nommé « l'inceste du deuxième type[23] », situation dans laquelle deux personnes apparentées par le sang se partagent un même partenaire sexuel. Cette rivalité amoureuse représente bien une spécificité de la relation mère-fille, qui n'existe pas entre mère et fils, sauf si l'un des deux est homosexuel.

C'est ce qui fait dire à Caroline Eliacheff et Nathalie Heinich, dans *Mères-filles, une relation à trois* que ce qui fait la spécificité de ce rapport, « c'est l'indistinction identitaire engendrée par cette rivalité amoureuse qui pousse la fille à détruire ce qui pourrait la faire ressembler à sa mère[24] ».

Dans ce cas de figure, la pire des configurations semble être celle où c'est la mère qui vole l'amant de sa fille - cette mère qui devrait tout naturellement accepter sa défaite dans le cas contraire où c'est la fille qui lui prend son amant. La mère devrait accepter sa défaite en tant que femme au profit de la maternité, qui veut qu'elle souhaite de manière indéfectible le bonheur de sa fille, au prix de son propre renoncement à sa sexualité.

Au cinéma, deux films français, *L'année des méduses*, de Christopher Frank (1984) et *Indochine*, de Régis Wargnier (1992), illustrent cette tension en montrant à quel point la jalousie sexuelle entre mère et fille est inexprimable et source de désastre.

Dans le premier film, c'est la mère qui prend l'amant de sa fille sans le savoir. C'est la jalousie de la fille qui est décrite, dès lors qu'elle se rend compte que l'homme lui préfère sa mère, que sa jeunesse ne l'emporte pas sur la maturité, que la rivalité ne tourne pas à son avantage. Cette jalousie va la mener jusqu'au meurtre de l'amant. Un crime parfait et prémédité : lors d'une promenade en mer, elle précipite cet homme par-dessus bord dans une eau infestée de méduses, qui seront fatales au malheureux, leurs piqûres provoquant chez lui un œdème de Quick.

23. Françoise Héritier, *Les deux sœurs et leur mère, Anthologie de l'inceste*, Paris, Odile Jacob, 1994.
24. Caroline Eliacheff et Nathalie Heinich, *Mères-filles, une relation à trois*, Paris, Albin Michel, 2002 ; Le Livre de Poche, 2003, p. 131.

Dans *Indochine*, c'est la fille qui prend l'homme à sa mère, toujours sans le savoir, comme si les cinéastes ne souhaitaient pas montrer un inceste du deuxième type. Ainsi, il y a toujours une des deux femmes qui ignore qu'elle a affaire à l'amant ou à l'ancien amant de l'autre. C'est moins choquant. La mère, qui envoie d'abord l'amant potentiel de sa fille adoptive en exil afin de les séparer, est à l'origine du drame qui va se nouer. Elle est convaincue que celui qui a partagé sa couche ne peut rendre sa fille heureuse. Elle pense connaître cet homme plus jeune qu'elle, qui lui a imposé son trop grand désir de liberté, disparaissant des jours entiers sans lui donner signe de vie. La mère dit ne pas vouloir de cette vie pour sa fille. Cependant, elle ne peut empêcher les fils des destins des jeunes gens de se nouer. La fille rejoint l'homme en exil; il devient son amant. Ce qu'il n'a pas fait pour la mère, renoncer à sa liberté, il le fait pour la fille. On ignore les mobiles plus ou moins conscients de la mère pour s'opposer à leur idylle. Peut-être est-ce la rivalité, ou la jalousie parce que sa fille, qu'elle sait irrésistible, pourrait réussir là où elle a échoué, ou le désir de la protéger d'un amour destructeur. Pourtant, par sa certitude que l'homme non encore conquis va l'être inévitablement par sa fille, elle rend hommage à la supériorité de cette dernière, elle s'incline. C'est une mère attentive et complice qui a toujours traité l'enfant comme une princesse. Mais c'est une mère adoptive. C'est comme si l'absence de lien de sang rendait la situation plus tenable, moins choquante. Lorsqu'elle a la confirmation du caractère inéluctable de cet amour, elle veut retrouver le couple pour lui apporter son aide. C'est elle qui élèvera leur enfant, celui de sa fille et son ex-amant, après l'assassinat de ce dernier et lorsque sa fille deviendra une égérie communiste. Là encore, la rivalité mère-fille a des conséquences dramatiques: l'élimination de l'amant en est une, comme si l'homme devait faire les frais de la réconciliation mère-fille.

Comme si l'on ne pouvait profaner impunément un lien si sacré.

L'envie sexuelle

Une fille déclare: «Maman a castré son époux, elle l'a rendu impuissant, et aujourd'hui la voilà qui est jalouse de la sexualité de sa fille.»

Il arrive que la mère envie la sexualité de la fille parce que sa vie sexuelle n'est pas satisfaisante. Elle a peut-être été privée trop tôt de sexualité, parce que, veuve ou divorcée, elle n'a pas refait sa vie ou a renoncé aux hommes. Ou alors son partenaire est devenu impuissant. Ou bien elle n'a jamais trouvé dans la sexualité ce qu'elle aurait voulu y trouver et il lui semble que sa fille, elle, l'a trouvé. Dans ce domaine, on est encore dans l'ordre de l'indicible, mais un indicible bien réel.

Subsiste aussi l'ambivalence des sentiments inconscients lorsque la fille remplace, pour la mère, la sexualité qui n'existe pas avec son mari – ce que nous avons évoqué dans le piège de la fusion, où l'enfant est objet de désir. Alors la mère pose des questions indiscrètes pour s'approprier en quelque sorte la sexualité de sa fille. Elle a une véritable curiosité. Ensuite, si la fille lui a fait des confidences, elle pourra dire: «Tu sais, tout cela passe, avec un homme, et après on devient des amis…» Si c'est comme ça que ça doit finir, bonjour tristesse!

Parfois, cela va plus loin et montre bien la frustration de la mère: «Tu es fatiguée parce que tu fais trop l'amour…» Insatisfaite de sa sexualité, la mère ne veut pas que les autres jouissent, et surtout pas sa fille.

Cela peut aller encore plus loin. Lorsque sa fille lui parle trop de ses amours, la mère s'exclame: «Tu fais la pute!» Ou elle fait en sorte que ce soit le père qui le dise, si c'est une mère manipulatrice.

«Miroir, mon beau miroir, qui est la plus belle?»

Nous avons parlé de la beauté des mères et de l'importance de cette sublimation pour le développement de la fille. Les mères, elles aussi, aiment contempler et sont fières de la beauté de leur fille. La mienne m'appelait «ma jolie fille».

Cela n'exclut pas pour autant, nous l'avons vu, les avatars qui peuvent découler de l'incontournable comparaison, quand le sentiment de rivalité n'est pas contrôlé et que les pulsions destructrices de la mère ne sont pas étouffées. Surtout lorsque, comme c'est dans l'ordre des choses, la mère est vieillissante et la fille florissante. Comme dans *Blanche Neige*, où, là encore, le conte prend la précaution de mettre en scène une marâtre, une belle-mère, et non la mère biologique.

La fille réveille parfois sans le savoir la jalousie de sa mère par sa beauté en éclosion. Elle met en évidence sa décrépitude. C'est d'autant plus aigu lorsque la mère souffre d'une blessure narcissique. J'ai le souvenir, lorsque j'étais adolescente, de ce que je voyais passer dans les yeux de la mère de ma meilleure amie quand elle regardait sa fille. Son mari, professeur d'université, sortait en ville, au vu et au su de tout le monde, avec à son bras l'une ou l'autre étudiante – consentante – de la faculté. Cette femme humiliée, incapable de faire la part des choses, avait pris en grippe sa propre fille.

Une mère qui continue à assumer sa sexualité de façon active et réaliste – la meilleure façon d'éviter les frustrations – accepte et s'incline devant la jeunesse de sa fille, qui ne représente pas pour elle un danger.

Réflexion d'une femme de cinquante ans:

Je dois être une mère exceptionnelle, parce que j'estime que la sexualité de ma fille ne peut en rien gêner la mienne ou la menacer. J'admets tout à fait qu'elle est plus belle que moi, ne serait-ce que par sa fraîcheur. C'est normal, nous avons trente ans d'écart, de sorte que nous ne jouons pas dans la même catégorie!

Une femme peut rester toute sa vie une femme sexuelle.

«Tu es laide!» ou scène de la vie courante entre mère et fille

Maman crie, elle hurle, elle étouffe de rage, elle explose. Nous sommes au cœur d'une des scènes qui vont marquer une adolescente (associée à la tapisserie années trente, fleurs bleues sur fond noir, et au buffet en mélamine).

Soudain, la fille hurle à son tour: «Ça suffit! Tu nous gâches la vie à papa et à moi! Tu nous empoisonnes l'existence avec tes scènes! TU NOUS EMPOISONNES, TU COMPRENDS, TU NOUS EMMERDES!»

La mère regarde sa fille, sidérée, interdite, un instant seulement, hélas, car elle se reprend vite; elle cherche, elle hésite, elle serre les dents, elle tord la bouche : « Tu es laide ! » assène-t-elle à voix basse, écumante.

Coup bas ! On ne parlait pas de ça... Qu'est-ce que cela a à voir avec le propos, dites-moi ?

Cela a tout à voir, justement ! La mère ne pouvait trouver mieux, pour blesser sa fille, que ces trois mots lourds de conséquence, qui lui ferment à jamais les portes d'un devenir femme, d'un avenir sexuel, qui lui signifient pour toujours son infériorité physique. Si elle lui avait dit qu'elle était bête, la fille aurait pu s'en sortir, elle avait des moyens de lui prouver le contraire... Mais là...

La mère ne lui fait pas passer la promesse d'un avenir de femme, elle la fixe dans la disgrâce. Ce sont là des mots dont la fille aura du mal à se défaire tout au long de son existence, quoi que lui renvoie son miroir. C'est comme si le miroir de la mère, toujours présent, lui réfléchissait ses imperfections en surbrillance.

Filles jalouses d'autres filles rivales

Souvent la fille voit les autres petites filles comme des rivales. « Tu préfères Louise ! » reproche-t-elle à sa mère. « Mais comment peux-tu penser que je la préfère à toi, qui es sortie de mon ventre ? » répond la mère.

Il arrive aussi que la mère cherche inconsciemment à provoquer la jalousie de sa fille en posant les autres enfants en rivales. Elle agit ainsi comme une femme au sein d'un rapport amoureux, qui veut rendre jaloux un partenaire en donnant des signes d'attachement à d'autres hommes.

Une fille raconte :

Maman donnait des signes d'affection à d'autres filles, parfois pour me rendre jalouse. Ça marchait à tous les coups, j'étais très malheureuse.

Une autre :

Chez ma mère, il y avait cette manie de me rendre jalouse en donnant ostensiblement de l'attention et des « présents » – de la nourriture, notamment, des confitures, des produits fermiers – à mes belles-sœurs, et rien à moi. Elle aurait souhaité que nous entrions en rivalité, et elle voulait être au centre de tout ça.

Le don de nourriture renvoie à la fonction nourricière de la mère. La fille s'en trouve privée et ressent de la frustration.

Mère voleuse d'enfance ou mère de sa mère

Il y a ces petites filles à qui l'on fait tenir tous les rôles, toutes les places (sauf celle qui est la leur). Ces petites filles douces qui comprennent tellement de choses, à qui l'on vole leur enfance…

Une de ces filles se souvient:

À Noël, ma grand-mère m'offrait toujours des animaux en peluche. Parfois je lui suggérais de m'offrir autre chose. Elle ne voulait rien entendre, et maman, très psychologue et, pour une fois, l'avocate de sa mère, m'en donnait les raisons: «Ta grand-mère, issue d'une famille de treize enfants, ne recevait pas beaucoup de cadeaux à Noël. Elle rêvait d'avoir des peluches, c'est la douceur, tu sais, elle n'en a pas eu beaucoup, alors elle se rattrape à travers toi…» J'acceptais, dans ces conditions, si c'était pour ma mémé quand elle était petite… et j'allais choisir avec elle l'énième affreux chien en acrylique peigné. OK, mais moi, dans tout ça? J'aurais bien aimé que ma mère s'interpose, qu'elle se dresse contre sa mère, mais pour moi, cette fois, et pas pour lui régler son compte, comme d'habitude. J'aurais aimé qu'elle lui dise: «Ma fille a suffisamment de peluches.» Dans leur guerre incessante, entre leurs désirs d'enfants frustrés, que me restait-il à moi pour être vraiment une «petite» fille avec ses propres désirs et ses préoccupations d'enfant?

La fille confidente ou l'enfant éponge

Quand on fait tenir à la petite fille la place de l'adulte confident ou du psy, elle devient le réceptacle des angoisses de sa mère, voire de ses confidences amoureuses et sexuelles. On casse de la porcelaine. On passe la chair tendre au hachoir.

Ma mère a décidé très tôt, à trente-neuf ans, après son deuxième veuvage, que le sexe et les hommes étaient pour elle histoire classée. Le sexe, de son propre aveu, la dégoûtait. C'est ce qu'elle m'a confié alors que j'étais haute comme trois pommes. J'avais droit, par moments, à des remarques assez crues et à ce qu'aujourd'hui je pourrais, adulte, analyser comme des réflexions trahissant une pointe de nostalgie dont elle essayait de se guérir. Comme le jour où le voisin était venu gentiment bricoler sous l'évier de la cuisine. Comme c'était l'été, il était en short, et elle avait vu dépasser «quelque chose». À l'époque, je me demandais bien ce qu'était ce «quelque chose», mais elle ne m'a pas caché que cela avait achevé de la dégoûter et, du même coup, que cela l'avait rassurée sur le fait qu'elle avait bien fait de tout arrêter avec les hommes!

Au milieu du ravage

Maman possédée = fille *alien*. Déclaration d'une grand-mère à sa petite-fille: «Ta mère a le diable dans le ventre!» Grand-maman ne semble pas consciente, en disant cela, que c'est de ce ventre qu'est sortie la petite.

Qu'une grand-mère dénigre sa fille devant sa petite-fille est grave pour l'image que cette dernière aura de sa mère. C'est une source de perturbation pour l'enfant, qui aime naturellement sa mère. La voilà en proie à un conflit intra-personnel, un conflit de fidélité, elle qui ne peut pas choisir entre ces deux femmes sans culpabiliser.

Il arrive, on l'a vu, que la petite fille se trouve au milieu du ravage, entre sa mère et sa grand-mère, lorsque beaucoup de critiques et d'hostilité passent entre les deux femmes: «Mamie, elle crie tout le temps sur maman. Chaque fois qu'elle vient à la maison, elle lui dit qu'elle fait tout mal, et puis elle la traite de conne!» dit cet enfant de huit ans. Authentique!

Cette fille de quarante ans a compris. Elle a conscientisé le problème:

Je sais aujourd'hui que, inévitablement, ne pouvait régner dans ma petite tête que la confusion la plus totale. Ma mère et ma grand-mère se livraient une guerre permanente, elles n'étaient complices que dans la conduite à tenir face à mon père qui, exclu du trio, persona non grata, était divorcé de ma mère. J'étais, enfant, vraiment au cœur d'un ravage triangulaire entre ma grand-mère et ma mère, entre ma mère et mon père, entre ma mère, ma grand-mère d'un côté et mon père de l'autre, bref au milieu d'histoires d'adultes inextricables pour moi qui les aimais tous. Comment pouvais-je exister dans tout cela? Comment pouvais-je trouver ma place, ma juste place? Parfois je me demande comment je ne suis pas devenue zinzin!

La petite fille n'est pas devenue «zinzin», mais les crises d'angoisse qui la prennent au ventre, même aujourd'hui, alors qu'elle est adulte, exigent qu'elle entreprenne un travail sur elle pour remonter à la racine du mal.

> **Il y a danger, pour la santé psychique et physique d'une fille, que sa mère la mette au milieu de ses conflits avec le père, sa propre mère, etc.**

Oracle, ô désespoir

Il arrive que ce soit la fille qui doive rassurer sa mère, se substituer à elle.

Une mère consulte les oracles en permanence; elle «se» tire les cartes dix fois par jour pour se rassurer sur son sort. Sa petite fille de neuf ans la supplie: «Maman, pourquoi as-tu besoin toujours de connaître l'avenir? Pourquoi n'as-tu pas confiance? Maman, je t'en prie, arrête, c'est absurde! Laisse les choses arriver!» Sous-entendu: «Maman, si tu es dans une telle inquiétude, comment puis-je, moi, y échapper?»

Il est certain qu'une mère qui témoigne d'une telle insécurité ne risque pas d'inculquer à sa fille la confiance en la vie, la sérénité. C'est la même mère qui dit à sa fille adulte: «Sois optimiste!» Mais enfant, la fille a bien enregistré que les adultes ne le sont pas et qu'ils ont toujours besoin de se rassurer.

Les amants de maman ou entre maman et ses amants

La mère implique parfois sa fille dans sa vie amoureuse un peu chaotique, elle la place alors entre elle et ses amants.

Maman m'a fait tricoter une écharpe pour son amant. Moi, j'ai toujours voulu être aimée, même par les amants de maman. J'aimais tellement maman. Il n'y en a pas eu tant que ça, au fond. L'intérêt est de savoir ce que le fait d'assister à ce (petit) défilé d'hommes qui n'étaient pas papa a déterminé chez moi. Il y a eu, pour commencer, le député. Maman, comme beaucoup de femmes, a toujours aimé les hommes de pouvoir. Celui-là était marié jusqu'au cou. Un homme aux bacchantes généreuses et à l'épaisse chevelure poivre et sel, visage large, front court, cou taurin de l'homme d'action, bouche épanouie et pulpeuse du gourmand. Avec ce prétendu prétendant, les choses semblaient bien aller, enfin, maman paraissait heureuse. Bien entendu, l'épouse était une femme malade avec qui il ne pouvait avoir de relation de couple normale, mais qu'il ne pouvait pas davantage abandonner. C'est comme ça qu'un jour on n'a plus entendu parler du bonhomme.

L'autre, c'était Georges et ses apéritifs sous les lumières tamisées, son calme, sa voix douce et grave, ses cheveux poivre et sel, ses costumes gris, son air très, très distingué. Tiens, encore un « poivre et sel ! »... Au fait, le rôle des « poivre et sel » dans ma vie ? Un homme très doux, vous l'avez compris, avec quelque chose de mou dans les traits. Je me souviens surtout de sa lèvre inférieure, bien ourlée, importante, un peu pendante. Tiens, j'ai toujours aimé les hommes aux lèvres importantes pour (oserais-je le dire ?) leur téter la lèvre inférieure... Vous voyez comme les amants de maman peuvent déterminer, pour l'avenir, les goûts de sa fille en matière d'homme ? Ai-je les mêmes que les siens, ou m'a-t-elle transmis ses goûts ? Étais-je amoureuse « des amants de maman » ? En tout cas, celui-là, si au début « c'était un homme doux », à la fin « c'était un faible », c'est maman qui l'a dit. Il était libre, veuf, je crois. Et il avait une maman. Bien entendu, la maman était âgée... et elle ne pouvait pas être délaissée. Donc, pas d'épouse, cette fois, mais une mère. Un jour, on n'a plus entendu parler du bon fils. Un Gémeaux. Maman disait : « Trop attaché à sa mère, ce signe du zodiaque ! »

Reste mon préféré. Celui-là, je crois qu'il est demeuré au stade d'amoureux transi. C'est peut-être pour cela qu'il reste mon préféré. Journaliste, photographe, il tirait des clichés de la belle en robe du soir, sous toutes les coutures. Il venait à la maison, il l'attendait, elle ne rentrait pas. Moi, je lui tenais compagnie. C'était un petit brun frisé un peu rondouillard, très, très gentil aussi. À part ça, je n'ai pas retenu grand-chose de ses traits, ses lèvres ne m'ont pas marquée... Ah si, peut-être, un détail, ses bésicles. J'aime les hommes qui portent des lunettes. Ah oui ? Tiens tiens ! Enfin maman, elle, elle a un peu hésité, mais finalement, non ! Et pourtant, je l'ai bien vu, moi, que c'était le plus attentionné, celui qui lui a fait la cour la plus longue, celui qui était prêt à s'engager, le plus respectueux. Et c'est celui-là qu'elle a le plus fait attendre! C'est alors que j'ai compris qu'il n'y a pas de justice en amour!

Une vieille amie de maman disait: «Ce n'est pas parce que maman fait dodo avec un monsieur qu'elle n'aime pas ses enfants ou qu'il faut lui en vouloir!» C'était vrai, et cela demeure vrai pour toutes les mamans du monde, non?

Reste que la mère de famille a le devoir d'aménager les conditions dans lesquelles elle vit sa vie de femme. Reste qu'elle a le devoir d'épargner et de protéger sa progéniture, d'éviter que le foyer familial ne devienne le champ d'amours éphémères. Je ne sais pas s'il n'est pas préférable, dans ce cas, que les amants restent invisibles.

Je pense à ce très beau film: *Sur la route de Madison*, de Clint Eastwood (1995), où l'on voit d'abord des enfants adultes très déçus, très affectés de découvrir à la mort de leur mère qu'elle a été une femme en dehors d'eux, en dehors de leur père, une femme dont le cœur et le corps se sont remis à battre et à s'embraser, l'espace de quatre jours. Quatre jours où, restée seule, elle a croisé le regard d'un homme, celui d'un photographe, un homme de passage, qui le restera, parce qu'elle ne choisira pas de le rejoindre. Dans le film, l'exemple de la mère amène les enfants à une réflexion sur eux-mêmes, à une remise en cause. La fille va peut-être quitter son compagnon. La première parole du fils rentré chez lui, le soir, auprès de sa femme sera: «Je t'aime très fort, tu sais.» La leçon: exprimer ses sentiments, ne pas se contenter de peu. Ne pas vivre à petit feu. La mère, avec des années de décalage et à titre posthume, a introduit de la passion dans la vie de ses enfants.

Une mère est une mère. Mais une mère est aussi une femme. Il faut que sa fille l'accepte. En tout cas, des filles reprochent souvent à leur mère qui n'a été que mère de ne pas leur avoir donné l'exemple d'une vie épanouie et équilibrée.

Des amants invisibles? Pourquoi pas? Mais une vie amoureuse, oui!

Quand je pense aux amants de maman, il me reste une tendresse pour les hommes, des hommes toujours inaccessibles, prisonniers, ou faibles, sur qui l'on ne peut compter. Une image peu rassurante, et la prise de conscience, très jeune, de la difficulté d'être une femme sans mari, une mère sans mari. En même temps, c'est peut-être à l'origine de la compassion que j'éprouve pour elle, car j'ai assisté à ses efforts désespérés pour refaire sa vie avec un homme qui lui plaisait et avait, comme elle disait, « une position », une situation. Un peu de pouvoir, quoi ! Cœur de midinette ? Manque de discernement ? Manque de chance ?

Du coup, à cause de cette image peu rassurante des hommes, je ne crois pas avoir jamais su, ni peut-être voulu, tirer parti de ma féminité. Le travail et l'effort, vertus viriles, m'ont semblé être les seules planches de salut pour moi. J'ai compris cela très vite.

Aussi, j'ai intégré, à cet âge (l'être n'est pas à une contradiction près), que finalement, hors le mariage, hors le père, c'est la précarité. Pour ma mère, la tentative de libération qui passait par le travail autonome avait échoué, et celle du sexe n'avait pas davantage réussi. Alors, plus tard, chaque fois que pointait le désir d'un autre homme que celui avec qui j'avais pris un engagement, surgissait en moi cette peur de l'inconnu, ce désir risquant de mettre en péril ma sécurité… comme les amants de maman si peu sécurisants. La sécurité que seuls la fidélité et le mariage assurent. Et puis, je crois que je n'avais pas envie de faire de la peine à mon compagnon, pour ne pas faire de la peine à papa…

Il n'y a qu'un homme dans une vie. Les amants, c'est danger !

Quand la réponse à « Où suis-je ? » est « Nulle part ! » ou « Là où je l'ai décidé ! »

… les choses empirent, les nuages s'amoncellent à l'horizon de la fille…

La chambre

Il est crucial pour une petite fille d'avoir sa chambre. Donner sa place à un enfant, c'est lui donner un lieu à elle dans la maison. Lui attribuer une chambre est essentiel. Pas de lit, pas de place !

Le lit d'appoint
ou l'histoire du petit canapé vert transformable

Il arrive que la petite fille soit reléguée dans un coin. Le manque d'espace et de moyens n'en est pas forcément la cause, et c'est ce qui est le plus traumatisant pour elle. Il sera parfois difficile, à ces filles à qui l'on n'a pas donné de place, de «faire une place» à leur propre fille plus tard.

L'une d'elles explique:

Je dormais sur un petit canapé vert transformable dans la chambre de mes parents. J'ai attendu d'avoir quatorze ans pour avoir ma chambre. Ma mère avait pris tout l'espace avec son activité professionnelle qu'elle exerçait à la maison. Toute la place. Le salon avait été réquisitionné, et une chambre aussi.

Non seulement on n'avait pas donné sa place à l'enfant, mais en plus de cela elle occupait une place qui n'était pas la sienne, dans la chambre de ses parents.

Le règlement de comptes

Dans une position qui n'est pas la sienne, la petite fille peut être utilisée comme un jouet, une marionnette. Elle devient alors instrument, arme d'un règlement de comptes qui ne la concerne pas. Il y a là un abus narcissique, dans le sens où il y a négation de son existence, de son identité. L'enfant est ainsi utilisée d'une manière plus ou moins consciente par sa mère.

C'est le cas de cette fille de quarante-cinq ans qui éprouve encore aujourd'hui de la révolte et retrouve à cette occasion sa voix de petite fille pour raconter son histoire:

Après son divorce, maman a décidé de confisquer sa fille à papa. Il n'avait sans doute pas été sage. J'avais des consignes. Je ne devais pas laisser mon papa m'approcher. Un jour, comme il était venu me chercher à la sortie de l'école, je lui ai récité mécaniquement la leçon que maman m'avait apprise: «Tu ne dois plus venir, il ne faut plus qu'on se voie.» Je devais le dire et, même si j'avais un peu l'impression que c'était une autre qui parlait par ma voix, ouf! j'y étais arrivée: j'étais une petite fille obéissante à sa maman. C'est ce jour-là aussi qu'il m'a emmenée dans cette toute petite chambre de bonne où il habitait seul depuis son retour d'Afrique. Il ne savait pas ce qu'il allait faire, rester, repartir, je lui manquais, il pleurait. J'ai bien compris qu'il était triste, malgré tout le mal que maman m'en disait – ce bourrage de crâne. Plus tard, lorsque je n'ai plus eu à obéir à ma mère, j'ai découvert mon père, et non seulement je l'ai trouvé beau et j'en suis tombée amoureuse comme toutes les petites filles, mais j'ai découvert un papa gâteau.

Bien sûr, en pareil cas, c'est la plus petite, l'enfant, qui fait les frais du règlement de comptes. C'est elle, plus tard, qui cherche toute sa vie dans les hommes qu'elle croise un papa perdu, alors qu'elle en avait un tout à fait disposé à remplir son rôle. Le fait de retrouver son père plus tard ne règle pas le manque de papa du petit enfant toujours présent à l'âge adulte.

Peut-être, dans le cas précis du témoignage précité, faut-il chercher comme début d'explication dans le comportement de cette mère, outre la vengeance, le sentiment qu'il n'est pas grave de perdre un père, parce qu'elle avait perdu le sien enfant. Voulait-elle inconsciemment priver sa fille de son père comme elle l'avait été elle-même, exactement au même âge ?

En tout cas, si la relation entre la femme et le mari avait été interrompue par le divorce, en aucun cas la relation entre la petite fille et son père n'aurait dû l'être. La mère a opéré une confusion préjudiciable pour son enfant.

Quelles que soient les difficultés qui apparaissent dans la relation homme-femme, celles-ci ne doivent pas retentir sur la relation parent-enfant.

Le clan du père ou « Tu leur ressembles ! »

Lorsqu'elle choisit un homme, une femme choisit avec lui une famille, une belle-famille – à moins qu'il soit orphelin. Pas si belle que ça, cette belle-famille, quand les traits de ressemblance qu'elle décèle ou croit déceler chez sa fille provoquent chez elle le rejet de l'enfant.

Il y a là une absence de recul de la mère, qui ne voit pas l'enfant en tant qu'individu, en tant que personne. Cette dernière n'est là que pour lui renvoyer son « mauvais » choix amoureux et attiser sa rancœur, pour qu'elle ait sous les yeux une erreur qu'elle n'assume pas, qu'elle ne prend pas à son compte, mais qu'elle fait payer à la chair de sa chair en déversant sur elle cette haine de l'autre, des autres. La mère oublie qu'il s'agit de son enfant et que c'est bien elle qui l'a faite comme elle est.

Ce sont là des mères qui n'ont pas mis un bémol à leurs pulsions agressives vis-à-vis du père dans le but d'épargner leur fille.

Cette fille a le malheur d'être grande et mince comme le père et comme les membres de sa famille, alors que les autres, la mère, la fille aînée, le fils sont petits et gras. «Que faire? me demande-t-elle. Bouffer pour grossir?»

Dans *Les mots pour le dire*, de Marie Cardinal, la mère dit à sa fille, à propos du père: «Il n'est pas de notre milieu, tu n'as qu'à voir comment il mange[25].»

Il n'y a jamais qu'un pas à franchir, pour que ce type de mère critique à l'égard du père n'affuble son enfant, à la moindre défaillance, de la même étiquette, la rattachant à la lignée paternelle sans faire de quartier.

Une fille de quarante-quatre ans s'insurge:

Pourquoi m'avoir mise dans le clan des moins bons? Parce que, moi, j'étais sale, ignorante, analphabète, comme elle le disait des membres de la famille de mon père? Mais non, j'étais comme ma sœur, qu'elle a prise dans son clan. On mangeait la même soupe, je ne rechignais jamais à prendre ma douche quand elle me le demandait, j'avais de bonnes notes en classe et je lui obéissais.

À l'âge adulte, on peut essayer de comprendre pourquoi sa mère s'est comportée de la sorte. On émet des hypothèses:

En me repoussant, ma mère voulait probablement venger la petite fille qu'elle avait été, qui pensait avoir été rejetée par son père, ce père qu'elle adorait et qu'elle croyait avoir déçu. Elle disait qu'elle l'admirait, mais aussi qu'il en avait fait voir de toutes les couleurs à sa mère…

25. Marie Cardinal, *Les mots pour le dire*, Paris, Grasset et Fasquelle, 1975; Le Livre de Poche, 2004, p. 65.

Certaines femmes règlent inconsciemment leurs comptes avec leur père, « réparent » leur histoire avec lui par le biais de leur fille et de son papa à elle.

Quand une mère distribue les rôles dans une famille, que peut faire une petite fille pour essayer de changer de camp ? Elle essaie d'être parfaite pour ne pas être dans celui des « nuls ». Or, être parfaite, ce n'est pas être dans la vie. Mais voilà, il lui faut faire en sorte de ne rien faire qui pourrait conforter maman dans son tirage au sort : « Tu es bien comme eux, tu leur ressembles tant ! » Autre possibilité pour la petite fille : se rebeller.

L'enfant objet, l'enfant poupée

La fille peut prendre la place du mari, et en tenir lieu, quand celui-ci, pour des raisons qui peuvent être multiples, n'est plus désirable, quand il n'est plus l'objet du désir de la femme. La petite fille est alors une petite fille poupée. La star hollywoodienne Marlène Dietrich a interrompu les relations sexuelles avec son mari à la naissance de sa fille. C'était bien la preuve d'un rapport particulier à la fille.

Une femme parle ainsi de sa mère : « Je crois qu'elle aimait le contact, les bisous à donner, comme on a besoin d'une poupée. Elle satisfaisait son besoin. » La mère comble ses besoins affectifs personnels au travers de sa fille.

Au lit avec maman

Une fille de quarante ans raconte :

C'est un homme qui aurait dû être dans le lit de ma mère, ou personne, mais sûrement pas moi. À mon âge, je suis encore comme une petite fille, j'ai besoin de dormir avec quelqu'un pour m'apaiser, surtout quand j'ai des moments d'angoisse, et c'est comme ça depuis l'âge de vingt ans, depuis que j'ai quitté maman.

Le manque, c'est la mère.

Après un divorce, ou en cas de séparation des époux, la tentation peut être forte de trouver consolation dans les bras de son enfant, de dormir avec sa petite fille. Or, celle-ci doit dormir seule.

Elle peut bien sûr se réfugier en cas de cauchemar dans le lit de sa mère, mais elle doit ensuite retourner dans le sien. Elle ne doit pas tenir lieu de « doudou » à sa mère. Elle ne doit pas dormir avec elle. C'est ce que l'on nomme l'inceste platonique. Comme on ne couche pas avec son père, on ne couche pas avec sa mère !

Mimétisme transgénérationnel ou l'inceste platonique

Gloria dort avec sa fille de dix ans, tout comme elle dormait avec sa propre mère. Le père, il n'y en avait pas, et quand il était là, dit-elle, il infligeait des mauvais traitements à sa mère. Elle dit que dormir près du corps de sa fille la rassure, lui apporte du réconfort. Elle avoue à son mari : « Je suis désolée, je m'endors mieux quand c'est la petite qui dort avec moi, et puis elle est demandeuse. » Qui est réellement demandeuse ? Pourtant là, il y a un homme, un mari, mais un mari qui ne la rassure pas, du moins pas autant que sa fille.

Cette maman a eu du mal à la mettre au monde, cette petite fille. Avant elle, elle a accouché d'un enfant mort-né. Tout en mettant sa fille au centre de tout, en en faisant le centre de son monde, de ses champs d'intérêts, elle ne l'épargne guère puisqu'elle partage tout avec elle, ses bonheurs comme ses angoisses. Elle dit qu'avoir un enfant, c'est aussi avoir le plaisir de dormir contre cet enfant, et qu'à la maternité l'on prive à tort les mamans de dormir avec leurs enfants les premiers jours de leur vie : « Madame, elle ne doit pas prendre l'habitude de dormir avec vous, elle ne pourra plus dormir seule ! »

Certes, cette fusion est magique, au début, et elle permet d'atténuer la violence de la séparation que représente la naissance pour le bébé, mais il faut la dépasser, sous peine de rendre l'enfant dépendant. Le danger est réel que la petite fille ne vive jamais sa vie.

Cette femme remplace sa mère par sa fille, recherche avec cette dernière la fusion qu'elle a connue avec sa mère. Il y a là un déplacement de la sensualité : la sensualité maternelle prend le pas sur la sensualité avec l'époux. L'enfant devient objet de jouissance.

Dans le cas de Gloria se pose en outre le problème de l'enfant de remplacement. La mission implicite de la petite fille est de remplacer le bébé disparu, bébé du même sexe, dont le prénom présente une évidente homophonie avec le sien. Il y a sans doute un travail de deuil qui n'a pas été mené à son terme. Tout cela alourdit encore la relation mère-fille. L'enfant est surinvestie par sa mère et porteuse d'une mission de réparation.

« Tout ou rien pour ma mère »

Quand la mère retrouve une vie affective auprès d'un autre homme, la petite fille peut se sentir évincée et ressentir très cruellement ce brutal changement de place, incompréhensible pour elle : « Viens, maman, viens dormir avec moi, c'est ton boulot ! » s'exclame Léa, sept ans, dont la maman partage depuis peu son logement avec un nouveau compagnon. Après avoir été tout pour sa mère, il semble qu'elle ne soit plus rien. L'enfant, ici encore, est utilisée, objectivée, comme une poupée de chiffon que l'on serre contre son cœur puis qu'on jette parce qu'elle est devenue encombrante – tout cela au gré des circonstances, des fluctuations de la vie amoureuse de la mère.

Rien d'étonnant à ce que la petite fille, plus tard, ne reproduise avec un homme une relation où elle peut tout représenter pour lui à certains moments et être totalement ignorée à d'autres. Une relation en dents de scie dont elle aura du mal à se défaire, et qu'elle trouve malgré tout « normale ».

Mère et fille : une relation à trois ou à deux ? Un petit bémol

Je fais ici référence à la thèse de Caroline Eliacheff et Nathalie Heinich, selon laquelle le tiers ne doit pas être exclu de la relation mère-fille. Ce tiers, c'est principalement le père, dont la présence est fondamentale pour que la mère et la fille ne deviennent pas un couple. Cependant, j'ai pu observer qu'il existe d'autres accommodations possibles. En d'autres termes, cela peut fonctionner sans père. C'est le propre des relations humaines que, s'il y a de la créativité, plusieurs combinaisons différentes puissent fonctionner de façon satisfaisante. De même qu'un grain de sable peut chambouler un système qui a fait ses preuves jusque-là. Rien n'est fixe, rien n'est figé dans les choses de ce monde, et il n'y a pas davantage de règles absolues et intangibles dans l'univers des relations humaines. De toute évidence, mieux vaut une famille monoparentale qu'un père qui joue un « mauvais rôle ».

Le cas de ces mères qui ne veulent pas céder la place à la génération suivante

À propos du vêtement et des échanges, une mère me confie qu'elle n'est pas d'accord avec ceux qui pensent qu'il faut céder la place et ne pas s'habiller trop jeune, comme une gamine. Elle dit qu'elle s'habille comme elle l'entend et que cela ne vieillit pas sa fille pour autant, ni ne la rajeunit. Du reste, son garçon préfère une maman jeune. Si, lorsque sa fille sera plus grande, cette façon de faire l'agace, elle modifiera ses positions. Cela semble léger, cela peut attendrir, cette complicité entre mères et filles, cette sororité. Se prêter des vêtements, des chaussures, comme des sœurs…

Cela renvoie à cette sorte d'intemporalité de la femme: la femme veut se vieillir à vingt-cinq ans et se rajeunir à quarante. Du coup, elle n'a plus d'âge. Pourtant, il y a danger.

Tenir sa place est important, c'est le gage que l'on saura la céder à temps. L'on doit transmettre à sa fille cette capacité de tenir sa place, et cela par l'exemple, d'où la colère légitime des petites filles contre les mères copines ou *teenagers*. «Maman, tu as vu comment tu t'habilles!» Les filles ne savent plus où est leur place si la mère est jeune fille: c'est la confusion des générations. Elles savent d'instinct que ce n'est pas bon.

Il ne s'agit pas de s'habiller comme une mémère. On peut s'habiller jeune, mais classe, jeune, mais femme. D'ailleurs, les yeux de nos filles nous remercient lorsqu'on leur donne à voir un modèle de la femme qu'elles pourront être dans vingt ans, auquel elles pourront s'identifier si elles le veulent, et non le reflet de ce qu'elles sont aujourd'hui. Femme, quoi! Pas fille! Jeune femme mais pas minette! Tans pis si, à l'inverse, c'est courir le risque que parfois elles nous épinglent: «Maman, ta veste, elle est ringarde!»

À chacune sa place et son rang généalogique.

C'est faire preuve de présence au monde que d'être ce que l'on est au moment où on l'est, et de le vivre pleinement.

C'est un atout d'être une femme femme, une femme faite, finie, achevée, même si on ne l'est jamais vraiment, car toujours en devenir.

La transmission de l'identité de mère est ailleurs, nous l'avons vu dans le chapitre précédent, que dans les savoir-faire culinaire et ménager. Elle se situe dans ce respect de la place, afin que la fille reproduise cette attitude avec sa propre fille dans le trans-générationnel.

LA VIOLENCE DE LA DIFFÉRENCIATION OU L'INÉVITABLE RAVAGE

Le fœtus meurt s'il ne se sépare pas de sa mère à la naissance, s'il reste uni à elle, si le cordon ombilical n'est pas coupé. De même, pour qu'il y ait transmission, pour qu'il y ait reproduction, il faut qu'il y ait eu séparation des cellules, distinction, clivage. À défaut, il n'y aura pas possibilité de création d'un couple nouveau et d'une famille. Si la fille reste indifférenciée de sa mère, elle ne pourra pas s'unir à un homme.

Ainsi, la vie est une succession de séparations et de rencontres. La première est la naissance.

Plus la fusion avec la mère a été importante, plus le ravage, le clivage, la séparation est dure, violente et souvent radicale.

Une fille de trente-neuf ans explique: «Ce qui est terrible, c'est cette courbe à 180°, depuis ces petits messages que je laissais à ma mère jusqu'à notre rupture si rude d'aujourd'hui. Ce sont bien les avatars d'un amour fou!» «Ma mère craignait tellement cette séparation qu'elle a décidé de prendre les devants», me raconte une autre fille.

Dans ces conditions, quel malheur d'être une trop bonne mère! C'est la déception au bout du chemin, quand on sait que le ravage est inévitable.

La collègue qui partage mon bureau me dit, tandis que je raccroche le téléphone: «Je ne sais pas à qui tu parlais, mais je me suis dit: "Pour qu'elle la jette comme ça, ce ne peut être que sa mère!"»

Bingo !

Un jour la passion, la fascination de la petite fille pour sa mère doivent cesser. C'est dans l'ordre des choses. Finis les textos enflammés et les petits messages roses et mauves.

Le problème surgit pour les mères qui n'ont pas le recul suffisant pour l'anticiper, pour l'accepter, et qui fondent toute leur vie sur cet amour-là, qui semble d'un coup se dérober lorsque c'est au tour de la fille de se transformer en « méchante ».

« Haime moi ! » ou la haine au verso de l'amour

Entre mère et fille, il y a une agressivité qui doit être extériorisée. Pour cela, la haine est bien souvent le passage obligé.

Marie-Magdeleine Lessana, dans *Entre mère et fille : un ravage*[26], explique qu'en cherchant à atteindre cet état de perfection de l'amour pur l'amour maternel doit accepter de se heurter à l'impossible par l'agressivité. À défaut d'y parvenir, il n'est plus humain.

Qui exclut la haine de l'amour ne fonctionne pas comme une mère. À méditer !

Le temps de la révolte

C'est le désir de vivre qui bouillonne en nous qui nous fait nous révolter contre notre mère. Dans ce domaine, chacune a son rythme, mais l'adolescence est l'époque où nous nous affirmons en enfreignant les règles. C'est le temps de la critique obligatoire. À l'adolescence, mère et filles deviennent parfois comme des étrangères. Ce qui est dommage, c'est que ce que nous faisons, nous le faisons souvent *contre* notre mère et non *pour* nous-mêmes.

Je pense que la mère d'une future adolescente devrait être décorée de la médaille du mérite, par anticipation, pour éviter que ce soit, le moment venu, à titre posthume.

C'est pourtant lors de l'adolescence de sa fille que la mère ne doit pas relâcher sa sollicitude et son attention, cet âge difficile où le manque de confiance est là, où s'inscrivent des schémas, ainsi

26. Marie-Magdeleine Lessana, *Entre mère et fille : un ravage,* Paris, Pauvert, 2000, p. 330.

que des complexes persistants. On sait, par exemple, l'importance de l'image, du vêtement, pour l'adolescente.

Ne pas confondre révolte et séparation

À cet égard, il ne faut pas confondre révolte et séparation. On se révolte contre une chose à laquelle on est encore attaché. Voilà pourquoi la colère est signe de passivité. D'ailleurs, la colère des mères est souvent le signe, la manifestation de leur impuissance.

Une éducation trop permissive ne permet pas de se séparer : une mère-maman toujours là, sympa, collante… Il faut des querelles, des discordes pour se séparer de sa mère. C'est pourquoi on sort plus « séparée » de chaque « crise ». C'est ce que me disait une femme de quarante ans, qui, encore à son âge, avait conscience (et besoin) de prendre chaque fois un peu plus de distance après chaque querelle violente avec sa mère. Comme si c'était le prix à payer pour s'en éloigner. Au sortir de la crise, c'était comme si tout était oublié, mais « les problèmes n'étant pas réglés », comme elle disait, la fille savait pertinemment qu'il y en aurait bientôt une autre. C'était cyclique. Elle ne « disait rien » à sa mère entre deux crises, mais elle, elle savait qu'elle avait changé et franchit une nouvelle étape. Elle disait « avoir grandi », et ajoutait qu'elle souffrait de moins en moins de leurs ruptures. « Je comprends ce que signifie se "structurer contre" lorsque j'affuble ma mère de tous les défauts de la terre », explique la fille.

> **Tant qu'on a besoin de mettre sa mère en accusation, c'est qu'on n'en est pas encore séparée.**

Outre le cas de ruptures à répétition, sur le tard, les ruptures, les séparations avec la mère sont souvent des moments où l'enfant, sortant du confort anesthésiant de la fusion, va agir et se lancer à la conquête du monde. C'est un phénomène comparable à celui que l'on observe après une rupture amoureuse. On constate que l'on fait beaucoup plus de choses que lorsqu'on était deux à reproduire cette fusion avec la mère, cette relation qui, à elle seule, semblait nous nourrir tout entière.

De même, lorsque maman nous inflige des mauvais traitements, on y répond par des bons traitements à nous-même, des autogratifications : on bouge.

Les ruptures à répétition avec maman, ou ses agressions, peuvent générer chez la fille des crises de boulimie de vie, des crises compensatoires : le besoin de s'acheter un bijou, une jolie robe, une maison pour compenser l'attaque dans son corps et son narcissisme primaire[27], une maison où elle se mettra à l'abri comme dans le ventre d'une mère.

Une fille témoigne :

Quand maman m'attaque, je suis à la recherche de beau et de doux, je suis à la fois dans le régressif et dans la quête d'autonomie. Soudain, c'est moi qui suis une bonne maman pour moi, qui soigne, range, décore, rend chaud mon intérieur. J'ai besoin d'être comme dans son ventre, tout en étant hors de ce ventre. Puisqu'elle me ravage, j'en profite pour me séparer, je m'appuie là-dessus pour avancer… Et j'ouvre l'œil sur tous les hommes autour de moi ; je suis en recherche de compensation affective, peut-être pas de sexe, car dans ces moments-là ma libido baisse. Je suis à la recherche de bras comme ceux d'une mère…

C'est la recherche de la relation symbiotique.

Dommage collatéral ou quand le tiers s'en mêle (s'emmêle)

L'intensité dramatique de la relation mère-fille ne passe pas inaperçue auprès du conjoint ou du compagnon. C'est le moins qu'on puisse dire !

Rares sont ceux qui n'ont pas eu à subir directement les effets dévastateurs du ravage survenant entre leur femme et sa mère. Au mieux, ils y assistent en spectateurs impuissants, condamnés à éponger les dégâts, à réparer les déstabilisations infligées à leur moitié.

Conseil aux filles : épargnez le plus possible votre compagnon. Le ravage ne doit pas se faire en public.

27. Celui qui s'est construit lorsqu'elle était bébé grâce au dévouement parfait de sa mère, qui s'ingéniait à combler ses besoins. N.D.A.

Le linge sale doit se laver en famille restreinte, surtout quand il s'agit de notre linge avec maman, notre linge intime. De même qu'il ne faut pas mélanger les relations, il faut, pour préserver celle qui nous lie à notre compagnon, ne pas lui imposer cette violence qui surgit parfois entre nous et notre mère.

Il peut avoir du mal à comprendre pourquoi, par moments, nous freinons des quatre fers pour ne pas aller la voir, ou pourquoi nous revenons si nerveuse de chez elle le dimanche soir, alors qu'il croyait nous faire plaisir en nous y amenant. Il peut se demander aussi pourquoi, à propos d'une broutille, le repas a tourné en règlement de comptes à *OK Coral*. Il ignore qu'au retour nous ruminons dans la voiture toutes les petites phrases qu'elle nous a lancées et toutes les répliques que nous aurions pu lui envoyer dans les dents si nous avions eu un peu plus de présence d'esprit, un peu moins l'esprit d'escalier, si nous ne nous étions pas remise dans la peau de la petite fille soumise. Pour lui, ce type de rapport peut paraître incompréhensible, déroutant, fatigant aussi, et surtout très violent. Voir sa compagne, qu'il croit connaître, se transformer en petite fille revancharde...! Cela ne colle pas avec l'image de femme adulte, maîtresse d'elle-même.

Le tiers peut ne pas être un compagnon, mais un frère qui sera tout aussi perplexe devant la violence du ravage, et à qui le caractère parfois abusif de la relation n'échappera pas: «Entre ma mère et ma sœur, parfois cela atteint des sommets!»

La gifle... rendue ou quand le gendre est au cœur du ravage

Devant le gendre et à propos de trois fois rien, la mère septuagénaire a donné une gifle à sa fille, qui la lui a rendue.

Enfin... les versions diffèrent selon les protagonistes. On ne sait pas s'il y a eu véritablement gifle, ou début de gifle, de la part de la fille. Mais une chose est sûre, c'est le gendre qui en tient rigueur à la vieille dame. Mère et fille se revoient presque comme si de rien n'était. Lui ne veut plus rendre visite à sa belle-mère, ni la recevoir. Le point de départ de l'affaire? La fille conseillait vivement à sa mère de prendre quelqu'un pour le ménage et de ne plus s'en occuper elle-même parce qu'elle avait la vue très faible – en fait elle était quasi non-voyante – et qu'en conséquence sa maison n'était pas propre. La mère ne voulait rien entendre. La fille insistait, la gifle est partie. Quand on se souvient de ce que l'on a dit sur le ménage, sur l'importance qu'il avait pour certaines femmes de cette génération, on peut imaginer que la maman a trouvé insupportable que sa propre fille lui signifie que désormais elle n'était plus capable, du moins plus suffisamment autonome pour s'acquitter convenablement de cette tâche. Beaucoup de femmes âgées tiennent à faire leur ménage elles-mêmes, jusqu'au bout. Lorsqu'elles ne peuvent plus faire ce qu'elles ont fait toute leur vie, c'est le signal de la vieillesse, de la perte des facultés physiques et intellectuelles. C'est pourquoi elles s'y accrochent. En tout cas, dans cette affaire, c'est le gendre qui a été le plus affecté de voir sa femme giflée comme une enfant.

N.B.: Quand on sait que la fille reproduit souvent dans son premier couple la fusion vécue avec sa mère, on comprend pourquoi il arrive que le ravage se poursuive ou se rejoue avec son compagnon. Freud disait que les seconds mariages sont plus réussis que les premiers. Le premier, en effet, hérite du rapport à la mère, et le mari essuie les plâtres du ravage, tandis que le second hérite du rapport au père.

Et le troisième?

Christiane Olivier va plus loin: «Tant que cette première relation à la Mère n'est pas réparée, il n'y a aucune chance d'en réussir une seconde avec qui que ce soit[28].» C'est encourageant, pour nous les filles, et pour vous messieurs… Pas d'harmonie possible entre nous si nous n'avons pas réglé le problème avec maman. Ou, formulé autrement: l'énergie féminine de la fille ne sera jamais positive tant que le problème avec la mère ne sera pas réglé.

Alors, au boulot!

Le nœud de l'affaire: la jouissance impossible

C'est sûr, cette chère tête blonde qu'on a peignée, pommadée, éduquée et qu'on voit se tourner, au nom de l'appel des sens, vers l'étranger, au risque parfois de se perdre, voilà qui, pour une mère, est difficile à vivre. Tout cela pour un étranger qui fait la seule chose

28. Christiane Olivier, *Les enfants de Jocaste, op. cit.*, p. 80.

qu'une mère ne peut faire pour sa fille : la faire jouir. Cet être couvé, adoré… L'ingrate oublie tout, en un rien de temps, quand elle rencontre un homme !

C'est pourquoi, quitte à perdre la fille, la mère veut en être un peu, et participer à l'union, interférer dans le choix du prétendant, organiser les festivités. Lui reste alors le rôle de mère marieuse à jouer. On imagine que voir sa fille chérie mal accompagnée est a fortiori encore plus difficile. Mais pour une mère, sa fille chérie n'est-elle pas de toute façon toujours mal accompagnée ?

Marie-Magdeleine Lessana définit le ravage comme « l'apparition torturante de la haine sourde présente dans l'amour exclusif entre mère et fille. Il révèle l'impossible harmonie de cet amour qui se heurte sur l'impossible activité sexuelle[29] ».

La mère casse-couille

On voit que le gendre met dans le mille quand il dit que sa belle-mère est une « casse-couille ». Celle-ci, inconsciemment, rêve de le castrer, car il est le seul à pouvoir faire jouir sa fille. C'est ce qui fait de la relation belle-mère – gendre une équation impossible, en raison de cette rivalité.

D'ailleurs, en cas d'adultère, c'est maman qui jouit ! « Tu te rends compte ! dit-elle à sa fille, il en fait jouir une autre ! » Cette mère a bien voulu lâcher sa fille au mâle qui la fait jouir parce qu'elle ne pouvait pas le faire elle-même, mais si sa fille n'a pas l'exclusivité de la jouissance dispensée, la mère s'empare de l'occasion et signifie à sa fille son fourvoiement, son mauvais choix : « Tu vois ! Et c'est pour lui que tu m'as quittée, que tu m'as sacrifiée ! »

Un époux vaut-il une mère ? Une mère vaut-elle un époux ? Ou la vieille histoire de Cérès, Pluton et Proserpine… et compagnie

La mère : « Tu sais, ma fille, un mari, on en change ! » La fille : « Ah bon ! Pourtant, toi, ça fait quarante ans que tu es avec le même ! » Maman voulait sûrement dire qu'on n'a qu'une mère, tandis qu'un mari…

29. Marie-Magdeleine Lessana, *Entre mère et fille : un ravage, op.cit.*, p. 109.

Oyez, oyez l'histoire de Cérès, Pluton et Proserpine.

Cérès, déesse des moissons et de l'agriculture, veille sur tout ce qui fleurit et pousse dans la nature. Aimante et généreuse, son amour pour la Terre est aussi grand que son amour pour sa fille. Autant dire sans limites ! De son union avec son frère Jupiter (sur l'Olympe, on n'est pas regardant côté inceste !), Cérès a eu une fille, Proserpine, qui sera à l'origine de bien des malheurs sur la Terre. Un jour, Pluton, le dieu des Enfers, charmé par la jeune fille qui cueille un narcisse, l'enlève de force sur son chariot de feu pour en faire son épouse (le voyou !). Du coup, Cérès, désespérée et furieuse, ne surveille plus les moissons (problème !). Le blé ne germe plus, la terre devient stérile, la famine s'étend. Bientôt, c'est la désolation sur toute la Terre. Jupiter finit par intervenir pour rétablir l'ordre (il a mis le temps !). Il obtient de Pluton que Proserpine rejoigne sa mère sur Terre. Mais Pluton trouve une astuce, il fait manger à sa femme des graines de grenade. Ce fruit magique garde le cœur fidèle à ceux qui en consomment. (Quel finaud !)

On arrive à un compromis. Les trois quarts de l'année, Proserpine demeure auprès de sa mère sur Terre : leur joie est si grande que la nature refleurit. Tout pousse à nouveau dans les champs. Les trois derniers mois, Proserpine doit rejoindre Pluton aux Enfers : alors, Cérès pleure et la Terre est en deuil. C'est l'hiver !

Ce mythe prouve que c'est avec la mère que la fille doit passer le plus clair de son temps, soit les trois quarts de l'année. S'il est dit que les graines de grenade gardent les cœurs fidèles, il n'est pas précisé si elles annulent aussi le désir sexuel. On le suppose, sinon l'astuce de Pluton ne serait pas efficace. Non travaillée par ses sens, la fille n'éprouve aucune difficulté à rester sage si longtemps auprès de maman. Il est symptomatique que, lorsque la belle est avec son époux, la Terre est en deuil. Seul le chagrin et la joie de la mère sont légitimes, comme si le seul amour parfait et noble était l'amour maternel. L'autre, et la sexualité procurée par le mari, symbolise l'enfer, la perdition. Pourtant seule la sexualité peut faire sortir la fille des bras de sa mère. Seule la sexualité nous fait grandir et nous séparer de maman. Voilà un mythe ambivalent.

Ainsi, la montée d'hormones, qu'il ne faut pas confondre avec l'amour, présente l'énorme avantage de nous sauver de maman: c'est ce qui arrive à la puberté lorsqu'on croise un beau mâle. La nature est bien faite! Las, ça ne dure pas!

Alors, une mère vaut-elle un époux? Dans la réalité, la question se pose très souvent pour la fille qui se trouve face à ce choix cornélien. Si la mère veut éliminer le mari, le conflit avec sa fille qui en résulte les conduit toutes deux à la rupture inévitable. Il arrive alors que la maman tombe gravement malade, comme un appel au secours.

Une fille raconte:

Ma mère s'est auto-attaquée dans son corps, elle est tombée gravement malade à compter du moment où nous avons dû interrompre momentanément mais violemment notre relation parce que c'était trop, trop passionnel, cela ravageait tout sur son passage!

C'est ce qui s'est passé entre cette remarquable épistolière de la littérature française que fut la marquise de Sévigné (1626-1696) et sa fille, la comtesse de Grignan, tout au long d'une relation tumultueuse et passionnée où les deux femmes ont multiplié de part et d'autre les somatisations les plus aiguës. Un véritable mal d'amour, un mal de corps, retracé dans une abondante correspondance. Ce n'est que lorsque la mère a compris que la vie de sa fille était réellement en danger qu'elle a pris la décision de céder la place au mari et de cesser de la tourmenter de ses exigences. Cette mère a eu la sagesse et le réflexe protecteur d'apaiser la relation pour protéger son enfant de cet amour trop fort et destructeur.

Il y a beaucoup de témoignages, cette fois dans un contexte plus apaisé, de cette correspondance somatique entre mère et fille. Une maman me disait: «Lorsque ma fille a mal au ventre à l'école, j'ai mal au même instant à la maison ou au bureau.»

C'est la symbiose qui persiste hors de l'utérus.

Chasser la mère au risque que ce soit elle qui chasse le mari…

On l'aura compris, il faut que la fille chasse la mère, sinon il n'y aura pas de couple possible pour elle avec un homme. Il faut, plus particulièrement, interrompre la relation fusionnelle avec ces mères possessives qui jamais ne respectent le couple et la famille constituée par la fille en tant que telle, en tant qu'entité, qui jamais ne reconnaissent à cette dernière une prise de rang en qualité d'égale, d'épouse et de mère. La fille comprend alors que ce qu'elle a construit n'est pas reconnu. Son choix, sa vie ne comptent pas. Elle reste l'éternelle seconde par rapport à sa mère.

C'est pourquoi la fille souhaite que son mari souvent l'aide, qu'il s'interpose entre sa mère et elle, qu'il tape sur la table au besoin, bref, qu'il déloge la mère. Je me souviens de cette fille qui se plaignait sans cesse de ce que son mari ne disait rien face aux abus de sa belle-mère. C'était un homme doux, qui semblait en avoir pris son parti et se réfugiait dans des activités personnelles et méticuleuses (il faisait du modélisme et peignait des soldats de plomb).

Il arrive que la fille, sur l'ordre inconscient de sa mère qu'elle n'a pas chassée, « tue le mari » (symboliquement bien sûr, sinon les prisons seraient pleines !) comme cette dernière a « tué » le père. En reproduisant ce modèle, elle « meurt » elle aussi, en quelque sorte, lorsque son époux s'en va. Elle est la victime indirecte de sa mère. Quel carnage !

Une fille se souvient :

Quand je traitais mon mari rudement devant elle, avec désinvolture – humiliant ainsi le masculin –, quand je lui manquais de respect, quand je le « castrais », ma mère semblait en tirer de la jouissance.

La mère est une déferlante contre laquelle le couple doit se protéger. Attention, les crabes, la mère monte ! Elle a sonné à la porte d'entrée (quand elle sonne !) ; c'est dimanche matin, elle apporte les croissants. Finis la grasse matinée et le câlin qui va avec. Quand la mère est omniprésente, il faut l'endiguer. Avec certaines mères, la digue n'est jamais assez haute.

Il n'est pas rare que la fille et son compagnon doivent faire front contre la mère pour défendre leur couple.

Comme la mer à la marée d'équinoxe, au mont Saint-Michel, la mère revient à la vitesse du cheval au galop quand sa fille divorce.

Des dangers de la non-survenue du ravage : l'oubli de soi ou la persécution au-dehors

Le ravage entre mère et fille doit avoir lieu. S'il ne survient pas, la fille est dans l'impossibilité de vivre pour son propre compte. Elle est comme « ravie », absente à elle-même.

Cela fait de ces filles des êtres dociles et « à côté » de leur vie, des épouses soumises, tranquilles, effacées, douces, qui, parce qu'elles n'ont pas de vie propre, qu'elles n'ont pas pu s'affirmer dans une identité distincte, vivent pour les autres, entièrement dévouées aux enfants, au mari, s'acquittant de toutes tâches à la perfection en attendant éternellement que leur heure vienne. Des femmes en suspens. On peut comprendre que le compagnon d'une telle femme n'ait pas intérêt à ce qu'elle sorte du ravissement qui, à certains égards, est confortable pour lui, car elle vivrait peut-être ainsi un bouleversement tel que le couple volerait en éclats.

Il y a aussi le cas de la mère fascinée par sa fille et qui l'entretient dans l'idée de sa supériorité : de ce fait, cette fille ne peut rentrer en ravage avec sa mère. Comme elle ne peut l'affronter, c'est sur les autres qu'elle déverse son agressivité. Elle peut même aller jusqu'à voir en eux des persécuteurs.

La grand-mère substitut ou quand le ravage se joue entre ces deux-là

Lorsqu'une femme n'a pas de fille, c'est parfois entre sa petite-fille (la fille de son fils) et elle, la grand-mère, que se joue le ravage. J'ai pu observer le comportement d'une grand-mère dont la petite-fille était devenue comédienne au prix de beaucoup d'efforts, et qui n'a rien trouvé de mieux que de lui dire, quand elle l'a vue dans une scène de séduction au cinéma, qu'elle « faisait la pute » – alors que la propre mère de la jeune fille, du type copine, l'encourageait sans restriction dans sa démarche.

La dette de gratitude selon Freud ou l'apologue de l'aigle

Une fille raconte :

Un jour, maman m'a fait ce reproche : « Tu ne nous rends pas heureux. » Elle parlait d'elle et de papa. Je lui ai répondu que je n'étais pas en charge du bonheur de mes parents. J'avais déjà tant à faire avec celui de mes enfants. En exigeant trop de moi, elle me condamnait à m'éloigner d'elle.

Une fille ne peut pas rendre sa mère heureuse ou malheureuse. C'est là un ressenti qui appartient à cette dernière en propre. C'est la mère qui est heureuse ou pas, avec ce que sa fille fait ou ne fait pas.

Mais, surtout:

La dette de gratitude doit se situer dans le futur (par rapport aux descendants de l'enfant) et non dans le passé.

L'ingratitude d'une fille vis-à-vis de sa mère est un faux problème. Si elle est redevable de quelque chose, c'est envers la génération suivante, c'est-à-dire ses propres enfants. Elle a, envers ces derniers, une dette de transmission, celle de «faire passer» tout le bon qu'elle aura reçu de sa mère.

On peut citer à l'appui, avec beaucoup de profit tant il est explicite, l'apologue de l'aigle rapporté par Freud. Une maman aigle veut sauver ses petits du déluge, car ils sont trop faibles pour voler de leurs propres ailes. Elle prend le premier dans ses serres et s'envole. «Je te serai toujours reconnaissant, maman!» dit l'aiglon. «Menteur!» répond la mère. Et elle lâche son petit dans les flots. La même chose se produit avec le deuxième. Quand la mère prend le troisième, l'aiglon lui dit: «J'espère que je serai aussi bon pour mes enfants que tu l'as été pour moi.» Alors, la mère sauve cet enfant, car lui seul assurera la transmission de la vie en ne restant pas inutilement attaché à sa mère.

Si la mère n'est pas suffisamment bonne avec sa fille, elle interrompt la transmission de la vie. Si la fille reste trop attachée à sa mère, c'est elle qui l'interrompt.

Comme me le disait très justement une «fille» de cinquante-cinq ans: «C'est normal de s'occuper de nos filles, de nos enfants, car c'est l'avenir. Mais s'occuper de nos parents, de notre mère –, car ce sont souvent elles qui sont là, nos pères étant partis avant –, cela semble contre-nature. » Cette fille exprime ainsi, avec une franchise qui peut paraître un peu cruelle, la logique de la dette de gratitude.

Quand les enfants de la fille sont un rempart contre la mère (abusive)

La fille peut alors se retrancher derrière son rôle de mère pour signifier à la sienne la primauté de sa mission protectrice vis-à-vis de la nouvelle génération. Parce que ses enfants sont petits et qu'ils ont davantage besoin d'elle. Dans ce cas, ce sont les enfants qui aident la fille à se séparer de sa mère, à s'en écarter un peu.

A contrario, il y a aussi des filles qui ne « donnent » pas d'enfant à leur mère. Refuser de devenir mère peut être un moyen, pour la fille, de lutter contre une mère abusive. C'est refuser à la fois de lui faire cadeau d'un enfant qu'elle risque de vouloir capter, enlever, et de lui accorder une reconnaissance - de la valider en devenant une mère comme elle. Voilà pourquoi, paradoxalement, on voit des filles qui, en ne procréant pas, ont trouvé plus ou moins consciemment le moyen de refuser leur mère, tout en demeurant, malgré elles, enfermées dans le rôle de fille de leur mère à vie, puisqu'elles restent dès lors des « filles ».

CHAPITRE 3

Le rendez-vous d'amour manqué

Parmi les déshérités de ce monde, les plus malheureux
sont les déshérités de leurs mères, pauvres orphelins du cœur,
sacrés aux orphelins eux-mêmes entre tous.
BARBEY D'AUREVILLY
CE QUI NE MEURT PAS (1883)

Les autres ont sur nous le pouvoir qu'on leur donne, mais l'onde de choc va loin lorsqu'il s'agit d'une mère.

Le témoignage d'une fille presque sexagénaire:

Je viens d'elle, mais je n'ai rien en commun avec elle; il n'y a aucun signe de reconnaissance envers moi, on dirait une lapine qui a mis bas, ni plus ni moins. Je fais partie d'une portée.

Une réflexion que j'ai entendue plus d'une fois: «Quand tu penses que tu dois te méfier de ta propre mère, alors, tu imagines, des mecs… !!!»

ERREUR! Bien souvent, il vaut mieux se méfier de maman!

Une fois posé le postulat de base, à savoir qu'il n'y a pas de bonne mère et qu'il y a toujours plus ou moins de souffrance de la fille, ou tout au moins quelques occasions de se plaindre, nous évoquerons maintenant ces mères qui font davantage souffrir que d'autres. La plainte des filles sera, ici, effectivement légitime.

Nous parlerons des mères absentes pour des raisons qui leur sont propres, des mères défaillantes, des mères «ailleurs», ou parties trop tôt. Nous parlerons aussi de ces «mères extrêmes», pour reprendre le vocable employé par Caroline Eliacheff et Nathalie Heinich, qui non seulement sont «non structurantes», mais contre lesquelles il faut se construire, le mot «contre» étant pris au premier degré, puisqu'il s'agit d'une question de survie.

Nous verrons comment ces mères ont rompu le serment moral de solidarité et d'assistance envers leur fille, l'être le plus proche d'elles. Ces mères qui n'ont pas résisté à la tentation de ravager ce qui était le plus proche d'elles. Cette fois, il ne s'agit pas de l'épreuve du ravage classique et nécessaire entre mère et fille, évoqué dans le chapitre précédent, mais d'une relation véritablement destructrice. Nous examinerons ces mères jalouses, perverses, « toxiques », poisons.

Les cinq chapitres de ce livre parlent de l'amour et de ses vicissitudes, parce que la maternité est une histoire d'amour réussie ou manquée.

Alors, comment éviter de se pencher sur la question de l'amour maternel ?

« EST-CE QUE MAMAN M'AIME ? » OU « QU'EST-CE QUE L'AMOUR ? »

Les petites filles posent souvent cette question à leur mère : « Maman, est-ce que tu m'aimes ? » Ce à quoi les mères répondent tout naturellement : « Bien sûr, tu es ma fille ! » ou « Je t'aime *parce que* tu es ma fille. » Cela semble évident, et pourtant ce ne l'est pas. Et cette fameuse question, les filles continuent à se la poser à l'âge adulte.

L'amour ne se commande pas et il est difficile d'évaluer l'amour que l'on inspire. Ce n'est pas plus facile lorsqu'il s'agit de sa propre mère. Difficile aussi de raisonner avec détachement quand il s'agit d'une mère, en raison de tous les schémas et croyances culturels que nous avons en tête.

Alors, si l'amour en soi n'existe pas, il nous reste les preuves d'amour.

On a vu que l'amour maternel était difficile à maintenir dans la durée, en toute occasion et à tout moment.

L'amour maternel, une forme de l'amour humain, est forcément imparfait.

L'ambivalence est le propre de l'humain. Les mères n'y échappent pas. Même les meilleures. Pourquoi n'y aurait-il pas, dans les relations mère-enfant, les mêmes sentiments que nous trouvons ailleurs : amour, haine, indifférence – dosés différemment selon les cas ? « Si tu m'aimes, ne m'aime pas[30] », tel est le titre du livre du neuropsychiatre Mony Elkhaïm.

L'amour, de toute façon, n'est pas la solution à tout. Ce n'est pas la meilleure des choses. Au nom de l'amour, on commet tant de bévues et d'erreurs ; on fait tellement de mal. Des mères trop aimantes font autant de dégâts que des mères insuffisamment aimantes. En matière d'éducation, ce qui compte c'est le message transmis par la mère. Entre négligence et sollicitude extrême et excessive, la mère doit trouver la bonne mesure.

Inconsciente ou l'amour à contretemps

Il y a parfois de ces chassés-croisés d'amour qui déroutent tout autant qu'une absence d'amour. Alors que la fille s'est sentie négligée durant son enfance et son adolescence par une mère plus femme que mère, cette dernière peut, tout autant qu'une femme plus mère que femme, éprouver des difficultés à lâcher sa fille lorsque celle-ci est sur le point de lui échapper. Ce qui peut créer un effet de surprise chez cette dernière et une gêne face à cet intérêt tardif, à contretemps, qui représente plutôt une entrave. Ces mères, contre toute attente, peuvent saboter l'histoire d'amour de leur fille pour la garder sous leur emprise.

Une fille se souvient :

Je revois la scène comme si c'était hier : j'ai vingt ans. Maman tricote du doux, du chaud : je vais quitter le nid, je vais avoir froid. Étrange, quand je pars elle devient douce. Elle ne peut pas anticiper… il faut que je sois absente pour qu'elle voie que j'existe.

Il y a des mères qui vous « aiment » à compter du moment où vous n'êtes plus sous leur toit, où vous avez quitté le nid, alors que jusque-là elles vous remarquaient à peine. Loin des yeux, près du

30. Mony Elkhaïm, *Si tu m'aimes, ne m'aime pas*, Paris, Le Seuil, 1989 et 2001.

cœur… Jusque-là, vous étiez à disposition, disponible. Vous étiez leur chose et elles remettaient toujours à demain le moment de s'intéresser à vous pour ce que vous étiez. Jusque-là, vous faisiez partie des meubles, vous étiez une dépendance, un prolongement narcissique d'elles-mêmes. Votre absence vous a donné de l'épaisseur. Le manque crée le besoin et la rareté fait la valeur.

Entre les mères et les filles, c'est parfois comme ça.

Le système du moteur électrique ou « Je t'attire, je te repousse »

Depuis Mélanie Klein, psychanalyste d'enfants, on sait que la relation mère-enfant est imprégnée de tragique, au sens où le bébé ressent très tôt pour sa mère, simultanément, de l'amour et de la haine. Il l'aime totalement quand elle le satisfait et la déteste aussi totalement l'instant d'après, quand elle le frustre.

Mais est-il possible encore une fois qu'une mère n'aime pas sa fille ? Et, plus encore, qu'elle éprouve de la haine pour elle, sans qu'il s'agisse tout simplement de ce fréquent aller-retour amour/haine que l'on observe entre ces deux pôles ? Ce que Lacan a appelé « hainamoration », néologisme particulièrement adapté à la phase qu'il a qualifiée de « ravage » dont nous avons déjà parlé plus haut. Cette bipolarité mère/fille, c'est le même système que pour le moteur électrique où l'on observe deux aimants : le + devient le – et le – devient le +. Ils s'attirent, ensuite se repoussent, puis les pôles s'inversent, pour s'attirer à nouveau. C'est ainsi que le moteur électrique fonctionne, et que le couple amoureux marche, alternance entre yin et yang. Le couple mère-fille n'échappe pas à cette dynamique : « Je t'attire, je te repousse. »

Mais est-il possible qu'au sein de cette relation puisse exister, de la part du pôle mère surtout, une haine sans partage, brute, sans recto, sans recours, sans équivoque ? Voilà une question qui brûle les lèvres et qui sent le soufre. On préfère croire que c'est le ressenti de la fille qui est en cause, car une réponse positive nous mènerait vers trop de destruction et de remise en cause de… la reproduction même de l'espèce. Difficile de douter de l'amour absolu d'une mère, de celui de notre propre mère, sans y perdre quelque chose de soi, sans y perdre, qui sait, peut-être la raison.

Devant cette question-là, nous préférerions vraiment tourner la page et reprendre plus loin. Pourtant, comme me le disait si justement une fille: «Nul n'est tenu d'aimer et quand on sait les désirs, non-désirs et motivations parfois suspectes qui sous-tendent le fait de mettre un enfant au monde...»

> **Être lucide, c'est sortir du confort. La lucidité, ce n'est pas confortable.**

Mais ne plus être dans le leurre ne signifie pas l'amertume.

Alors, allons-y!

La légitimité de la plainte des filles

Une femme de quarante ans raconte:

Quand je vois comment ma propre mère me traite, je me demande aux yeux de qui je pourrais trouver grâce. Les filles sont toujours meilleures que les mères? Certains jours, j'en suis vraiment convaincue!

Car, enfin, il faut sortir du «Sainte mère qui êtes aux Cieux!». Il y a objectivement des circonstances rédhibitoires, où dire: «à côté de cela, elle est une bonne maman...» n'a plus de sens, ne présente plus d'intérêt, car cela veut dire que l'on ne fait plus de différence entre les «bonnes» et les «mauvaises» mères.

Il faudrait en finir avec l'auto-aveuglement, avec cette automystification, cette escroquerie. Certes, on l'a vu, on peut être, par moments, une vilaine sorcière avec sa fille, en proie à l'impatience, à l'énervement, à la lassitude, à un égoïsme passager, mais cela reste dans les limites de l'acceptable et de l'humain. Et puis, c'est plutôt utile, car cela a pour effet de déculpabiliser la fille. Sa mère n'est pas parfaite? Alors pourquoi le serait-elle? Dans ce cas, il n'y a pas d'atteinte vitale, pas de morsure profonde, juste des mordillements de lionne, des pichenettes qui envoient le petit rouler un peu plus loin lorsqu'il devient trop collant et qu'il étouffe sa génitrice.

Mais il y a des mères qui tuent leur fille psychiquement. C'est à propos de ces mères-là qu'on peut qualifier la plainte des filles de légitime, de pathétiquement légitime. On m'a prévenue, on m'a dit: «Ne laissez pas croire aux filles que leur mère les hait. Celles qui sont convaincues de cela vont développer un cancer!»

Alors, il faudrait croire à l'amour sans preuve et, pis que cela, à l'amour avec des preuves contraires? Ce qu'on n'accepte pas d'un conjoint, d'un amant, il faudrait l'accepter d'une mère?

> Ne pas croire à la haine est aussi dangereux que ne pas croire à l'amour. C'est s'exposer.

Mais continuons, courageusement, nous verrons bien…

Quand l'amour est là, mais qu'il est manqué ou quand «l'amour ne suffit pas»

(selon la formule de Bruno Bettelheim)

L'amour impossible ne signifie pas qu'il n'y ait pas d'amour. Le dysfonctionnement de cet amour, l'aspect pathogène de la relation, est parfois dû au dysfonctionnement de la mère. C'est le cas, nous le verrons, lorsque la mère est une mère toxicomane ou atteinte d'une pathologie, une mère psychotique.

«Je pleure comme une petite fille mal aimée… mais aimée de qui? D'une folle? Comment peut-on être aimée d'une folle?» s'interroge avec lucidité une fille.

Dans la catégorie des mères défaillantes et instables, Justine Lévy, dans *Le rendez-vous*, décrit cette mère qui oublie sa fille lorsqu'elle est sous l'emprise de médicaments ou de substances, mais qui fait pourtant des efforts pour tenir son rôle de mère, sans y parvenir. «La drogue a repris le pouvoir et l'éloigne de moi[31]», dit-elle.

31. Justine Lévy, *Le rendez-vous*, Paris, Plon, 1995, p. 63.

Quand l'amour (même avec ses dérives) n'est pas au rendez-vous

C'est l'amour absent. C'est plus rare.

«Dieu est amour, pas maman! me dit cette fille. Dans cette mère, la mienne, il n'y avait pas d'amour...» Du coup, la question brûle la langue: mais alors, quand et où l'amour s'est-il arrêté?

Et si l'amour s'était arrêté au col de l'utérus?

Hypothèse: une fois l'enfant arrivé, le désir assouvi, la chose devant les yeux, voilà qu'il ne présente plus d'intérêt. Pourtant, il y a bien eu désir! Elles ne sont pas crédibles, ces mères capables de dire: «Tu n'es pas une enfant désirée, tu es venue par accident.» Mis à part le cas du viol, elles l'ont désiré, cet enfant, au moins dans leur inconscient. Elles ont eu un désir inconscient d'enfant. Sans ce désir, il ne serait pas venu au monde.

Les contingences de l'amour maternel

L'instinct maternel est un mythe. Il y a des mères très tendres qui n'ont jamais accouché et des mères biologiques très peu attentives. On voit des nourrices plus attachées aux enfants qu'elles nourrissent qu'à leurs propres enfants.

L'attachement obéit à une logique mystérieuse. Beaucoup de femmes ont besoin de temps, après l'accouchement, pour entrer en contact réel avec leur bébé. D'autres se détachent des enfants qu'elles n'ont pas vus depuis des années et dont elles n'ont pas assumé le maternage.

C'est dire qu'il est nécessaire de tisser et d'entretenir un lien qui n'est pas inné. L'enfant est un corps étranger. Pour une femme, il peut être un poids. Il se peut qu'en fonction de son histoire une femme ne puisse pas lui donner d'amour. Elle ne peut assumer les trois rôles: génitrice, maman maternage, mère éducatrice.

Il est difficile d'être une bonne mère quand on est en survie. De même, le fait d'avoir vu souffrir sa mère peut donner une image négative de la maternité. Dans ce cas, on la redoute.

«Si la mère porte l'enfant d'un homme qu'elle déteste, ou si le simple fait de devenir mère comme sa mère évoque des souvenirs insupportables, son monde intime sera noir[32] », dit Boris Cyrulnik.

Contre nature, le désamour d'une mère ? Pas si sûr !

En partant du postulat voulant que, par nature, la mère aime ses enfants, on dit d'une mère qui n'aime pas, qui n'est pas attentive, qu'elle est une mère dénaturée. Mais est-on bien sûr qu'il est naturel, pour une mère, d'être aimante ?

Certes, une femme est physiologiquement équipée pour mettre au monde, et il semble naturel qu'elle procrée. Mais est-elle forcément équipée pour être mère ?

Dans sa préface à la réédition de *L'amour en plus*, ouvrage qui a fait scandale lors de sa publication en 1980, Élisabeth Badinter écrit : « Il y a trop d'exceptions à la règle de l'amour maternel pour qu'on ne soit pas forcé de remettre en question la règle elle-même[33]. » Comment ne pas reconnaître que le lien du sang n'a jamais été une garantie d'amour et de tendresse ? La sagesse populaire le sait, qui affirme qu'on est jamais autant trahi que par les siens !

À la lumière d'une Histoire plutôt sombre

Et en effet, l'histoire de l'amour maternel est chaotique.

Souvenons-nous de ces anecdotes cruelles d'empoisonnements, d'assassinats entre membres d'une même lignée qui jalonnent l'histoire de l'humanité, des Égyptiens jusqu'à nos jours, en passant par les Borgia. Dans son roman historique *L'inimitable*[34], où elle illustre la vie de la reine Cléopâtre, Irène Frain décrit un nombre incalculable d'infanticides, de matricides, d'incestes, et j'en passe, qui écœurent le lecteur le plus averti en matière d'intrigues de cour et de mœurs familiales dévoyées !

Dans la France des XVIIe et XVIIIe siècles, explique Élisabeth Badinter dans *L'amour en plus*, les enfants des campagnes mouraient, car ils n'étaient pas alimentés par leurs mères, qui, dès leur naissance,

32. Boris Cyrulnik, *Les vilains petits canards*, Paris, Odile Jacob, 2001, p. 86.
33. Élisabeth Badinter, *L'amour en plus*, Paris, Flammarion 1980 ; Le Livre de Poche, 2004, p. 15.
34. Irène Frain, *L'inimitable*, Paris, Fayard, 1998.

se plaçaient comme nourrices mercenaires chez des citadines afin d'y trouver confort et nourriture. La société industrielle, grande dévoreuse de bras, s'est émue de cette effroyable mortalité infantile. Elle a alors décidé d'ériger la mère en personnage central investi de devoirs. La réaction des mères à cet égard a été édifiante. Ces dernières n'ont pas facilement adhéré à ce nouveau statut. Les pauvres ont continué à émigrer vers les villes pour élever les enfants des autres. Quant aux aristocrates, qui n'avaient aucune envie de sacrifier leurs obligations mondaines pour élever elles-mêmes leurs enfants, elles les confiaient à des nourrices, puis à des gouvernantes. D'autres, en revanche, ont trouvé dans ce nouveau rôle l'occasion d'une promotion, d'une compensation à une vie marquée par la frustration sexuelle et sociale. Pour ces femmes, la maternité représentait «la seule consolation dans une vie sans passion, sexualité ou ambition.»

Celles qui n'ont pas réussi à se couler dans le moule du rôle maternel et de ses devoirs, moule désormais érigé en modèle, n'ont rien gagné à cette promotion, si ce n'est un surcroît de culpabilité.

Or, il ne faut pas confondre amour et culpabilité.

Lorsque votre «petite» fille prépubère, dans l'attente des premières règles, vous dit un soir, lorsque vous la bordez dans son lit: «C'est bien, maman, d'avoir des enfants? Parce que tu sais, moi, je ne sais pas encore si j'en aurai...», vous faites face à un dilemme: ou vous êtes parfaitement sincère et risquez de la blesser, ou vous passez sous silence votre intime conviction.

En effet, comment dire à sa fille sans nier son existence que la maternité n'est pas la panacée, que ce n'est pas un passage obligé, même si sa naissance vous a comblée? Cela reviendrait à lui dire: «J'aurais pu aussi bien ne pas te mettre au monde.»

Pourtant, être femme ne passe pas de manière incontournable par la maternité. Pour la femme, être mère n'est pas une identité, c'est une fonction. Son identité, c'est d'être une femme. Cela, il faut que votre fille le sache. Vous, personne ne vous l'a peut-être dit.

Plutôt que de faire croire à ce mythe de l'amour parfait, il faut avoir cette franchise avec sa fille, lui expliquer que, si on a voulu être mère, on est aussi une femme qui a besoin de se réaliser en tant que femme, professionnellement et sexuellement. Cela lui permettra de comprendre nos colères, nos déceptions et aussi que notre bonheur ne dépend pas d'elle…

Quand le don d'amour est rendu impossible par l'histoire de la mère

Une mère dit à sa fille, avec une franchise que l'on pourrait juger cruelle, mais qui traduit de la part de cette femme une lucidité par rapport à sa capacité à donner de l'amour: «Je te mets en pension, tu auras tout ce qu'il faut, le confort, mais je ne peux pas te donner de l'amour.» Dans ce cas, tout le drame qui se joue, en même temps que tout le mystère qui se noue est dans ce: «Je ne peux pas.»

Personne ne vient chercher la petite fille le week-end. Là, manifestement, les preuves d'amour sont absentes. Devenue grande, elle est incapable de pardonner à sa mère, même lorsque cette dernière le lui demande sur son lit de mort. C'est bien une histoire d'amour à mort, à la mesure du lien entre mère et fille qui, bien qu'absent et inexistant en apparence, même invisible, reste puissant. Ce qui devient un ressentiment sans fin n'est que l'expression de l'amour déçu. Preuve aussi que la mère éprouvait du remords, ou tout au moins du regret, de «n'avoir pas pu», et qu'elle en mesurait les conséquences à la fin de sa vie. Qui pourrait s'avancer au point de dire qu'elle n'a pas aimé sa fille? Elle n'a pas pu lui donner de l'amour, c'est différent. Elle n'a pas prouvé qu'elle aimait. Dans cette histoire, le père, au contraire de la mère, conserve une image intacte aux yeux de sa fille, comme si l'enfant ne pouvait haïr ses deux parents sans attenter à son équilibre psychique. Et pourtant, celui-ci avait un rôle à jouer. N'avait-il pas une mission à remplir pour pallier la défaillance de la mère? Il aurait pu rendre visite à l'enfant, s'occuper d'elle, voire s'opposer à la pension. Mais cette passivité, la fille ne l'a pas vue. Le réflexe est fréquent de reporter sa gratitude sur un père qui ne la mérite pas.

Cette mère empêchée avait eu à pâtir, elle aussi, d'un manque d'amour de la part de sa propre mère, et elle avait reproduit le scénario et le modèle: la pension, les week-ends solitaires, etc. La fille, en revanche, sera une bonne mère pour ses filles, avec des réserves, parfois, et des réflexes d'autoprotection, d'«imperméabilisation», ni plus ni moins que les autres «bonnes mères».

Voilà encore une idée reçue à remettre en cause: si on n'a pas été maternée, on ne maternera pas sa fille.

Ainsi, les mères font comme elles savent et, très souvent, comme elles ne savent pas. Néanmoins, il ne faut pas donner trop facilement quittance à certaines. Il ne faut pas, sous prétexte qu'elles sont mères, leur donner un certificat de bonne volonté et d'amour, ni de bonne conduite, qui conduirait à décréter systématiquement leur innocence.

L'innocence des mères, cela sonne bien, mais il faut cesser de leur trouver des circonstances atténuantes, il faut accepter la réalité de ce qu'elles sont. Car il y a des mères qui ont souffert durant leur enfance, de véritables Cosette qui se sont transformées en Mère Courage.

Pourquoi, ayant vécu de mêmes enfance et adolescence difficiles, deux femmes réagissent-elles différemment? C'est une énigme. Mais il faut tirer de cette réalité un message d'espoir: il n'y a pas de fatalité. Nous le verrons plus loin, on peut interrompre la malédiction. Cela s'appelle la «résilience».

COMMENT SONT CES MÈRES DITES « EXTRÊMES » ? QUELQUES EXEMPLES…

On commencera par les cas les moins graves, puis nous irons crescendo…

Défaut de mère

On parlera dans un premier temps des mères défaillantes, absentes à leur rôle de mère pour des raisons diverses.

Mère sans père

Pour certaines, il est impossible d'être mère sans mari, donc en l'absence du père de l'enfant. Il y a des femmes qui sont plus femmes que mères, qui ne cuisinent que pour leur homme, et de façon assez approximative pour leurs enfants. Elles ont besoin d'un père pour être mère. Il leur faut être deux.

Ce que ce témoignage corrobore:

Ma mère est redevenue mère à compter du moment où mon père est revenu. Dans mon imaginaire, il est inscrit qu'il n'y a de mère que lorsqu'il y a un père – sinon la mère est ailleurs. C'est ce que j'ai ressenti les premiers temps de mon divorce…

Il y a aussi des filles qui prennent le rôle du père quand celui-ci est absent, quelle qu'en soit la raison, et que la mère est fragile:

Mon père est décédé lorsque j'avais quatorze ans. Maman, elle n'a jamais eu d'autorité. Ce n'est pas une mère, c'est une maman douce. Alors, c'est moi qui ai endossé le rôle du père: j'ai donné des ordres à maman et, aujourd'hui, j'exerce cette même autorité sur mon mari et mes enfants, je m'en rends bien compte.

Mère déracinée, mère errante

La mère, c'est la terre, le terreau dans lequel on s'enfonce pour pousser. Une mère, c'est la patrie. On dit la «mère patrie». Quand la mère est déracinée, la fille risque d'hériter de son errance, d'être apatride.

Une fille explique:

J'ai suivi maman dans son exil. Elle me l'a imposé, son exil. Elle m'a emportée dedans. Elle avait décidé que la terre où j'étais née n'était pas la sienne. J'ai décidé alors qu'elle n'était pas la mienne non plus, qu'il ne fallait pas que je m'y fixe, en aucun endroit. Alors j'ai quitté mon pays avec elle, je l'ai suivie et je me suis déracinée. Aujourd'hui, je souffre d'être loin de mes racines, d'être une fille sans terre.

Comme le dit Christiane Singer dans *Où cours-tu? Ne sais-tu pas que le Ciel est en toi?*, il peut y avoir de «la complaisance à s'accommoder du trou qu'on s'est creusé en terre d'exil[35]». Si la mère peut en tirer un certain profit, la fille ne vit pas sa vie en suivant sa mère en exil. Ce n'est que le retour régressif à la fusion antérieure.

35. Christiane Singer, *Où cours-tu? Ne sais-tu pas que le ciel est en toi?*, Paris, Albin Michel, 2001; Le Livre de Poche, 2003, p. 79.

Chacune a son histoire, chacune a sa vie, la fille doit vivre la sienne.

Mère plainte, mère jérémiades

Citons, parmi tant d'autres, l'exemple de cette mère qui insuffle de la culpabilité à sa fille.

La fille nous raconte:

Mon fils est né il y a trois semaines. Maman, qui ne m'a pas revue depuis, s'écrie: «C'est formidable, tu as déjà retrouvé ta ligne!» puis son regard s'embrume et elle ajoute: «C'est vrai que, toi, tu as eu la chance d'être bien nourrie...» Elle me parle de la guerre et de sa mère qui partait travailler en ne lui laissant rien à manger. Pauvre maman! Mais non, cela n'a rien à voir avec l'alimentation. Moi, je suis faite comme mon père, je suis sèche et longue; elle, elle a une poitrine trois fois comme la mienne et un verre d'eau lui profite. Et puis je me suis mise à suivre un régime sérieux. Mais il a fallu qu'elle me le serve, son couplet sur son enfance de Cosette! C'est comme si elle m'enviait de l'avoir eue pour mère et me reprochait de ne pas être née pendant la guerre. Vraiment, c'est absurde! Comme si nous étions deux filles et qu'elle nous comparait l'une à l'autre. Alors m'est revenu le souvenir de cette photo d'elle, juste après ma naissance, quand j'avais un an. Elle était trop grasse, effectivement, et surtout, elle avait un regard profondément triste.

Certaines mères se voient éternellement comme des petites filles malheureuses, et elles ont tendance à se comparer à leur fille, à être en rivalité inconsciente avec elle. Ce sont les mères qui se disent: «Moi, j'ai pas eu ça!» Elles ne parviennent pas à se réjouir totalement que la vie de leur fille soit plus douce. Elles en sont restées au même stade: déplorer leur triste sort. Ce sont des femmes «blessées», effondrées psychiquement. Le danger, pour la fille, est réel, les plaintes constantes de la mère peuvent la freiner dans son évolution. C'est comme si elle était tirée en arrière par ces plaintes, qui ne l'autorisent pas à réussir et lui enlèvent toute certitude quant à sa propre valeur. Même si elle est dotée de talents et d'habiletés que sa mère n'a pas, et qui pourraient lui donner une vie meilleure, elle n'ose pas les exploiter.

Pauvre maman ! ou « mater dolorosa »

Il y a des femmes qui présenteront toujours aux yeux du monde et de leur fille ce visage de mère souffrante, tel celui que l'on observe sur les icônes pieuses. Comme la mère de Marguerite Duras, qui donnait beaucoup à ses enfants mais semblait constamment se battre contre l'adversité. C'était un spectacle permanent, intolérable, éprouvant pour Marguerite, qui voyait dans le comportement de sa mère une forme de folie.

D'autres donnent beaucoup moins, mais sont des mères trop tournées sur elles-mêmes, sur leurs problèmes pour s'occuper de leur fille. « Je l'ai vue subir la vie et se plaindre, ma mère. » Il peut arriver que la fille la prenne dès lors en pitié, ou en charge, et qu'elle s'oublie, elle.

Parfois, la mère ne se plaint pas. Le simple fait d'assister à cette existence sans joie, sans sexualité, suffit pour que la fille commence toutes ses phrases par : « Pauvre maman ! »

Dans cette catégorie se place la mère frustrée, déçue, l'éternelle incomprise. C'est la mère « j'ai raté ma vie ». La mère nostalgique qui n'a pas épousé le bon bonhomme, qui a eu trop d'enfants, qui n'a eu que des ratages. Elle n'offre pas une image structurante à sa fille. Le message transmis est un message de découragement, une représentation du féminin toujours victime, et déresponsabilisé par rapport à tout ce qu'il peut arriver dans la vie.

Une fille témoigne :

À un moment donné, ma mère a failli prendre son envol. Elle s'est tournée vers des choses qui l'intéressaient. Manque de chance, elle a raté son décollage. Ou plutôt, elle s'est écrasée en bout de piste. Elle n'a pas été jusqu'au bout, elle est revenue en courant pour se mettre sous la protection d'un homme. Il faut dire, et je le sais bien maintenant que je suis une femme adulte à mon tour, que ce n'est pas facile, mais elle n'a pas fourni l'effort nécessaire et ne s'est pas montrée suffisamment déterminée pour aboutir. Elle n'a pas pris la peine de travailler dur ; elle s'est arrêtée après quelques tentatives plus ou moins réussies. Elle s'est découragée. Elle n'avait pas l'habitude de travailler hors de chez elle, en milieu étranger. Elle l'a payé cher : son développement personnel s'est arrêté. Elle a gagné en sécurité ce qu'elle a perdu en créativité, en liberté. Là encore, c'était son choix, mais elle nous l'a fait payer en amertume. C'est dommage, sa vie était rigolote quand elle était seule ; elle avait plein de copines et la maison était remplie de jeunes, nos copains et copines à mes sœurs et à moi.

Ces femmes qui, après une tentative avortée, renoncent à leur créativité et retournent à leurs casseroles deviennent parfois des mortes-vivantes invivables ! Une fille déplore ce qu'est devenue sa mère : « Elle n'a jamais dépassé ses frustrations, voilà pourquoi elle est si chiante avec moi ! »

Les femmes font payer cher leurs frustrations.

Mère défaite, mère dépressive

Ce sont ces mères qui se conduisent comme des perdantes en proie au découragement, voire à la dépression. Des mères qui ne sont pas prêtes pour la vie et sont incapables d'élever un enfant. Elles ne peuvent pas donner d'amour, elles ont trop de difficulté à tenir debout elles-mêmes. Elles sont dans l'incapacité d'effectuer les gestes du quotidien. Ce sont des mères à qui il arrive de rester couchées toute la journée. Elles se retirent dans leur chambre, n'ont pas la force d'agir, de prendre des décisions. On dirait qu'elles n'ont plus d'énergie. Il faut l'intervention d'une tierce personne, en particulier d'une autre femme, pour les aider à prendre soin de leur foyer. C'est bien la différence entre la fonction de père et la fonction de mère, cette fonction nourricière élémentaire dont l'absence se fait cruellement sentir et qui ne passe jamais inaperçue, alors qu'un père « ailleurs » se remarque moins, surtout s'il travaille et remplit son office de pourvoyeur (ce qui n'est bien sûr pas le cas lorsque le père est dépressif ou alcoolique).

Une fille confie :

On pouvait mesurer l'état de ma mère à la manière dont nous étions habillés. Certains jours, elle était tellement déprimée qu'elle nous mettait n'importe quoi sur le dos. Notre linge n'était pas lavé. Nous avions l'air de clochards. Quand elle allait encore plus mal, elle ne nous nourrissait même pas.

Une mère qui n'assure pas sa fonction nourricière est une mère particulièrement défaillante. Elle est souvent, elle aussi, fille d'une mère défaillante.

Face à une mère sans réaction, la fille, encore une fois, n'a aucune certitude quant à sa propre valeur. « Prouve que tu existes : gueule, maman ! Gueule ! » a-t-elle parfois envie de lui crier.

La mort en héritage ou l'enfant non désiré

Parfois, ce n'est pas la vie qui a été donnée à la fille. Elle lui a été refusée dès la conception, et la condamnation est sans appel. Le lien entre la mère et l'enfant est alors la mort au lieu de la vie. Au stade de la vie intra-utérine, l'embryon a déjà reçu la menace de mort.

Une belle femme de cinquante ans, pleine de vie, témoigne :

Le jour de mes huit ans, ma mère m'a dit : « La vie avec ton père était insupportable. Je suis tombée enceinte de toi. Alors, pendant trois mois, j'ai essayé d'avorter. Tu n'étais pas une enfant désirée.

Lors d'une expérience de *rebirth*[36], à l'âge adulte, la fille se voit dans un cercueil, sa mère lui parle. Elle, elle porte la robe de ses huit ans, rouge avec une fleur blanche, la robe de « l'annonce » mortelle, elle s'en souvient avec une précision journalistique.

J'étais une fille non désirée. J'avais beau être belle, j'avais toujours cela en tête, alors j'ai toujours fait en sorte d'avoir des relations avec des hommes difficiles, qui m'ont maltraitée, qui m'ont trompée, qui m'ont rejetée.

L'enfant se sent coupable de s'être « accrochée ».

Dans son roman autobiographique, Marie Cardinal raconte comment sa mère lui a fait la terrible révélation qui devait la conduire à développer plus tard un symptôme très invalidant (elle perdait son sang continuellement) : elle était tombée enceinte alors que

36. Le *rebirth* est une technique respiratoire basée sur l'hyper-oxygénation, découverte par Leonard Orr, aux États-Unis, au cours des années 1970. Son nom, qui signifie « renaissance », découle du fait que cette forme de respiration permet aux pratiquants de revivre des événements directement liés à la naissance ou à la phase intra-utérine, ainsi que les émotions ressenties à cette même époque. N.D.A.

son mari et elle étaient en plein divorce. « Il faut que tu saches ce que l'on peut endurer pour une bêtise, pour quelques secondes[37] ! »

La mère tourne et retourne le couteau dans la plaie de l'enfant, multiplie les détails sordides, lui explique soigneusement et par le menu comment elle a voulu perpétrer son meurtre, faisant du vélo dans les champs labourés, multipliant les courses d'obstacle à cheval, absorbant des tubes entiers de quinine et d'aspirine. Et là, elle l'achève à coup sûr. « Je sais aujourd'hui qu'elle était inconsciente du mal qu'elle me faisait [...], dit Marie Cardinal. Elle chassait sa folie sur moi, je lui servais d'holocauste[38]. » Quand, à l'issue d'une longue psychanalyse, Marie comprend le lien entre sa maladie et sa mère, les saignements disparaissent.

Ces enfants sont à la fois des rescapées, des survivantes et des mortes-vivantes.

Il y a aussi le cas de l'enfant né à la suite d'un viol : là encore, l'enfant peut être rejeté par la mère.

Mère-enfant, égocentrique

Une fille se souvient : « Ma mère avait trente-six paires de chaussures, et moi je n'avais rien et je travaillais pourtant comme une bête de somme dans le restaurant que tenaient mes parents. » Une mère peut être trop préoccupée d'elle-même pour s'intéresser à sa fille. Elle est plus femme que mère. Certaines font abstraction des besoins de leurs enfants.

J'étais une jeune mère, disons plutôt une mère de très jeunes enfants, quand on m'a rapporté l'histoire d'une femme qui avait décidé que la naissance de son bébé ne changerait rien à sa vie. Je me souviens même de sa profession, tant le fait m'avait marquée : elle était magistrat. À la lumière de mon quotidien, je me demandais comment il était possible de prendre une telle décision, et je me disais que cette mère aurait bien pu laisser l'enfant où il était, si c'était pour ne rien changer à ses habitudes. Ainsi, elle avait décidé que son temps de lecture ne serait en rien entamé. Si la petite fille

37. Marie Cardinal, *Les mots pour le dire, op. cit.*, p. 135.
38. *Idem.*

pleurait, elle la laissait pleurer et continuait tranquillement sa lecture. Soit.

Avec une mère pareille, l'enfant a intérêt à minimiser ses besoins dès son plus jeune âge, car ce sont les besoins de la mère qui priment. Autant dire que c'est le monde à l'envers. On peut, en agissant ainsi, causer des dommages importants au développement du nourrisson, qui n'obtient aucune réponse à ses cris et à ses pleurs, qui sont l'expression d'un besoin vital, d'un malaise.

Une mère immature, ce peut être aussi une mère égarée: il s'agit soit d'une mère d'un narcissisme pathologique qui considère être elle-même une enfant, soit d'une femme qui a subi des menaces psychiques ou physiques graves qui ont empêché son développement Elle ne sait pas doser son rôle maternel. Tantôt elle accable sa fille d'attentions excessives et destructrices – comme le fait un enfant avec un animal dont il ne sait pas s'occuper et qui peut ainsi devenir un petit martyr –, tantôt elle l'ignore et ne lui dispense pas les soins et le soutien indispensables.

Certaines mères traitent leur chien exactement comme elles traitent leur fille, faisant alterner la sollicitude excessive et les mauvais traitements.

Le vilain petit canard

La mère peut rester une mère-enfant parce qu'en tant que cygne élevé au milieu des canards elle n'a jamais trouvé sa véritable identité, ce qui l'empêche de remplir sa fonction maternelle auprès de sa fille. À l'adolescence de cette dernière, lorsqu'elle la voit entamer sa quête d'autonomie, son initiation à la féminité, elle peut ressentir elle aussi le désir de partir (enfin) à la recherche de sa véritable nature.

On assiste alors à cette osmose qui survient parfois entre la mère et la fille, quand la liberté trouvée par cette dernière est aussi celle de la mère, quand la quête de la seconde sert celle de la première.

Malgré tout, cela n'est guère structurant pour la fille, car il y a là une confusion généalogique.

C'est pourquoi il est important, dans l'intérêt de la fille, que la mère trouve ou retrouve son identité le plus tôt possible – même si ce travail peut se faire à tout âge (mieux vaut tard que jamais).

N.B.: À propos des mères immatures: ce qualificatif d'«immature» peut faire penser à une mère-enfant plutôt attendrissante, qui joue à l'adolescente avec sa fille. Mais il ne faut pas oublier que c'est une catégorie qui englobe aussi les mères égocentriques, jalouses et perverses, qui font tant de dégâts. Une fille dit de sa mère, parce que c'est véritablement la sensation qu'elle éprouve: «Elle est restée une petite fille méchante.»

Lorsque, chez la mère, l'enfant intérieur reste trop vivace, ça l'empêche d'assurer son rôle parental de protection. Il rentre en compétition avec l'enfant qu'est sa fille. Les réactions de la mère sont empreintes de compétitivité, de peur, de colère.

«La mère, dit Nancy Friday, doit elle-même progresser pour donner de l'espace à l'enfant et satisfaire ses désirs, même s'ils entrent en conflit avec les siens, au risque de se sentir lésée ou déçue[39].»

Les mères immatures en sont incapables.

Mère fantasmée

Une mère absente peut avoir quelque chose de fascinant, et nous attacher par le manque même. La petite fille a tendance à sublimer la mère manquante. C'est l'érotisation de l'absence. Bien sûr, cette mère sans défaut, sans interdit, puisqu'elle n'est pas là, n'est pas structurante. Mais notre imaginaire peut galoper; et il n'y a rien pour le retenir.

Une fille raconte:

Moi, j'attendais qu'elle fasse une apparition, comme une déesse, ou comme la Vierge Marie de Bernadette Soubirous! Chaque dimanche, je l'attendais au car. Parfois elle venait, parfois elle ne venait pas. Lorsqu'elle était là, je la regardais marcher sur le chemin avec ma grand-mère. Elle était si jolie! J'ai toujours préféré les amours lointaines aux amours de proximité, parce que je peux les sublimer.

Mais le rêve de la petite fille a un prix et l'absence de maman se paie cher. Ce besoin de maman non assouvi ne quittera pas la fille tout au long de sa vie. Et puis, parfois, on croit que c'est mieux ailleurs: la mère fantasmée, c'est celle qu'on n'a pas.

39. Nancy Friday, *Ma mère, mon miroir*, *op. cit.*, p. 62.

Cette maman de trente-six ans évoque le souvenir d'une rencontre :

Cette enfant me regardait avec admiration. Sans doute représentais-je la femme enjouée, cultivée, élégante, maquillée, drôle, qui s'exprime bien, si différente de sa mère. Mais étais-je une aussi bonne maman que la sienne ? Je ne sais pas. Peut-être étais-je un modèle de femme à ses yeux, mais étais-je un modèle de mère ?... Je ne sais pas si elle aurait gagné au change !

Une maman, c'est une maman une grand-mère, c'est une grand-mère

Il arrive que l'enfant soit confiée à la grand-mère. Mieux vaut une grand-mère attentive que rien du tout, mais rien ni personne ne remplace une mère. « Certes, elle m'avait confiée à la femme la plus merveilleuse du monde, mais c'était d'elle que je manquais », se souvient une fille de trente ans. Vous n'avez pas grand-chose à reprocher à votre grand-mère. C'est normal, ce n'est pas votre mère !

Quand, voulant toute la place, maman n'a pas pris la sienne

Si la mère ne prend pas sa place, elle ne donnera pas à sa fille celle qui lui revient.

Une fille raconte l'histoire de sa mère, qui n'a finalement jamais pris sa place :

Elle a toujours cherché l'exclusivité – l'amour exclusif de son mari, de ses enfants, de ses amis, de ses voisins – comme une enfant jalouse et impossible à satisfaire. Du coup, elle a préféré, chaque fois qu'elle ne s'estimait pas suffisamment aimée – ce qui évidemment était impossible – partir, couper, rompre. Le résultat n'a pas manqué. Elle s'est retrouvée seule, loin de ses enfants, fuyant la région où ils habitaient parce qu'ils ne faisaient pas assez de « cas » d'elle. « Puisqu'on ne me veut pas... ! » disait-elle. Par son absence, elle espérait les toucher, et créait ainsi, de toutes pièces, le rejet. Redoutant sa possessivité, ses enfants la fuyaient. C'était une mère absente qui, en raison de son éloignement géographique et de son égocentrisme, n'a pas su tenir sa place.

Comment la fille peut-elle ne pas reproduire ce schéma ? Mère sans place, fille sans place ?

Culture *cut* ou abandon imaginaire

Cette mère qui se mutile en se coupant de ceux qu'elle aime porte en elle le rejet dont elle a été victime enfant. Pour elle, l'abandon est naturel. Pire, elle éprouve de la jouissance à être rejetée, car elle ne connaît que cela. Le rejet qu'elle fait des autres a pour origine la conviction que, de toute façon, si ce n'est pas elle qui le fait, ce sont les autres qui le feront. Elle prend les devants. Le moindre éloignement de sa fille, pour des raisons professionnelles ou autres, la plonge dans le trouble. Elle se sent abandonnée et le chagrin surgit, puis c'est la colère, suivie de la rupture. Elle veut que sa fille lui porte un amour absolu et sans partage, pour compenser celui qu'elle n'a pas eu enfant, pour combler ce vide abyssal. Elle préfère rester seule, elle préfère rompre que risquer l'abandon.

C'est une culture de rejet et de dépendance, car ces mères qui pratiquent le rejet en ont souvent été victimes elles-mêmes. Elles sont, pour cette raison, dans une grande dépendance. C'est cette blessure, c'est ce manque qu'elles ne veulent pas reconnaître qu'elles redoutent. Si elles font mine d'ignorer leur désarroi, c'est souvent parce qu'elles sont trop fières pour l'assumer et refusent de s'avouer qu'elles ont besoin de l'autre – en l'occurrence de leur fille.

Rejet et dépendance sont les deux versants d'une même montagne. Lorsqu'on a eu une mère absente, il est fréquent que l'on reproduise son comportement, cette tendance à la fuite et à la rupture par anticipation, par peur de souffrir. On pratique ainsi la *répression imaginaire*[40]. Pour nous comme pour elle, beaucoup de situations sont génératrices de souffrances, mais ce sont des souffrances que nous produisons nous-mêmes. Par exemple, si l'on prend souvent la poudre d'escampette en amour, on peut se dire que c'est à cause de l'héritage des blessures de notre mère, qu'il va

40. La répression imaginaire que l'on produit et qui nous auto-limite est un concept emprunté à l'écrivain psychosociologue Jacques Salomé. Elle consiste à imaginer à l'avance une conséquence dramatique, voire catastrophique, pour un acte qui n'a pas été posé. N.D.A.

falloir identifier pour s'en délivrer. Nous le verrons dans la dernière partie de ce livre.

Il y a aussi un travail à faire sur l'attachement, qui déclenche de la souffrance quand l'être aimé est absent ou ne prend pas soin de nous. L'attachement, on l'a vu, est lié à une attente de réponses à des besoins archaïques profonds : besoin de sécurité, confirmation de l'image de soi. Par tradition, ce sont les parents qui ont la mission de répondre à ces besoins.

On voit bien ici que la mère attend que la fille comble ces besoins, qu'elle remplace sa mère à elle, peut-être défaillante. Inévitablement, la mère va souffrir, car sa fille ne peut remplir cette mission impossible, ce qui fait peser sur cette dernière, de surcroît, une forte charge de culpabilité.

N'oublions pas que le fait d'être rejetée peut tout de même procurer des bénéfices secondaires, à savoir : ne plus rien devoir à personne, avoir la paix et le droit d'être égoïste, ne pas avoir à faire l'effort de se remettre en question…

Les fantômes du passé, chagrin de mère, chagrin d'ex-petite fille

Les mères « absentées », ce sont ces mères qui sont bien là et qui pourtant sont parties. Ce sont les mères « ailleurs ».

Il y a des mères qui sont restées avec les morts. Ce sont des mères nostalgiques de la mort, à qui la vie a fait trop de mal en leur prenant un être cher, un enfant, un père, un frère…

Quand la mère n'oublie pas un enfant mort, une autre fille, par exemple, et qu'elle la pleure éternellement, la fille vivante ne parvient pas à prendre sa place. Elle n'a pas de place, la place est à la morte. Il y a une forte culpabilité pour l'enfant à être vivante, alors que l'autre est morte. En même temps, cette enfant s'imagine morte ; elle voudrait mourir pour que sa mère s'intéresse enfin autant à elle qu'à la disparue. La mère peut même en arriver à reprocher objectivement à son enfant d'être vivante.

Le frère d'Anne-Marie est mort deux mois et demi avant la naissance de celle-ci. Il y a, entre sa mère et elle, une totale absence de relation. La mère ne s'est jamais remise de la mort de son fils. La petite fille fait le pitre pour attirer son attention… et ne récolte que sa colère. Pour cette enfant, il n'y a pas d'autre alternative : c'est soit l'indifférence de sa mère, soit sa colère.

L'abandon

À l'inverse, certaines mères dites « abandonnantes » sont parties pour ne pas mourir elles-mêmes.

Dans *Les Heures*, film tiré du roman de Michael Cunningham, publié en 1998, le metteur en scène Stephen Daldry met en parallèle un livre qu'écrit une Virginia Woolf au bord de la folie, *Mrs Dalloway*[41], et l'impact de la lecture de ce livre sur deux autres femmes. Il y a notamment cette mère absente, Laura Brown, mère d'un petit garçon de quatre ans, qui, même présente, s'est absentée, qui joue pourtant à la bonne épouse et à la bonne mère, jusqu'au point de rupture. Devenue une vieille dame, elle dira, pour se justifier d'avoir abandonné sa famille : « C'était la mort, j'ai choisi la vie. » Elle ne manifeste pas de véritable regret pour son acte. Elle ne pouvait faire autrement, sous peine de mourir. Les contraintes morales et sociales pesaient sur elle, telle une chape de plomb. Dans la classe moyenne de cette Amérique des années cinquante, avec son électroménager rutilant, l'homosexualité naissante de cette mère de famille était comme une bombe à retardement. Elle a du reste pensé à se suicider alors qu'elle était enceinte de son deuxième enfant. Elle choisit finalement de quitter les siens, de les abandonner après avoir accouché.

Maman Narcisse

Une fille de quarante et un an raconte :

Quand j'étais enfant, ma mère était ailleurs, à s'admirer, à s'auto-admirer, folle d'elle-même, de son corps. Après les grossesses qui l'avaient alourdie, cette beauté redécouverte grâce à des régimes draconiens, des kilos de fromage blanc maigre, ne lui laissait pas de répit. Moi, je n'étais que la spectatrice éblouie et attentive de cette réussite. Sans doute avait-elle un compte à régler avec son image, sans doute devait-elle restaurer son narcissisme.

---

41. Virginia Woolf, *Mrs Dalloway*, Paris, Le Livre de Poche, 2003.

Mais l'on sait que le beau Narcisse n'aima jamais personne que lui-même, que son reflet.

Mère passion

Les mères peuvent avoir une passion qui les empêche de s'occuper de leur fille, qui exclut cette dernière parce que la passion les dévore – passion pour un métier, pour un art, pour un homme. Tout au long des siècles, les grandes amoureuses ont été plus femmes que mères.

Aimer est un art à temps complet, comme celui de la séduction.

La création aussi peut empêcher la femme d'être mère. Mais l'idéal est la réalisation du fantasme de la co-création mère-fille : la chaîne des magasins Body Shop, créés par un « couple » mère-fille, ou Mary Higgins Clark qui écrit désormais des romans policiers à quatre mains avec sa fille.

Beaucoup d'artistes contrariées, vilains petits canards dans leur famille, n'étaient pas faites pour être mères. Ce sont des mères de circonstance. La fille de l'une d'elles témoigne :

Ma mère avait une très belle voix. Elle aurait pu devenir cantatrice. Elle était encouragée par son professeur de chant. Son père a refusé. Il disait qu'il ne voulait pas que sa fille soit une fille des planches. Elle a abandonné le chant. Elle s'est mariée. Elle nous a mises au monde, mes sœurs et moi, mais nous avons toujours senti que sa vie était ailleurs, qu'elle subissait la maternité. S'occuper de nous lui pesait.

Et puis il y a ces mères qui ont la passion des autres. Elles s'en occupent à longueur de journée. Elles peuvent, par exemple, avoir la passion des œuvres de charité. Elles vivent dans le plus pur dévouement et, du coup, il ne reste plus une goutte de ce dévouement pour leur fille. Une fille entend constamment dire de sa mère : « Quelle femme généreuse ! » sans jamais être le réceptacle de cette générosité.

Ces mères passion rejoignent les mères étoiles, les mères astrales dont nous avons déjà parlé. À cause de leur ambivalence, ce sont des mères qu'on ne peut « haïr » sans culpabilité, même si, par moments, on les qualifierait facilement de monstres d'égoïsme. Mais ce serait trop simple. Ces mères ont leurs qualités et elles sont de taille. Elles peuvent être des femmes d'exception, à la beauté fascinante. Elles peuvent aussi être des intellectuelles reconnues ou des femmes d'action au service de grandes causes, parfois même les deux. Les filles de ces femmes culpabilisent; elles regrettent tous ces reproches qu'elles ont dans le cœur, et elles l'aiment deux fois plus, leur maman, lorsqu'elles voient le regard de leurs copines lors de ses rares apparitions.

Une femme peut être sublime aux yeux du monde et, aux yeux de sa fille, être une mère trop lointaine, trop occupée et très moyenne. Seules les filles peuvent être juges.

Mère trompe-l'œil ou le culte des apparences

Quand le culte des apparences et du paraître prédomine chez la mère, la petite fille peut n'être qu'un accessoire de sa garde-robe, un objet qu'elle promène pour la galerie.

Une fille nous décrit ainsi sa mère:

J'ai le sentiment que je ne suis pour ma mère qu'un vêtement d'apparat qu'elle sort de sa garde-robe juste pour le montrer aux copines, et puis qu'elle remet en place. J'ai un métier honorable, je suis distinguée, je suis mariée et j'ai deux enfants… Mais elle se moque bien de savoir si je vais bien ou pas, si je suis heureuse ou pas. Ce qui compte, ce sont les apparences.

Fausse mère

Une mère peut jouer à la mère, s'entendre parler comme une mère, et ne pas être en accord avec ce qu'elle dit.

Certaines mères adoptent les comportements de l'amour, elles en ont les gestes, elles donnent des «bisous», souvent, mais leur fille n'est pas beaucoup plus pour elle qu'un petit animal. Ces mères ne sont pas un soutien véritable. Leur insincérité est déguisée en amour. Souvent, elles préféreraient être ailleurs avec leurs amies, ou au cinéma. Elles se forcent à se conduire comme des mères. Elles sont insatisfaites. L'enfant le sent et comprend très tôt que l'amour est feint, ou accordé à contrecœur. La qualité de l'attention manque. Ce qui n'a rien à voir avec la présence physique et la quantité d'heures passées près de l'enfant.

Quand la mère pense à autre chose, à ses ambitions, ou lorsqu'un tas d'idées lui traversent la tête, l'univers de la petite fille s'assombrit. Le regard de sa mère n'est pas posé sur elle, avec un sourire aimant. Elle se sent volée, elle tape du pied pour attirer l'attention : « Maman, répète ce que je te dis ! » ou « Allo, la Lune ? Ici la Terre ! » Si maman a une excellente mémoire auditive, elle est sauvée, jusqu'à la prochaine fois !

Même à l'âge adulte, certaines filles continuent à ressentir ce manque en présence de leur mère, toujours accaparée par d'autres projets. Au fond d'elles-mêmes, quelque chose crie encore : « Et moi ? Et moi ? Et moi ? »

La persona ou la panoplie de la bonne mère

Une femme peut avoir l'apparence qu'il faut, le « vêtement » qu'il faut, et l'attitude « appropriée », sans que rien ne corresponde à sa réalité intime. Il s'agit en fait d'un comportement adopté.

Les masques de déguisement de la culture grecque ont été repris par les Romains. En latin, on parle de la « persona », du masque de l'acteur qui, par extension, désigne le personnage, la personnalité, la personne.

La persona est le masque que l'on met pour vivre, le masque que l'on présente au monde. C'est ce que précise Clarissa Pinkola Estés lorsqu'elle écrit que, « avec des rembourrages et des déguisements psychiques adéquats[42] », une femme peut présenter une persona, une façade quasi parfaite. Elle joue un rôle. Mais il lui faudra probablement, un jour ou l'autre, laisser « tomber le masque », à moins que ce soit sa fille, celle qui la connaît le mieux, qui le lui « arrache » pour la placer face à sa réalité profonde. Ce qui ne se fera pas sans coût psychique, pour l'une comme pour l'autre.

Ainsi, la mère peut se retrouver momentanément vide de toute substance.

Nous avons déjà parlé de ces mères trop parfaites qui finissent par craquer, dont l'agressivité, trop longtemps contenue, se retourne soudainement soit contre elles-mêmes, soit contre leur fille. Entre mère et fille, parfois, les relations ne reposent que sur une communication faussée par la présence d'un masque. Or, une vraie relation

42. Clarissa Pinkola Estés, *Femmes qui courent avec les loups*, *op. cit.*, p. 86.

n'existe que si chacune des protagonistes s'autorise à vivre et à exprimer ses sentiments sans crainte. À bas les masques de la « bonne » mère et de la « bonne » fille : laissons parler le cœur ! « Plus vous êtes vraie, mieux votre enfant se construira. Ne dessinez pas un sourire sur vos lèvres si vous avez envie de pleurer », dit Flavia Accorsi dans *Maman zen, l'harmonie en famille*[43].

En vieillissant, certaines mères finissent par laisser « tomber le masque » d'elles-mêmes.

Ces mères qui ne donnent rien, ces mères arides, ces mères pingres

Il y a des mères qui ne sont pas maternantes. Elles sont arides comme une terre desséchée, une terre sur laquelle la petite fille ne peut pas grandir, car il faut un bon et riche terreau pour cela. Mais ces mères sont indifférentes, et l'enfant ne sait que faire pour attirer leur attention. C'est, de la part de la mère, une absence de tendresse montrée et prouvée.

La tendresse n'est pas qu'une question de gestes doux et de baisers. Nombre de mères reconnaissent qu'elles ne sont pas très affectueuses, ni démonstratives. Ce sont pourtant des mères très attentives au sort de leurs enfants. Elles prouvent leur attachement par des actes, alors que les câlins, parfois, ne servent qu'à déculpabiliser de ce qu'on ne fait pas pour un enfant et ne sont pas forcément accompagnés de soutien et d'attention véritables.

Et puis, il y a les mères qui ne donnent rien matériellement.

Je suis chez maman et mon œil fait un inventaire de ses bibelots : le plateau que j'ai négocié au souk de Marrakech, dont j'ai failli ne jamais revenir… l'assiette Vieux Rouen, souvenir d'un premier exil professionnel… l'assiette chinoise achetée avec les sous de papa du temps du lycée… le plateau de bois sculpté par des bergers des Pyrénées… la statue en albâtre d'Andorre ramenée sous le nez des douaniers… l'applique gréco-romaine… les santons de Provence… la porcelaine des Baléares… etc. Sans parler de tout le reste, par-

43. Flavia Accorsi, *Maman zen, l'harmonie en famille,* Paris, Presses du Châtelet, 2004, p. 15.

fums, chocolats... Rentrée chez moi, je fais l'inventaire de ce qui me vient de maman. Quelques trucs que je lui ai soutirés après mon divorce, un vase à torsades, très kitch, une vieille table en verre, toute piquée, que je me suis empressée de déposer au pied de l'immeuble après avoir prévenu le service de ramassage des objets encombrants de la ville. Sinon, rien! L'autre jour, elle me tend une parure en métal, cadeau d'une maison de vente par correspondance: «Tu l'as oublié la semaine dernière!» me dit-elle, un peu vexée. Je lui réponds que, désormais, à quarante ans passés, je ne porterai plus que de l'or ou de la belle fantaisie. Mais maman ne me file que des vieilleries, et en plus elle le fait avec un air de princesse. Et comme ça lui arrache le cœur, elle soupire: «Ça aurait pu encore me servir, tu sais, je l'ai payé cher...» Pardon, j'oublie, elle m'a fait cadeaux de plusieurs déshabillés! Mais c'étaient des dessous très «mémères», longs et en dentelle, que je n'ai pas pu porter parce qu'ils n'étaient pas à ma taille. Je les ai donc jetés au fond d'une armoire. Par contre, maman a des tas de choses qui sont à moi, même des cadeaux que les copines m'ont faits au collège. Ils sont dans sa cuisine. Il y a aussi des objets qui ont appartenu à ma grand-mère, dont j'aurais bien voulu avoir quelques souvenirs. C'est une maman qui prend mais ne donne rien. C'est une constante chez elle, la pingrerie.

Le piège de la bonne mère ou mères instables

Une fille n'a pas toujours la même mère en face d'elle en fonction de l'âge et des saisons de la vie: petite enfance, adolescence, âge adulte. À certaines périodes de sa vie, la mère défaillante peut être une bonne maman. Ce changement peut faire croire à la fille que sa mère est suffisamment bonne pour qu'elle lui accorde sa confiance et renonce à ériger des défenses afin de se protéger contre un retour à l'instabilité.

Une fille raconte:

Elle a été une mère défaillante dès le début de ma vie, durant la petite enfance, plus femme que mère, puis elle s'est déplacée comme un curseur sur une règle lorsqu'elle a retrouvé une vie de couple, une vie affective stable. Mais il fallait boucler la boucle, et elle est redevenue défaillante lorsque je suis devenue réellement adulte et différenciée. Aux deux extrêmes.

D'absente, elle est devenue rivale. Elle m'avait tellement manqué lorsque j'étais petite que lorsqu'elle est à nouveau devenue maman, je me suis dit que c'était la maman idéale, et j'ai oublié ce qui s'était passé avant. Je n'ai pas voulu m'en souvenir, l'essentiel étant le présent. Mais le passé m'est revenu en pleine face comme un boomerang.

Les mères qui cherchent à rattraper le temps passé, c'est pire que tout. Elles étouffent l'enfant, qui est tellement en manque qu'il se jette sur tout cet amour et régresse ainsi dans ce qu'il avait réussi à élaborer seul.

Jamais tranquille

Vous dînez seule en ville. Peut-être votre regard s'est-il attardé à la table voisine. Vous y avez observé trois femmes, deux dames âgées et une quadragénaire, et il vous est venu à l'idée que vous ne demandiez pas grand-chose, au fond, juste que votre mère soit une de ces petites dames distinguées et tranquilles qu'on emmène au restaurant. Mais vous saviez depuis longtemps qu'elle ne serait jamais une de ces vieilles dames tranquilles. Jamais. Impossible. Autant renoncer à cette image paisible, à cette nostalgie.

La vôtre, elle a l'esprit toujours en tourment et il lui faut toujours un os à ronger. Petite, déjà, cela vous pesait, et même si l'idée ne vous a jamais effleurée que vous auriez pu avoir une autre maman, vous aspiriez à plus de douceur. Las, vous ne connaîtrez jamais ce bonheur simple. Pourtant, vous auriez bien aimé adoucir les dernières années de son existence, mais c'est impossible. C'est trop d'efforts, et vous n'êtes pas en charge de son bonheur. Mais, malgré cette impossibilité, vous culpabilisez.

Mère agitée, avis de tempête

Rarement d'huile, toujours en mouvement, jamais sereine. Quand la mère est ainsi, la fille sera-t-elle forcément tourmentée, elle aussi ? Oui, ou au minimum fatiguée.

Une fille de quarante-quatre ans raconte :

Quand je décroche le téléphone pour l'appeler, je sens par anticipation une grande sensation de fatigue m'envahir. Je sais qu'elle va me parler d'elle, de tout ce qu'elle fait, des trente-six millions de choses qui la concernent, et qu'elle ne me demandera rien à moi. Maman n'est vraiment pas un havre de paix, ce n'est pas un port d'attache en eaux calmes.

Il y a aussi des mères qui sont toujours au bord de la crise de nerfs, qui nous jouent et nous rejouent «la scène du deux». «Chez nous, dit cette fille, c'était toujours un ballet de seaux et de serpillières. Les seaux d'eau claquaient, l'eau savonneuse inondait la maison. Elle se mordait les poignets, se donnant en spectacle.»

Changer de mère pour une mère plus calme ou heureusement qu'on n'a pas le choix

Une dame est assise dans la voiture devant une petite fille qui aimerait bien que ce soit sa maman. Ainsi le rapporte cette fille de quarante-six ans:

Une scène m'est revenue. Papa s'était remarié. La femme de papa était devant moi dans la voiture, sur le siège avant. C'était une femme très gaie qui avait beaucoup d'humour. Je me suis dit: «J'aimerais que cette femme soit ma mère.» Ensuite, j'ai rapporté cette scène à maman. Je lui ai dit: «J'ai pensé: si cette femme pouvait être ma mère…» Il y avait deux sens à cette phrase, elle a compris ce qui l'arrangeait. Elle a compris: «Si seulement ma mère pouvait être là, devant, à la place de cette femme…» Et non, ce n'était pas ce que j'avais pensé, la syntaxe a des ambiguïtés qui peuvent servir nos propres ambiguïtés, nos ambivalences, qui n'attendent pas le nombre des années. Oui, j'aurais préféré la douceur de cette dame, sa mesure, qui me rassuraient, même si c'était l'autre que j'aimais, à laquelle j'étais attachée, celle qui me faisait la vie dure. L'enfant que j'étais n'était-elle pas un peu perverse de jouer ainsi avec les mots, de tenter d'avouer l'inavouable, sans aller jusqu'au bout: qu'elle aurait aimé changer de maman?

Mères délirantes, mères en dérangement

Une fille dit à sa mère:

Moi, maman, quand je délire totalement, je le sais. Toi, non, c'est toute la différence, tu crois dur comme fer à ce que tu dis et à ce que tu fais! C'est ça, la maladie! Et mon drame à moi, c'est l'impuissance!

N'avoir aucune emprise sur sa mère, être démunie vis-à-vis d'elle, c'est le sentiment qu'ont les filles, d'autant qu'il y a alternance avec des moments de normalité, quand la «chose» leur laisse du répit. Une mère n'a pas besoin d'être atteinte d'une maladie mentale reconnue par la psychiatrie. Il y a des «folies ordinaires» qui sont aussi difficiles à vivre pour les filles.

Une mère qui a été délirante dans sa jeunesse, avec des retours à la normale, ne peut être qu'une mère délirante dans sa vieillesse. Pas de prescription ni de rémission, ni de guérison de la folie douce (ou moins douce)! Nous le verrons dans la dernière partie.

Comment maman a «tué» mon mari...

... ou l'hallucination... (Dommage qu'elle ne l'ait pas achevé!) Je plaisante.

Une fille raconte que sa mère a «tué» son mari en l'accusant de parricide, un peu comme dans *Harry, un ami qui vous veut du bien*, film français de Dominique Moll sorti en 2000, dans lequel le fameux Harry décide de son propre chef de débarrasser son ami d'enfance de ses vieux parents encombrants en les poussant dans un précipice avec son véhicule.

Une mère refuse que le couple formé par sa fille et son gendre déménage. Elle refuse l'éloignement géographique. Elle estime que le mari lui «prend» sa fille. Ce n'est sûrement pas sa fille qui veut prendre le large, c'est lui, le mari, qui veut l'emmener très loin pour la séparer de sa mère. Alors, elle invente, elle voit, elle croit voir ce qu'elle veut voir, ce qu'elle s'est autosuggestionnée à voir. Tant que le mari servait ses projets à elle, qu'il collaborait, tant qu'il était docile, qu'il amenait la fille en visite chez sa mère, cette dernière n'avait aucune raison de l'éliminer. Elle commet un meurtre psychologique sur son gendre. En «tuant» le mari, elle s'attaque à travers lui à la descendance de sa fille. En touchant ce père, en l'accusant d'être un assassin, en jetant l'opprobre sur lui, elle touche à l'enfant de sa fille. Mais c'est le mari qui est forcément le persécuteur. Les enfants peuvent également devenir des gêneurs, dans la mesure où ils lient au mari et, dans une certaine mesure, «prennent» aussi la «fille» qui est leur mère.

C'est pourquoi, à compter du moment où ce type de mère dépendante et abusive est en «rupture» avec sa fille, elle demande rarement à voir ses petits-enfants. La transmission est interrompue.

Dans ce cas, il ne s'agit pas, pour la mère, de remplacer le gendre dans la réalité. Tout est de l'ordre du fantasme inconscient du retour à l'impossible fusion. Il faut supprimer le tiers pour reprendre sa fille. Et comment peut-elle le faire, puisque c'est impossible dans la réalité? Comment s'avouer consciemment une telle dépendance, un tel abus? Le délire est en marche. Elle ne peut que noircir son gendre, au point d'en faire un être dangereux qu'il faut quitter d'urgence. Voilà le scénario que son esprit produit pour justifier le départ de sa fille. Cette fille à qui elle répétait sans cesse: «Nous avons besoin l'une de l'autre.» Alors, lorsqu'elle la voit s'éloigner d'elle géographiquement, elle devient «folle», pour se masquer son désespoir. Voilà où peut mener la dépendance mère-fille.

Il est difficile, pour une fille, de reconnaître la folie de sa mère, de l'être qui l'a portée, qui est le plus proche d'elle en matière d'identité, et qui est investie d'un rôle protecteur, surtout lorsque la mère est adaptée et que sa pathologie se cache en lisière d'une apparente normalité. C'est dur et cela fait peur. C'est la fameuse «peur de finir comme elle».

C'est pourquoi il n'est pas aisé de la voir, cette folie, de la repérer. Dans *L'amant*, de Marguerite Duras, la fille dit:

Je vois que Dô et mon frère ont toujours eu accès à cette folie. Que moi [...] je n'avais jamais vu ma mère dans le cas d'être folle. Elle l'était [...]. Elle n'était pas malade de cette folie, elle la vivait comme la santé[44].

Elle, moi et... «la chose»

La «chose» est un mot édulcoré pour illustrer ce qui s'empare par moments de la mère et que la fille voit passer dans ses yeux.

L'une d'elles raconte ceci:

Il me semble qu'elle s'est toujours enfoncée dans «la chose», chaque fois que, à plusieurs reprises au cours de notre vie, de notre histoire, je lui ai retiré mon regard, et plus encore quand j'ai décidé de mettre fin à la com-

44. Marguerite Duras, *L'amant*, Paris, Éditions de Minuit, 1984, p. 40.

plaisance. Ce regard de compréhension, de totale compassion, d'indulgence, de sollicitude. En fait, le regard d'une mère. La seule, j'étais la seule. Elle disait : « Personne ne me comprend : il n'y a que toi.

Malgré la conscience de tous ses excès et débordements, la fille peut garder longtemps pour sa mère ce regard inconditionnel.

Notre témoin ajoute :

Dès lors que je me suis dressée devant elle, contre elle, elle a sombré dans la rage, cette rage qui affleurait souvent et que moi seule je savais adoucir. Il n'y a pas de mystère, je sais maintenant d'où me vient cette grande faculté d'être touchée par les autres. Toute petite, j'ai appris cela, pour me protéger, cette grande compréhension, cette grande tolérance. « À qui veux-tu que je le dise, à qui veux-tu que je me confie ? » C'était sa confession.

Une autre raconte :

Petite fille, je ne l'ai jamais regardée durement, ma mère. Je voyais bien ses débordements, je subissais ses crises, mais j'avais déjà compris qu'elle avait peur de la vie. Jamais il ne me venait à l'idée de la rendre responsable de quoi que ce soit. Je ne ressentais que le manque d'elle et un amour infini pour elle. Ce n'est qu'à l'adolescence que j'ai commencé à réaliser combien ses comportements étaient anormaux.

L'histoire d'amour perdure en dépit de la réalité, de la raison, jusqu'à ce que la fille ait trop enduré la mère agitée…

Ces propos délirants qu'elle tenait entre deux discours sensés, ces accusations totalement irrationnelles contre des proches me déroutaient. Comment pouvait-elle, à d'autres moments, être si perspicace et de si bon conseil, et même parfois une mère attentive ? Je faisais comme si je n'entendais pas, j'occultais ces pans-là de sa personnalité pour pouvoir poursuivre avec elle. Chez elle, la folie a toujours cohabité avec la normalité. Troisième invitée dans notre relation, nous avons cheminé toutes les trois ensemble, jusqu'à ce que, n'en pouvant plus, je me retire…

On ne pouvait pas s'abandonner, pas se confier à elle. Elle était folle. Pourtant, c'était maman.

La baratineuse, ou la mère menteuse

C'est terrible, une mère qui baratine sa fille, qui fait de fausses promesses. C'est terrible d'avoir une maman mythomane, qui toujours fait semblant, qui dit ce qu'elle sait devoir dire, qui dit ce qu'elle ferait si elle était une bonne mère. Qui dit mais qui ne tient jamais. Avec qui rien de bon ne dure, car son égocentrisme reprend très vite le dessus.

Maman imbuvable ou la mère alcoolique

La faute à qui ? Là n'est pas notre propos, si ce n'est qu'il ne faut pas que la fille prenne cette faiblesse de sa mère en charge.

Le cas de la mère alcoolique existe dans tous les milieux. Les filles qui ont affaire à ce type de mère la prennent alors en charge. Elles sont plus que jamais la mère de leur mère. Ces mères sont d'ailleurs souvent des filles de mères défaillantes, qui n'ont pas été maternées et qui ont dû elles aussi prendre leur mère en charge. Résultat: elles sont incapables de prendre en charge leur fille. Elles veulent que leur fille fasse pour elles ce qu'elles ont fait pour leur mère. C'est l'inversion des rôles généalogiques. On pourrait penser que le contraire aurait dû se produire, c'est-à-dire que, fortes de l'expérience qu'elles ont vécue, les mères cherchent plutôt à épargner cela à leur fille, mais elles en sont incapables.

Et c'est ainsi que la chaîne peut se perpétuer de mère en fille. Des mères et des filles qui ne tiennent pas leur rôle, sauf si une fille met le holà en refusant de prendre en charge sa mère défaillante.

> **On ne peut être en même temps la mère de sa mère et celle de sa fille.**

Le cas des mères démentes en HP[45]

Une femme atteinte de folie diagnostiquée et prise en charge par la psychiatrie peut enfanter. La particularité du lien de la relation mère-fille fait que les dégâts sont encore plus terribles pour la fille de cette mère-là.

45. HP: Abréviations pour hôpital psychiatrique. N.D.A.

Il y a l'exemple célèbre de Gladys, la mère de Norma Jean, la future Marylin Monroe, atteinte de schizophrénie paranoïaque aiguë avec détérioration neurologique alcoolique et médicamenteuse, qui finit internée définitivement en hôpital psychiatrique.

Absente à sa fille comme elle l'était à elle-même, cette mère n'a pas pu apporter à la future star le sentiment d'exister, à cause de l'absence de regard, ou plutôt en raison de ce regard vide qui passait à travers l'enfant. La fille n'a pas pu éprouver la sensation de sa propre consistance auprès de cette mère dont la présence n'était en outre jamais sûre, mais susceptible d'être remise en cause quotidiennement, ce qui faisait vivre l'enfant dans une insécurité et une instabilité permanentes. Détail particulièrement douloureux pour Marylin: Gladys, qui ne voulait et ne pouvait être mère, a refusé de signer l'acte d'abandon qui aurait permis à la petite Norma Jean de sortir de l'orphelinat et d'être adoptée. Elle l'a privée ainsi d'une vraie mère, d'un foyer, sans rien lui offrir à la place. On connaît la fin tragique de l'actrice, son mal-être, sa dépendance à l'alcool et aux médicaments, son incapacité à faire les bons choix dans le domaine sentimental. Bref, elle n'était pas douée pour le bonheur. Elle n'avait aucune idée de qui elle était, de sa propre valeur; elle a été le jouet des hommes et des événements. On comprend pourquoi.

La beauté est une valeur sûre chez une femme, mais si elle n'est pas assortie de discernement, elle peut représenter davantage un danger qu'un bienfait. Il ne suffit pas d'être une beauté, il faut faire les bons choix!

Mères parties trop tôt

Il y a des mères qui ne sont plus là ou qui le sont moins à cause d'une maladie qui affecte la qualité de leur présence auprès de leur fille. Et il y a celles qui sont décédées prématurément.

C'est le cas de cette fille de cinquante ans dont la mère est morte en couches lorsqu'elle avait huit ans. Cette femme dit qu'elle n'a gardé aucun souvenir physique de sa mère. L'épisode traumatique a entraîné l'amnésie, a été entièrement refoulé. Pourtant, quand elle en parle, l'émotion affleure, on sent qu'elle n'est pas loin. Sa tante, la sœur de sa mère, qui l'a élevée, a représenté un bon substitut maternel pour l'enfant. La substitution a été bonne, au point que la petite fille craignait, comme elle aurait pu le craindre avec de vrais parents, que son oncle et sa tante se séparent – tout en redoutant que l'oncle n'accepte pas que sa tante s'occupe d'elle. Il faut noter que, même si la tante a rempli une fonction maternelle envers sa nièce, les deux femmes n'ont pas connu les avatars de la relation mère-fille qui semblent attachés à la filiation.

Ma tante était moins sévère qu'une mère et en tout cas moins qu'avec sa fille biologique, à qui elle infligeait plus de punitions. De même, elle ne s'est pas ingérée dans mon couple comme l'aurait fait une mère, alors qu'elle l'a fait dans le couple de sa fille.

Il y a aussi cette maladie neurologique dégénérative, la maladie d'Alzheimer, qui fait dire aux filles de mères qui en sont atteintes, ces mères «parties»: «Je préférerais être en conflit avec ma mère que de vivre cette absence de communication.»

Une fille dont la maman est atteinte de cette maladie explique: «Je lui en ai voulu qu'il n'y ait plus de communication possible. Ne plus être reconnue physiquement, c'est terrible… surtout pour moi qui n'avais jamais été reconnue par elle de son vivant.» Cette pathologie fait beaucoup souffrir la fille, et les moments de lucidité, quand il y en a, sont terribles pour la mère.

Née sous le signe de l'abandon ou l'abandon objectif

Bien des filles nées sous X entreprennent une enquête pour connaître leur génitrice. En France, le dossier d'adoption appartenant à la personne, on ne peut leur en refuser l'accès. C'est un moyen de tourner la page, de se libérer, de déposer le paquet, mais aussi de retrouver sa lignée. Une telle recherche n'est bien sûr pas anodine, ni pour celle qui l'entreprend ni pour la mère. Elle peut déterrer des secrets de famille, créer des réminiscences.

La nécessité de rencontrer sa génitrice peut prendre corps à un moment de la vie qui diffère selon chaque personne. Parfois, le besoin se fait sentir lorsque la fille devient mère à son tour. La question de la ressemblance revient souvent. Savoir si elle ressemble à sa mère trotte souvent dans la tête de la fille. Se reconnaître en la voyant, la reconnaître au moins par son aspect physique permet de combler cette non-reconnaissance du début de la vie. On a besoin d'être rattachée, de venir de quelque part, d'autant plus que la construction de l'image de soi-même s'est faite sans la mère. Lorsqu'elle part dans cette quête, la fille doit envisager une possibilité: cela ne se terminera peut-être pas bien.

En effet, lorsqu'on croit que ce que l'on « est » est « ailleurs », et que l'on s'aperçoit lors de la rencontre que cet ailleurs n'est pas bon, la déception est cruelle. La réalité est, alors, pire que l'ignorance. La fille, déjà en quête d'identité, peut en pareil cas vivre une crise identitaire encore plus grave, une crise qui pourrait lui faire ressentir un besoin de vengeance, ou un désir de sacrifier le présent. Il lui faut alors s'appuyer sur ce qu'elle a construit elle-même, avec son compagnon, ses enfants, si elle en a. Elle doit se dire qu'elle a été victime d'un abandon, blessure certes profonde, mais qu'elle n'est pas victime de la vie, même si le manque ne sera jamais comblé.

Une fille raconte comment sa mère biologique lui a claqué la porte au nez quand elle s'est présentée à son domicile et qu'elle lui a révélé qui elle était. Elle a sonné à nouveau; les deux femmes ont finalement discuté un peu. Il n'était pas question qu'elles se revoient, mais la fille a déclaré que cette démarche lui avait permis de tourner la page et l'avait apaisée. Il n'y avait rien d'autre à attendre de cette femme, qui s'était contentée de la mettre au monde.

Lorsque la rencontre avec la mère biologique jusque-là inconnue se passe bien, les filles décrivent de façon très émouvante ce retour à la sensorialité. Elles parlent de la découverte de l'odeur, de la peau de la mère, de cette découverte de sensations archaïques dont elles ont été privées par l'absence.

Malgré tout, ces retrouvailles peuvent être marquées par des hauts et des bas et se solder par un éloignement qui sera vécu comme un nouvel abandon. Il faut bien se dire qu'on ne refait pas l'histoire, qu'on ne rattrape pas le temps perdu.

Une fille explique que sa mère biologique retrouvée est comme quelqu'un de la famille, mais que sa mère reste sa mère adoptive, celle qui l'a élevée. Elle ajoute que ses enfants ont trouvé en elle une grand-mère qu'ils voient de temps en temps, et qu'elle est très contente pour eux.

Parfois, la rencontre ne peut avoir lieu du fait de la mère. Il arrive, quoique plus rarement, que ce soit la fille qui ne la souhaite pas. Chacune a son histoire. Si c'est la mère qui ne veut pas découvrir son enfant, il faut savoir renoncer, renoncer à savoir, et se dire qu'on peut se construire sans ces retrouvailles.

Après les mères absentes, défaillantes, parlons maintenant des mères abusives.

Abus de mère

Il y a des mères qui tuent leur enfant au propre comme au figuré (meurtre psychologique). Il y a des mères à qui il ne faut pas se frotter. Quand on est petite fille, on n'a pas de point de comparaison pour juger du degré de sollicitude d'une mère. La fille d'une mauvaise mère a intérêt à ne pas s'opposer à elle, c'est une question de survie. Ce n'est que plus tard, lorsqu'elle verra comment les choses se passent dans les autres familles, qu'elle comprendra qu'elle a eu une mère dangereuse.

Les femmes difficiles font des mères difficiles. Quelles sont-elles, ces mères difficiles, parfois impossibles ? Quelques exemples…

Les monstres froids

Se heurter à l'indifférence d'une mère ou à son inflexibilité est une expérience très pénible pour une fille. Se heurter à son absence de compassion, à sa non-assistance, voire à sa malhonnêteté lorsqu'on sollicite son aide et qu'elle a les moyens de nous l'accorder, est une expérience traumatisante.

Avoir en face de soi une mère dure, implacable, sans jamais trouver en elle le point de rupture qui va lui faire dire : « Tu es mon petit, je suis là pour toi ! » est terrible. S'apercevoir qu'elle est manipulatrice et perverse est d'autant plus éprouvant que l'on est du même sexe qu'elle. Le fait de lui demander de l'argent ou des cadeaux pour ses enfants, par exemple, s'apparente plus à une tentative désespérée d'obtenir un signe de reconnaissance, un signe d'amour – mais c'est toujours en vain, bien sûr. Inévitablement, les pensées de la fille ou plutôt de la petite fille qui est toujours présente en elle, lorsqu'elle se heurte à de tels refus, sont toujours les mêmes: «Ses refus, je les interprète comme la preuve tangible qu'elle ne m'aime pas. Alors, il faut que je cesse de quémander son amour. L'énigme, c'est que je ne peux pas me résoudre à penser une fois pour toutes qu'elle ne m'aime pas. Est-ce que, quelque part, elle m'aime? Cette question tourne et retourne dans mon crâne, sans fin.»

Si aimer, c'est aider, que penser d'une mère qui refuse son aide? Est-ce qu'elle nous aime? Nous l'avons vu, c'est une question mal posée. C'est une fausse question. En fait, nous y avons déjà répondu: *il n'y a pas de réponse.*

N.B.: Il n'est pas sûr que la mère qui ne donne rien soit plus destructrice que l'autre, celle qui donne tout.

Il est peu probable que les filles de ces mères soient enclines à la sollicitude.

Une fille raconte:

Au nom du fait que mère et fille doivent vivre leur vie, je ne lui dois rien et elle ne me doit pas davantage. Donc, finalement, maman a raison de n'exprimer aucune sollicitude à mon égard, c'est plutôt une chance. À condition qu'elle n'ait pas d'exigences en retour! Que dois-je à cette femme, si elle ne me doit rien? Elle m'a donné la vie? Et alors?

En tout cas, les voilà dégagées en amont de toute dette de gratitude!

Mère utilisatrice/fille instrument

Les mères utilisatrices ne mettent pas l'enfant à sa place, à sa merveilleuse place, tout simplement, ce qui est déjà beaucoup. Souvent, ces femmes manipulent également les hommes et, d'une manière générale, tout leur entourage.

Cette fille parle de *l'indifférente omniprésence* de sa mère: «Elle est là pour se servir de moi, jamais pour m'apporter un quelconque soutien, pour être là quand j'ai besoin d'elle. Elle n'est là que pour m'imposer des exigences.»

Une autre: « Avec ma mère, c'était un leurre, une fausse complicité, une fausse sollicitude, une dépendance entretenue et jamais fondée sur une réelle solidarité. »

C'est le cas de ces mères qui sont là lorsque leur fille a une vie remplie et brillante, et qui la fuient quand elle est seule et en situation d'échec. « L'amour que ma mère me présentait, témoigne cette fille, cet amour qu'elle me disait, en fait, n'était pas celui que je sentais véritablement. » Les phrases sont apparemment de l'amour, mais au plan cognitif et au plus profond de nous, nous ressentons que la signification, le sens, le mobile sont autres, qu'il y a, par en dessous, un message caché.

La fille ennemie à abattre ou la haine exprimée

Maman est parfois contre nous et pas tout contre! Oui, il semble que par moments la fille se mue en pire ennemie.

À partir de quel moment la fille devient-elle l'ennemie? Souvent il faut un événement majeur pour que la haine émerge, pour que le masque tombe. Ce peut être lors du décès du père, qui jusque-là jouait un rôle tampon entre la mère et la fille. Surgit soudain une compétition pour la vie, se profile une mise en rivalité quant à la survie: « C'est elle ou moi! » Là, la mère décide de se « débarrasser » de sa fille, symboliquement, par exemple en la spoliant de son héritage. La haine est montrée. Les cartes sont abattues. La mère se comporte en ennemie déclarée. Parfois même, elle se débarrasse réellement de sa fille, physiquement.

À titre d'illustration, citons l'exemple extrême de la mère de Camille Claudel, que l'existence de sa fille, sculpteur de génie, élève de Rodin, faisait paniquer au point qu'elle l'a « liquidée » en s'opposant à sa sortie de l'asile d'aliénés où elle était internée depuis de longues années. Et cela malgré les conseils des médecins qui préconisaient, pour l'amélioration de l'état mental de Camille, un retour au foyer. Le père de Camille étant décédé, la pauvre fille n'avait plus personne pour s'opposer à ce meurtre psychique et physique. Ici, la fille, artiste surdouée et libre, gênait depuis toujours la mère, ménagère austère, surtout depuis le début de ses études de sculpture à Paris. Le père avait fait déménager la famille de la province vers la capitale afin que sa fille reçût le meilleur enseignement artistique possible. En interdisant le retour de sa fille implorante au domaine familial, la mère la condamnait irrémédiablement à mort.

La fille, dans ce cas, est menaçante pour la mère. Elle représente un danger pour cette femme, et la perspective de son retour déclenche chez elle un état de panique. Pour Camille Claudel, la sculpture était un appel désespéré vers sa mère. N'avoir pas compris l'hostilité de cette dernière, voilà en quoi a consisté son drame. Toute fille ayant affaire à ce type de mère extrême risque d'être condamnée. Quand elle se situe au-delà des limites du « ravage » normal, l'hostilité, si elle n'est pas prise au sérieux, peut avoir des conséquences graves. Il est vital que la fille s'en protège.

Camille Claudel a opéré un déplacement de ce rapport de persécution mère-fille sur son amant Rodin, qu'elle accusait de lui voler son art, ses œuvres. Elle se considérait comme une victime d'un complot orchestré par lui.

Bien des filles préfèrent penser que leur mari, ou leur compagnon, est leur ennemi, plutôt que leur propre mère. Un jour, ces femmes doivent accepter la réalité et se dire : « C'est ma mère, et elle me hait. » Cette mère n'est pas la vilaine sorcière qui sort et prend son balai de temps en temps, c'est une tueuse, ni plus ni moins. Une terroriste. Une poseuse de bombes (parfois à retardement).

Alors, pourquoi tant de haine ? Parce que l'enfant, la fille, renvoie la mère à son propre vide, à sa vie ratée.

Mesdames, vous savez ce qui vous reste à faire ! Remplissez votre vie ! À cet égard, Marie Magdeleine Lessana montre combien la haine, le rejet par certaines mères, a eu une influence sur la vie amoureuse et artistique de leur fille, qui les a sublimés, les a exprimés au travers d'un art (peinture, écriture). Manière de les exprimer, mais aussi de lutter contre eux. Nous le verrons plus loin lorsque nous parlerons de la résilience.

La petite fille du château : châtelaine au-dehors, Cendrillon au-dedans

Françoise : « Je savais que de toute façon je ne pourrais pas lui plaire. Alors je n'ai même pas essayé… »

Françoise habitait dans un château. Aux yeux de tous, elle était la petite fille du château. Personne ne pouvait imaginer, ne pouvait soupçonner que l'enfant était maltraitée, qu'elle vivait sans affection et pis que cela, qu'elle était un objet de haine pour sa mère. Isolement de la petite fille qui ne peut se confier, qu'on ne croira pas tant les apparences sont contre elle, et qui n'a aucun point de comparaison, ni aucun repère en ce qui concerne la normalité.

Petite fille et adolescente mal soignée, dont on ne se préoccupe pas. Après un accident qui aurait nécessité une attelle, elle garde des séquelles de sa blessure. Enfant négligée. Personne ne peut le croire, car la mère se dévoue pour ses bonnes œuvres, pour les déshérités. Elle donne sans compter aux autres, elle donne son temps et ses attentions, mais pas son argent! L'argent, tout comme l'amour à sa fille, elle n'en donne pas, à personne. C'est une aristocrate mondaine. On sait qu'au cours des siècles ces femmes n'ont pas été de très bonnes mères.

«Ma fille est très bonne élève!», «Ma fille est formidable!», voilà ce qu'elle «fait voir» aux autres, aux gens de l'extérieur, pour servir sa gloire de mère. C'est du reste vrai, l'enfant a de bons résultats scolaires. À l'intérieur du château, c'est une autre histoire. Quand la lourde porte se referme sur elle et sa fille, elle lui signifie qu'elle est nulle. Pour le très grand malheur de cette enfant, c'est ce que sa maman lui dit qu'elle croit, et non pas ce qui est inscrit sur son carnet de notes. Oui, elle pense franchement, elle croit qu'elle est nulle: maman l'a dit.

La mère a été très précise: «Je n'avais pas besoin de fille, j'en avais déjà une, je ne voulais pas de toi, qui as suivi. Ton frère, qui est venu après, ce n'était pas pareil, c'était un garçon.»

En bref, l'enfant sait que sa mère ne tient pas à elle. Sa mère le lui fait bien sentir. La fille sait qu'elle pourrait tout aussi bien disparaître.

Son père lui dit: «Je t'ai croisée, tu roules trop vite en mobylette.» La mère: «Si tu roules en mobylette, tue-toi si tu veux, mais ne démolis pas la mobylette!» Ce qui peut passer pour une plaisanterie un peu douteuse chez d'autres n'en est pas une pour cette femme. Elle le pense et elle a un espace pour le dire: la table du repas familial.

C'est cela aussi, le signe de l'amour absent: le manque de soin, l'indifférence devant la santé de l'enfant qui laissent des traces indélébiles dans son corps et dans son psychisme. La fille du château le savait, qui a toujours été attirée par les hommes médecins. Elle explique:

Les choses matérielles étaient plus importantes que les êtres, tout comme le groupe, le corps, la famille étaient plus importants que l'individu. Du coup, il paraissait naturel de supporter tout ce que l'on supportait.

Dans les familles, l'idéologie remplace parfois le lien.

Concentré de haine, point de convergence

Elle n'a été gentille avec les autres, ma sœur et mon frère, que pour être contre moi. En fait, elle ne les chérissait pas davantage, et elle ne leur a pas donné d'affection non plus. Si elle favorisait ma sœur, c'était pour me défavoriser, moi. Ma sœur le savait et, quelque part, elle prenait plus que sa part, sans remords, parce qu'elle savait que, de toute façon, je n'aurais rien. Ça je l'ai compris, et je n'ai pas envié mon frère et ma sœur. Je rappelais à ma mère son mal-être. Elle ne s'est jamais intéressée à ce que je faisais, comme si cela n'existait pas. Elle était tellement mal que tout ce qui arrivait de bien aux autres lui faisait encore plus mal. Elle ne m'a jamais donné un sou depuis que j'ai quitté la pension, à dix-huit ans. Elle a refusé de signer l'autorisation de passer mon permis de conduire avant ma majorité, alors que c'était moi qui payais les cours. Elle m'a refusé sa signature. Aujourd'hui, quand j'arrive au bureau et que j'ai une pile de documents à signer, je pense à elle. La signature, c'est le pouvoir. Et lorsque j'entreprends, avec ma voiture, l'ascension de la rampe d'un parc de stationnement en sous-sol, je pense à elle, niveau après niveau, à elle qui voulait me priver de cette liberté de conduire.

Elle pense à cette femme qui voulait aussi l'empêcher de gravir les échelons, de s'élever.

Quand la haine sert de boussole

Même s'il s'agit d'un garçon, d'un fils, il est intéressant d'évoquer l'histoire d'Hervé Bazin qui, dans son roman autobiographique *Vipère au poing*, fait le récit de sa relation destructrice avec sa mère, une mère «extrême», surnommée par ses enfants «Folcoche», contraction de « folle » et de « cochonne ». « Il pense beaucoup à sa mère, même quand elle est absente, qu'elle n'est pas là pour le martyriser. Il dit en parlant de lui et de ses frères : "Notre joie n'avait pas de boussole. Nous étions désorientés […] La haine, beaucoup plus encore que l'amour, ça occupe[46]" ». Il se construit dramatiquement contre elle. Il va jusqu'à tenter le matricide, qui échoue. C'est l'extrême. Sa mère veut l'éliminer. Elle veut l'envoyer en maison de redressement. Il sait comment il finira, si elle atteint son but. Elle monte un stratagème. Elle essaie de faire croire qu'il lui a volé mille francs. Le plan échoue. Il fugue.

Lorsqu'on est une maman, il est très difficile de concevoir qu'un petit garçon puisse nourrir le projet (réel) de tuer sa mère pour sauver sa vie. Le petit devient dur, il tue un oiseau pour s'entraîner. Il devient « mauvais », parce qu'il est maltraité. La mère sait qu'elle est haïe, cela ne semble pas la réjouir vraiment, mais elle continue cette lutte à mort. C'est plus fort qu'elle. Elle n'a pas eu de place dans la maison de ses parents, où elle passait très peu de temps. C'était une enfant unique, qui gênait. Elle était en pension, et l'été on la casait ailleurs. Quand elle était chez elle, elle n'occupait qu'un lit d'appoint dans le bureau de son père. À l'âge adulte, ses parents ne se sont pas intéressés davantage à elle. C'étaient des mondains, des carriéristes. Elle n'avait jamais eu de place chez eux. Elle n'en donne pas à ses propres enfants. Elle retire le poêle de leur chambre, les prive du confort le plus élémentaire, de tout ce qui est un peu luxueux, la douceur, le beurre sur la table… Tout le bon et le doux qu'elle n'a pas eus, elle se les réserve et en prive ses enfants. Surtout, ne pas les rendre heureux, ne pas les choyer, ne pas leur faire plaisir, ne pas leur donner ce qu'elle n'a pas eu : voilà ses principes d'éducation.

Dans le roman, on voit que cela n'est rendu possible, comme bien souvent, que grâce à la complicité de l'autre parent, ou tout au moins de sa faiblesse. Ici, le père est un homme doux et affectueux, mais faible. Il a pour habitude d'évacuer ce qui le dérange et ne résiste pas à sa femme bien longtemps, car elle détient le pouvoir économique. Ils vivent avec sa dot. C'est un aristocrate désargenté qui ne souhaite

46. Hervé Bazin, *Vipère au poing*, Paris, Grasset, 1948 ; Le Livre de Poche, 2004, p. 68.

pas travailler pour pouvoir s'adonner à sa passion des coléoptères. L'enfant doit donc lutter seul pour sa vie, pour sa survie. Il entre en résistance. Dans la version cinématographique de Philippe de Broca (2004), adaptation fidèle du roman, le petit Jean dit: «De tous mes frères, je suis celui qui a eu le plus de chance, peut-être parce que j'ai été le plus haï.» Il est l'enfant rebelle, celui qui est le plus exposé à la haine de la mère, celui en qui elle reconnaît son alter ego. Cet enfant-là «la sent», la comprend, anticipe sur ses mauvais tours. Il faut qu'il soit aussi rusé qu'elle pour y arriver. La mère lui rend hommage en avouant qu'il a les mêmes défauts et les mêmes qualités qu'elle.

Dans la réalité, le garçon va réussir sa résilience. Il va devenir un écrivain célèbre, aura sept enfants, très choyés. Il écrit: «Merci ma mère! Je suis celui qui marche, une vipère au poing.» À cause de cette haine, il a puisé sa force dans l'adversité. Il s'est forgé pour survivre. Néanmoins, il a eu le temps de faire provision d'amour et de douceur auprès de la grand-mère qui les a élevés, lui et ses frères, avant que sa mère ne ressurgisse dans leur vie. On voit l'importance d'avoir eu de l'amour au début de son existence pour être en mesure d'accomplir sa résilience plus tard. Dans le film, à la fin, c'est chez lui que sa mère viendra mourir, alors qu'ils ne se sont pas vus depuis trente ans, parce qu'encore une fois, de ses fils, c'est celui qui lui ressemble le plus.

Que serait devenue une fille avec une mère comme Folcoche?

«De tous mes frères, j'ai été le plus haï.» Ce n'est pas parce que sa mère l'a davantage haï que cet enfant a mieux réussi sa résilience que les autres membres de la fratrie, c'est parce qu'il avait l'étoffe qu'il fallait, et la structure psychique particulière pour accomplir cette résilience – structure qui est de l'ordre de l'inné. C'est la raison pour laquelle, d'ailleurs, il a été un tel objet de haine. S'il n'avait pas été de cette trempe-là, il aurait été démoli comme les autres.

La résilience, il faut aller la chercher. Nous verrons plus loin comment. Hervé Bazin a trouvé sur son chemin un tuteur de résilience, et non le moindre: l'écriture.

La voleuse qui spolie: maman bandit, maman flibustière

On a du mal à croire une fille quand elle dit que sa mère est malveillante. On croit qu'elle affabule. On se dit: encore un crêpage de chignon entre femmes, une dérive de l'amour passion. C'est ce que pensent les observateurs les plus avisés (ceux qui se croient avisés!).

Lorsque la fille le prévient d'avance de l'animosité de sa mère, le notaire lui répond: «Oh, tout de même, n'exagérons pas, c'est votre mère!» Quelques jours plus tard, l'homme rappelle: «Je suis ennuyé, vraiment... Votre mère m'a dit ce matin, comme je lui faisais remarquer que vous étiez très désavantagée par rapport à vos frères et sœurs: "Françoise ne doit rien avoir!"»

La mère ne le formulait jamais ouvertement, mais, cette fois, devant le notaire, comme l'argent était en cause, elle n'a pas hésité à montrer sa haine à un tiers.

Ma cassette, ma cassette!

Une fille explique:

Ma mère croit toujours qu'on la vole quand on réclame son dû. On peut lui demander beaucoup de choses, sauf de l'argent, même s'il s'agit du sien propre. C'est une mère qui n'hésitait pas à me prendre mes maigres gains lorsque j'ai commencé à travailler.

Certaines mères se paient sur la bête sous le prétexte qu'elles l'ont mise au monde. L'exploitation est de mise. Avec ce type de mère, les filles se transforment en redresseuses de torts. Elles partent en croisade pour la justice. Un combat perdu d'avance.

La peur de «manquer» peut assombrir les relations mère-fille. Lorsque les indicateurs de la relation sont au rouge, la seule consolation et le seul moyen de pression et de rétorsion restent l'argent. A fortiori lorsque celui-ci est associé à la peur du manque. Le compte en banque devient alors un haut lieu de lutte, mais pas de hauts faits (plutôt de mauvais coups!). La fille crie à sa mère: «C'est mon dû, si tu m'aimais, tu me le donnerais!» La mère répond: «C'est mon argent (tout ce qui est à toi est à moi!), tu n'as droit à rien de mon vivant. Et puis tu n'es pas assez gentille avec moi!»

C'est l'inextricable confusion entre argent et affect qui engendre tous les malentendus et toutes les souffrances possibles. Néanmoins, les mères avares, cela existe, c'est une question de nature, et la maternité ne change rien à l'affaire. Bien souvent, le veuvage aggrave l'avarice de certaines mères. En l'absence du père, il n'y a plus de juste mesure!

Quand elle se rend compte que l'état de santé de son mari s'aggrave, cette mère s'écrie: «Il faut que je gagne de l'argent!», alors qu'elle est déjà à l'abri du besoin. Dans son cas, l'homme représente bien l'argent dont elle craint de manquer. Sa fille explique:

Maman a peur de manquer d'argent, une peur si terrifiante, si énorme, qui vient de si loin, que ses enfants se transforment en ennemis, et elle en monstre sanguinaire, quand le sujet arrive sur le tapis. Alors elle ne les connaît plus, au sens premier du terme. Ils ne sont pas sortis de son ventre. C'est fini! Moi, je n'ai qu'une peur, c'est qu'elle m'ait transmis sa phobie du manque d'argent et que je me transforme aussi en vilaine sorcière dévoreuse qui mange des ordures et vomit des crapauds puants! Ça, c'est maman quand on lui parle d'argent…

Voilà pourquoi les aventures d'héritiers (ou de «déshéritiers») tournent au picaresque, genre Don Quichotte de La Manche contre les moulins à vent, ou au parcours du combattant, lorsque des veuves planquent de l'argent ou sous-estiment les biens à l'ouverture d'une succession.

À ce propos, une petite anecdote qui montre que, parfois, la fête des mères tourne à la fête des enfants: Ce jour-là, les enfants avaient rendez-vous chez le notaire pour «liquider» la succession, soit répartir l'héritage du père. La veille au soir, la mère leur avait confirmé une fois de plus qu'elle respecterait la volonté du père et qu'elle leur donnerait leur part d'héritage tout de suite. Dans le cadre feutré de son étude, le notaire leur stipule tout le contraire. En utilisant des propos très rassurants, la très vieille dame était parvenue à ce que sa fille ne communique pas avec l'homme de loi et ne découvre pas le pot aux roses. Ça tombait mal, le lendemain, c'était la fête des mères! La fille n'a pas appelé sa mère (on s'en doute un peu). C'est maman qui a téléphoné pour souhaiter la fête des mères à sa fille, qui l'a envoyée immédiatement sur les roses: «Ce n'est pas à toi de me souhaiter la fête des mères, j'ai des enfants pour ça!»

Confusion généalogique: où est la mère? Où est la fille? Une chose est sûre: la maman s'apprêtait à rouler sa fille, tout en souhaitant conserver son affection. Entre les mères et les filles, parfois c'est comme ça… et ce n'est pas de tout repos!

L'héritage est le dernier don du parent. C'est pourquoi une fille peut nourrir à l'égard de sa mère du ressentiment lorsque cette dernière la prive de l'héritage de son père. Ce peut être, au-delà de la question de l'argent, la rivalité qui persiste après la mort du père.

La négation de l'existence ou «Tu n'as pas de vie!»

«Tu n'as pas de vie!» Une fille m'a dit à quel point cette phrase, prononcée par sa mère alors qu'elle était étudiante, l'avait choquée.

Que la phrase soit formulée clairement par la mère ou que le message reste subliminal, la fille attend que la mère lui donne l'autorisation de vivre, et reconnaisse qu'elle a une vie. Elle peut alors choisir de tout faire pour en avoir une, pour s'arracher à cet immobilisme qui la maintient sous le contrôle de la mère. Pour exister aux yeux de cette dernière, elle se jette dans la vie, mais pas forcément la sienne. Elle choisit celle que sa mère veut qu'elle ait. Le mariage et deux ou trois mioches accrochés à ses baskets, sans doute… Si, en même temps, la mère lui a toujours interdit de bouger une oreille, ce qui est fort fréquent, la fille, quand elle commence à vivre, récolte des reproches. La mère a peur qu'elle lui échappe. Mais ce genre de message fait son petit bonhomme de chemin dans l'inconscient. Il peut alors «faire» des filles qui reculent devant la vie, qui ne grandissent pas comme elles auraient pu grandir, qui auront toujours le temps de faire demain, de réussir demain, qui ne saisissent pas le bonheur tout de suite, qui ne sont pas inscrites dans la vie.

Maman disait que vous n'aviez pas de vie? Il ne faut pas lui donner tort!

Parfois, un pas de plus est franchi dans le dénigrement, la négation de l'autre. Le message transmis est: «Tu n'es rien.» Bien souvent, il s'agit pour la mère de la projection, sur sa fille, de l'image qu'elle a d'elle-même.

Il n'empêche, comment acquérir l'estime de soi quand notre mère nous dénigre?

Maman impunité

Une mère toute-puissante, abusive, est décrite ainsi par sa fille :

Elle a cru que je l'aimerais comme ça pour la vie, tout simplement parce que c'était elle. J'étais une petite fille douce et affectueuse qui ne demandait rien. Maman prend toujours la gentillesse, l'amour, pour un signe de faiblesse, et surtout elle en use, elle en abuse bêtement jusqu'à ce que l'autre s'éloigne. Elle se croit toute-puissante, aimée inconditionnellement, inatteignable. Elle se croit douée d'impunité. Elle peut tout faire comme l'enfant, personne ne lui en voudra ! Bref, elle a tous les droits.

Une question nous revient souvent à l'esprit, lancinante et perturbante : mais enfin, pourquoi est-ce que rien n'arrête ces mères ?

Réponse : la mère égocentrique est toujours de bonne foi, au sens où elle croit ce qu'elle dit et fait. Elle se défend ainsi de cet enfant qui, quelque part, la menace… quand elle n'est pas convaincue que c'est elle la victime, la mal-aimée.

Pourquoi s'arrêterait-elle ? !

L'amour sous condition

L'amour véritable n'a pas besoin de contrepartie. Pourtant, il y a des mères qui n'« aiment » leur fille que si elle remplit un cahier des charges très précis. Or, comment peut-on soutenir que l'on aime sa fille si on la veut différente de ce qu'elle est ? On ne peut être aimée que pour ce que l'on est. A contrario, dirait monsieur de La Palice, on ne peut pas être aimée pour ce que l'on n'est pas. C'est contre-nature.

C'est le cas de ces mères qui, pour une raison ou une autre, souhaitaient un garçon. À cause d'un fils perdu, d'un frère mort prématurément… Pour être aimée, la fille rentre dans le désir de sa mère en gommant les signes de sa féminité et en adoptant des comportements de garçon. Ce faisant, elle va à l'encontre d'elle-même. Pis, elle commet un attentat contre sa propre vie.

Parfois, les conditions pour accéder à l'amour de sa maman sont draconiennes et requièrent l'abnégation d'une sainte Thérèse d'Avila.

Une fille déclare :

Je l'ai affrontée, et son amour m'a été retiré purement et simplement. C'est l'impression que j'ai eue. C'était un amour sous condition. Il fallait passer sous ses fourches caudines. C'était un amour paramétré. Ce n'est pas cela, l'amour. C'était comme si elle me disait : « Si tu es une bonne fille, tu feras ce que je te dis, même si tu as des besoins autres. Je t'ai donné la vie, tu me dois d'être comme je veux que tu sois.

Quelle négociation !

Il y a des mères qui ne peuvent aimer que le masque de leur fille, la persona, comme nous l'avons vu plus haut. Aussi, dès que cette dernière change, devient autonome, acquiert son individualité et leur oppose une résistance d'adulte, bref, grandit, elles veulent qu'elle redevienne comme avant, la « gentille petite fille » bien sage (la GPFBS !) et obéissante, sinon c'est la tempête !

Si bien qu'on a vraiment l'impression, parfois, que les sentiments sont partis en vacances. Chaque fois que la fille n'est pas soumise, les babines se retroussent, et la mère féroce et mordeuse est de retour. La fille se sent objet ; elle est manipulée. Elle n'est pas là pour son bien mais pour se conformer au programme de sa mère.

Pis que cela, quand la fille est heureuse, la mère s'éloigne. Quand la fille plonge, la voilà de retour ! Autrement dit, elle la veut plus bas qu'elle. C'est le cas des mères perverses. Pour être aimée de maman, il faut avoir toutes les misères de la terre qui vous collent à la peau ! Il y en a qui se programment, s'auto-suggestionnent pour y arriver ! C'est du boulot, mais c'est faisable !

Dette de vie ou « Après tout ce que j'ai fait pour toi ! » : comptes et décomptes

Quand le sacrifice d'une mère est une baliverne, quand c'est un leurre… « Quand on aime, on ne compte pas. » Ah oui ? Alors, si les bons comptes font les bons amis, qu'en est-il entre mère et fille ? Il y a des mères qui, en permanence, jettent à la figure de leur fille tout ce qu'elles ont fait pour elle. Elles estiment que leur fille leur doit tout, et cela jusqu'à leur dernier souffle ! Chère maman… Après avoir reçu la vie, l'enfant veut autre chose !

Certaines mères estiment qu'elles ont tout donné en donnant la vie, et que ce qu'elles fournissent en plus de la vie, il va falloir le rembourser : nourriture, logement, blanchissage, éducation, études. Rien que des choses naturelles pour la plupart des femmes qui mettent une enfant au monde, rien que le dû de celle qui n'a pas demandé à naître. Eh bien non, certaines mères estiment que l'enfant est en dette, une double dette : pour la vie donnée et pour l'entretien de la vie. Le don n'est pas gratuit, l'enfant sent qu'elle pèse et que tous ses efforts doivent tendre à peser le moins possible.

Le « Tu nous coûtes cher, ma fille ! » est plus courant qu'on ne le croit. Combien de filles sont-elles chassées de chez elles prématurément ? Elles le sont plus souvent par les mères qui ont hâte de s'en débarrasser financièrement que par les pères. « Il faut que tu gagnes ta vie, tes études nous coûtent cher. » La nourrir coûte cher. Sa vie coûte cher.

Une fille raconte :

Maman voulait surtout que je ne sois plus à sa charge. Elle se moquait pas mal que mes études correspondent à ce que j'aimais, à ma personnalité. J'aurais voulu qu'elle sente cette angoisse qui criait que je faisais fausse route. « Tu dois gagner ta vie tout de suite ! » Tant mieux, au fond. Grâce à elle, je ne me suis pas endormie dans le confort !

L'adulte trouve des raisons rationnelles de ne pas en vouloir à sa mère, mais l'enfant, lui, exprime sa souffrance.

Une autre fille raconte :

Ma mère a toujours pensé que mon père, son mari, en avait fait beaucoup pour moi, sous-entendu : trop. Pour elle, ce n'était pas forcément la norme, car son père avait été défaillant. C'est pourquoi, à la mort de mon père, elle m'a adressé une partie de la facture des frais d'obsèques et de la construction du caveau. Elle a dit à toute la famille : « Elle doit bien ça à son père ! » Que lui devais-je, à mon papa ? Celui-ci, prévoyant en tout, avait souscrit une convention d'obsèques, et les frais ont été remboursés à ma mère, qui avait d'ailleurs largement les moyens de les assumer !

Entre les mères et les filles, c'est parfois comme ça que ça se passe…

Pas plus que maman ou la dette subjective

Pour certaines mères, la fille ne doit pas posséder plus qu'elle.

Une fille de trente-sept ans explique:

J'avais une plus belle maison qu'elle. C'était trop! Je l'ai vu dans ses yeux. D'ailleurs, je ne l'ai pas gardée, cette maison. Peut-être qu'inconsciemment j'ai considéré qu'elle ne pouvait pas réellement m'appartenir dans ces conditions. J'avais de très beaux meubles. Je ne les ai pas gardés non plus. Elle disait: «Tu es trop jeune pour avoir des meubles comme ça!» Aujourd'hui, j'ai quinze ans de plus et je n'ai plus ni maison ni meubles trop beaux pour moi. Quelque part, je crois que cela lui convient mieux comme ça. Elle a pu retrouver sa compassion et elle peut me plaindre maintenant que je suis à nouveau en position de faiblesse, plus bas qu'elle… Nous ne sommes plus en rivalité. Ce qui ne l'empêche pas, parfois, de faire étalage de tout ce qu'elle possède et de me reprocher presque d'en être arrivée là. Allez comprendre…

Pas question non plus que la fille bénéficie de facilités qui n'ont pas été accordées à sa mère. La mère privative ne veut pas que sa fille ait ce dont elle a manqué. Une fille rapporte: «Le jour où je lui ai demandé si elle pouvait garder son petit-fils, elle m'a répondu: "Ta grand-mère ne gardait pas les enfants en bas âge." Je l'ai regardée avec des yeux aussi gros que moi!» Décryptage: «Je n'ai pas l'intention de faire pour toi ce que ma mère n'a jamais fait pour moi!»

Ces comportements peuvent renforcer la culpabilité profonde et inconsciente qui fait que, lorsque nous sommes sur le point d'atteindre nos objectifs, nous imaginons que nous ferons mal à maman si nous allons jusqu'au bout.

Une fille conscientise sur le tard:

Il ne fallait pas que je fasse mieux que maman, que le milieu dont elle était issue. D'ailleurs, elle a considéré que ce que j'avais fait professionnellement était déjà beaucoup: j'avais une situation qu'elle n'avait pas eu la chance d'avoir, elle. Pourtant j'avais d'autres ambitions. J'ai posé ma candidature pour une grande école. J'avais un très bon dossier, on m'a déroulé le tapis rouge, mais j'ai renoncé. C'est comme si je voulais simplement voir si je pouvais le faire. Il me suffisait de savoir que j'aurais pu… À l'époque, j'ai mis cela sur le compte de mon manque de confiance en moi. Aujour-

d'hui, je me demande si cette fidélité à maman, cette peur de la blesser en réussissant ne m'habitait pas inconsciemment.

Il y a le modèle conscient que nous offre notre mère, et le modèle inconscient. On s'inscrit en imitation ou en réaction, selon sa personnalité. On croit parfois être en réaction, ou différente, vouloir « faire mieux qu'elle », on le croit, mais de belles résistances inconscientes apparaissent et nous en empêchent.

Le choix de maman ou le transfert d'affection

Certaines mères préfèrent se fabriquer des filles adoptives, moins contrariantes. Ces filles adoptives qu'elles se choisissent parce qu'elles ont avec elles plus d'affinités comportementales et caractérielles, ce qui facilite l'identification... En l'absence du lien de sang, chargé d'affects, des rivalités inconscientes et des revendications mutuelles, la relation ne peut être que plus légère, et tout se passe mieux.

Une fille septuagénaire raconte:

Le pouvoir qu'avait ma mère sur sa belle-fille – nous avions le même père – était à cet égard révélateur. Elle arrivait à lui imposer ses diktats et ses interdits, ce qui était impossible avec moi. Il faut dire que ma demi-sœur était plutôt soumise et moi plutôt rebelle, et ma mère en abusait largement.

Une quadragénaire explique avec beaucoup de lucidité:

Maman a fait un transfert d'affection sur quelqu'un qui lui convient mieux. Elle préfère qu'il n'y ait pas de lien de sang. Ce lien, elle l'a toujours saccagé, comme si elle éprouvait une incapacité à donner quoi que ce soit à son enfant, cet enfant dont l'amour lui est non seulement acquis, mais qui le lui doit. Pour obtenir quelque chose d'une étrangère, il faut qu'elle le gagne. Comme il n'y a pas de passé, de passif, elle peut se refaire une image toute neuve, une virginité. Parce que sa fille fait partie d'elle, son agressivité vis-à-vis d'elle ne connaît pas de limite, pas de barrière. Aucune considération morale ne l'arrête.

On ne peut malmener profondément que ce qui nous appartient, ce qui est proche au point de faire partie de nous. C'est un peu ce qui se passe, à plus petite échelle, lorsqu'on a plus de patience avec les enfants des autres qu'avec les siens.

Mère fouettard, mère châtiment

Certaines mères fondent l'éducation de leur fille et calquent leur comportement vis-à-vis d'elle sur des croyances auxquelles elles ne dérogeraient pas pour un empire. L'origine de ces croyances est parfois mystérieuse, car il n'est pas sûr qu'elles aient été élevées comme ça. Ce ne sont donc pas forcément des croyances héritées de leur propre mère.

Cette maman a pour maxime: «Les enfants, il ne faut pas les gâter, ni leur faire de cadeaux, parce que plus on leur en fait, plus ils en veulent!» Il est certain qu'en partant de ce postulat elle ne court guère le risque que sa fille en redemande. Elle coupe ainsi court à tous les désirs de cette dernière.

Autre conviction: «Quand les enfants se conduisent mal, il faut les châtier.» Se conduire mal, c'est ne pas faire ce que maman veut vous voir faire, c'est ne pas la laisser guider votre vie. Ce qui veut dire qu'il est très facile de se conduire mal et de mériter le châtiment. Voilà pourquoi cette maman préfère les enfants en très bas âge, qui sont moins contrariants. Pour la même raison, elle préfère son chien à quiconque, à condition qu'il ne fasse pas trop de bêtises, sinon, c'est direct au chenil.

«Qui aime bien châtie bien.»

Si c'est comme ça, je veux pas qu'on m'aime!

La mère morte de son vivant

C'est une mère très «salée», mais elle n'est pas bonne pour le psoriasis, comme la mer Morte avec son sel. Au contraire, elle le favorise.

Une fille de quarante ans livre un témoignage un peu dur:

«Je suis morte pour toi.» Ma mère a prononcé ces mots sur le répondeur téléphonique en détachant bien chaque syllabe, et moi j'ai entendu le message sous-jacent: «Parce que tu ne m'obéis pas, parce que tu m'obliges à faire quelque chose que je ne veux pas faire, même si c'est la norme, parce que tu m'obliges à respecter les lois, à respecter la morale.» Acculée à respecter les lois, alors qu'elle est au-dessus des lois? Acculée à aller contre sa volonté,

alors que c'est une mère totalitaire ? Aussitôt, elle répudie sa fille. Cette hostilité est une atteinte vitale; c'est bien la mort qu'elle lègue. Elle veut me priver d'elle, elle veut me punir d'elle. Ce n'est pas d'aujourd'hui, elle m'a déjà prévenue, il y a longtemps: « Sur mon lit de mort, je te chasserai. »

Mères violentes, mères mordeuses, mères rouges (sang)

Cette fille de trente-cinq ans se souvient:

À vingt-huit ans, elle m'a fait tomber de haut, de très haut, et tout le passé, ma petite enfance – et tout ce que j'avais soigneusement occulté est remonté à la surface. Oui, c'était bien la même violence. Celle qu'elle m'adressait aujourd'hui faisait écho à celle qu'elle m'avait faite enfant. J'ai été passée au hachoir. La douceur qu'elle m'a donnée n'était que le renvoi de celle que je lui apportais. Le reste était violence. J'ai souvent retrouvé cela dans mes relations avec les autres. Lorsque je lui ai dit que sa violence était extrême – il s'agissait de violence psychologique, de violence verbale –, elle m'a répondu que sa mère courait après son frère avec un couteau de boucher. C'est comme si elle m'avait dit: « Tu vois, voilà ce qui m'est arrivé alors... donc tout est normal ! Ne te plains pas, j'ai subi pire ! » Dans un premier temps, cette réponse m'a semblé ne pas avoir de sens, de rapport avec ma plainte. Puis, j'ai compris qu'elle en avait un, qu'elle en était même l'explication.

C'était effectivement une résurgence inattendue d'un passé vieux de soixante ans, tapi dans un coin de la mémoire de cette mère, et qui tentait une sortie par effraction à l'occasion d'un événement apparemment sans lien. Apparemment, car le lien était bien la violence, la même, celle faite à la petite fille qui a assisté à une scène qui l'a traumatisée, et qui rend cette violence à sa propre fille six décennies plus tard.

Rien de réglé, rien d'apaisé. Une tentative, malgré tout, de la part d'une vieille dame qui se plaint toujours, avec une véhémence intacte, de sa mère morte trente ans plus tôt, d'établir des *reliances*[47].

47. Ce terme emprunté à Jacques Salomé désigne une démarche visant à « établir un lien nouveau entre deux ordres de faits qui n'ont aucun point commun au départ et qui, par leur association, vont être porteurs d'une signification jusqu'alors maintenue inconsciente » dans *Pour ne plus vivre sur la planète TAIRE : une méthode pour mieux communiquer,* Paris, Albin Michel, 1997, p. 353.

Hélas, ce n'était pas à sa fille qu'elle devait restituer cette violence, mais à sa mère du temps de son vivant, ou, à défaut, après sa mort, par une démarche symbolique sur sa tombe, sur laquelle elle aurait déposé une lettre dans laquelle elle aurait écrit: «Je te restitue la violence que j'ai reçue par ton comportement...» Rien de mieux pour se libérer, et il n'est jamais trop tard, nous le verrons dans la dernière partie de cet ouvrage.

Images extrêmes pour mères extrêmes ou la violence des représentations

Il y a des mères qui affolent leur fille au lieu de la rassurer. Elles tiennent des propos extrêmes, ont recours à des images violentes. Par exemple, cette mère qui répond à sa fille qui vient de lui confier que, depuis quelque temps, elle accumule la fatigue: «Méfie-toi, si tu continues comme ça, c'est la cure de sommeil!» Et cela, bien sûr, sans lui proposer une solution moins radicale, comme un petit coup de main, par exemple. Ou cette autre qui, quand sa petite fille ne mange pas, la menace: «Tu manges. Sinon, tout ce que tu as dans ton assiette, tu l'auras avec des piqûres dans les fesses!»

Ces phrases ont un retentissement grave sur l'imaginaire de l'enfant qui prend tout au pied de la lettre. Ce sont des images dont la créativité enfantine s'empare pour élaborer des mondes et des histoires au fort pouvoir visuel et d'autosuggestion. Parce qu'elles peuvent aller très loin, parfois, ces paroles violentes et cruelles prononcées par les mères. Les filles portent alors en elles cette violence et pourront la retourner contre elles-mêmes, par le biais de somatisations.

Une fille nous confie:

Maman, en ce moment, est furieuse contre moi, elle m'en veut. D'ailleurs, elle m'a prévenue: «Ce n'est pas la peine que tu viennes au village, tu seras lapidée par les habitants!» Lapidée! Une mort assez lente et douloureuse! Ma mère avait marqué un point. Mais moi, j'en ai marqué un autre lorsque j'ai rêvé une nuit que, de rage, parce que papa et moi on ne s'occupait pas d'elle, elle s'immolait par le feu! Je la connais bien, maman, elle ne fait pas dans la mièvrerie à l'eau de rose!

Parfois, entre mères et filles, l'on atteint des sommets ou l'on sombre dans des précipices sans fin.

Le distributeur de vacheries

Certaines mères prennent un vif plaisir à la moquerie; elles adorent lancer des vacheries. Question: faut-il que, en même temps que la bonne cuisine de maman, il faille aussi avaler ses couleuvres?

Une fille s'interroge sur l'inconscience de sa mère: «Se rend-elle compte des horreurs qu'elle me dit, à moi comme aux autres?» Car le discours désobligeant de cette femme s'adresse aussi à d'autres personnes. Sa fille n'en est pas la seule victime, elle n'est pas la seule destinataire de ses vacheries. Piètre consolation: comme elle est la fille, les paroles méchantes de la mère, comme des balles de magnum, ont sur elle un impact profond.

Au laminoir de maman

Une autre se remémore:

Cette manie de la critique systématique... Quand j'étais petite, je trouvais ça méchant de la voir sourire par-devant et «casser» par-derrière. Je ne comprenais pas pourquoi la jolie dame qui était venue à la maison et envers qui elle avait eu des gestes d'amitié et d'affection, comme si elle était sa sœur, devenait, une fois sortie, une femme sans intérêt, voire une moins que rien. Pour tout dire: «C'était une conne» que maman avait embrassée si chaleureusement! Heureusement, cette transmission-là ne s'est pas faite. Au contraire, pour faire contre-pied, je me fais un devoir d'avoir toujours un a priori positif sur les gens. Mais malgré tout, ma mère est bien là, rivée quelque part en moi. J'en ai la preuve lorsque j'entends une petite voix intérieure me susurrer: «Tu vois cette personne que tu viens de rencontrer? Elle n'aurait pas trouvé grâce à ses yeux, elle l'aurait passée au laminoir, tel détail, puis tel autre.»

Parfois, il est plus difficile de s'affranchir de l'état d'esprit d'une mère critique. Cela exige un travail sur soi, une rééducation. Une fille de quarante et un ans nous l'explique:

Il me semble que j'avais certaines attitudes critiques, tout comme elle. J'étais sous son influence. J'avais des comportements inappropriés, comme elle. Mais ils se sont estompés avec la séparation, avec la fin de cette mise sous cloche, et avec le travail que j'ai fait sur moi.

Maman « quatre vérités »

Ce sont des mères à qui l'on ne peut dire leurs quatre vérités puisqu'elles ont la leur, mais qui ne se privent pas de nous dire les nôtres, et plus que quatre, souvent ! Qu'elles disent ce qu'elles pensent est plutôt bien, dans le fond. Mais qu'elles pensent ce qu'elles disent, voilà qui est plutôt grave !

Elle parle, maman, à tort et à travers, et tout haut. Elle dit des vérités qui ne sont pas bonnes à dire, qui n'épargnent le narcissisme de personne. Votre premier mari était trop gros, le second est trop maigre… Et le troisième, comment sera-t-il ?

Il n'est jamais « comme il faut », le compagnon de la fille ! L'histoire du poids la poursuit par l'intermédiaire de ses petits amis. Maman finit toujours par faire une bonne critique du prétendant, pas tout de suite, mais son tour arrive. C'est sa façon à elle de critiquer le choix de sa fille, une fois de plus. En s'attaquant à l'image de ces messieurs, elle s'attaque au narcissisme de sa fille. Du coup, la fille ne les lui présente plus, ces messieurs, afin de les épargner, les pauvres !

Ce type de mère est experte dans l'art de semer la zizanie. Elle arrive à faire se battre des montagnes !

Mères extrarigides, mères sans compassion

La violence peut prendre plusieurs formes. Elle peut s'incarner dans l'excès de rigidité de cette mère qui force sa fille à avaler son potage, jusqu'à ce que la pauvre petite le vomisse, puis qui la force à manger ce qu'elle a rejeté. Il ne sera pas dit qu'elle aura cédé un poil de son autorité, qui n'est que de l'autoritarisme.

Si la mère narcissique et autoritaire considère que son modèle doit être reconduit par sa fille, on est dans l'impasse.

Les petites filles essaient de faire de leur mieux pour être dignes de ce type de maman, de leur rigueur. Elles croient qu'ainsi elles finiront par gagner leur amour. Mais bien sûr, c'est trop dur, elles ne parviennent jamais à la perfection exigée.

Les petites filles qui n'arrivent pas à se faire aimer par maman multiplient désespérément les menus cadeaux avec lesquels elles offrent l'immensité de leur cœur. Ce sont des petites innocentes aux mains pleines. Tout ce qu'elles font, elles le font en pensant dans leur tête : « C'est pour mieux te plaire, maman ! »

Mère obéissance ou les mères marâtres qui veulent « casser » la petite fille sauvage

La mère obéissance veut, à tout prix, casser le caractère de l'enfant trop affirmé qui résiste. Elle ne veut qu'une chose, que cette dernière lui obéisse et ne lui pose pas de problèmes. Elle gère souvent la vie de sa fille au plus bas ne lui permet pas d'avoir des activités personnelles, pour avoir la paix. Lorsque sa fille est en âge de se marier, elle lui interdit de fréquenter celui qu'elle aime et fait tout pour l'obliger à convoler avec l'homme qui entre dans ses « plans ». Dans ce cas, on a l'impression que la mère agit comme une marâtre sans la moindre empathie pour sa fille – comme dans certains contes où la mère veut tuer cette vie qui bouillonne dans la « petite fille sauvage », selon l'expression de Clarissa Pinkola Estès.

La mégalomane

Il y a la maman léonine, la maman solaire qui veut « être de tout », à l'origine de tout. Si vous avez un don, vous le lui devez.

À cette fille qui peint avec succès, sa mère dit : « Personne ne doit profiter, s'approprier ton don. Ce don, c'est moi qui te l'ai donné en te mettant au monde. » Elle considère donc qu'elle est la source du talent de sa fille, et se l'approprie.

Si vous êtes si parfaite, c'est parce qu'elle vous a façonnée telle que vous êtes ; elle vous a peaufinée. Vous lui devez tout et vous devez travailler à sa gloire.

Elle a l'art de tout récupérer à son profit : « Ton frère a trouvé que tu lui avais fait un bon repas, il paraît que tu cuisines comme moi. » Et vlan ! Le frère se fait complice sans le savoir.

Tout événement positif qui arrive à sa fille, elle ne manque pas de s'en attribuer le mérite. C'est elle qui lui a donné tel conseil, telle orientation dans un moment de doute. Sa situation ? Elle la lui doit.

Elle lui doit jusqu'à son propre enfant : s'il est si beau, ce bébé, c'est que sa fille est venue le parfaire chez elle, à l'occasion de nombreux séjours. Normal, c'est la mère ! Elle est à l'origine de tout ce qui arrive de bien à sa fille. C'est la matrice. Pour le négatif, c'est différent, il faut regarder du côté du père ! Quant aux qualités que la fille a héritées de lui, elle n'en parle pas.

Ces mères-là en imposent par cet aplomb qui leur permet de parler à tout le monde sans honte, grâce à leur ego surdimensionné. Ce genre de mère n'hésite d'ailleurs pas à intervenir auprès de gens haut placés pour défendre – admirablement – sa fille ! Mais il peut aussi arriver qu'elle vous fasse rougir de honte en société tant elle vante vos talents et qualités de manière outrée. Mais il faut que vous sachiez qu'un jour ces excès peuvent se retourner contre vous, quand vous ne servirez plus sa grandeur, ou si vous avez le malheur de vous opposer. Il faut lui laisser le premier rôle et rester docile. Sinon, elle n'hésitera pas à vous écraser. Elle n'a pas peur de grand-chose, il faut bien le dire. C'est sa folie et sa force.

Le Roi-Soleil disait : « Nous voulons. » Maman dit : « JE VEUX. »

La mégalomane est bien sûr une mère contrôlante.

La mère contrôlante n'aime pas qu'une situation lui échappe, ni une conversation. Si vous devisez devant elle avec une amie, et qu'entre vous et elle s'instaure une connivence sur des thèmes qui lui échappent un peu, elle devient radicalement impossible. Elle panique, comme une enfant qui n'est plus au centre des choses. Elle s'agite, fait du bruit, coupe la parole, s'impatiente – donnant ainsi tous les signes de l'immaturité.

Maman manichéenne

Celle-là, elle ne fait pas de quartier. Souvent, son vocabulaire est très tranché, très judéo-chrétien. « Quand j'entends George Bush à la TV parler des forces du Mal contre les forces du Bien, il me fait penser à maman quand elle parle du bras armé de la Vengeance. Ça me fait froid dans le dos ! » me confie une fille affligée de ce type de mère.

Message pour l'éditeur : il faudrait peut-être couper ce passage, ce n'est pas le moment de se faire des ennemis à la CIA (ce n'est jamais le moment !)…

Bref, quand on a ce type de maman, il ne faut pas plaisanter, on est avec elle ou contre elle. Il n'y a pas de position intermédiaire. La nuance, elle ne connaît pas. Difficile d'avoir vos opinions à vous sans risquer de déclencher une guerre nucléaire!

Mère jugement dernier ou « Comme on fait son lit, on se couche »

La condamnation sans appel est tombée: « Tu as mal géré ta vie » ou « Comme on fait son lit, on se couche! » Autrement dit: « Ce qui t'arrive est de ta faute! » Si vous êtes face à ce type de mère sans sollicitude, sans compassion, il n'y a aucun recours possible.

Une mère doit pouvoir entendre et écouter les plaintes de sa fille sans juger. Comme lorsque celle-ci était petite et lui disait: « Maman, j'ai mal au ventre. » Mais là pas moyen d'être consolée. Et la fille cherche où est sa faute. Voilà de quoi achever de la culpabiliser, comme si elle n'avait pas assez de ses problèmes – ces problèmes qu'elle est venue innocemment confier à cette maman qui l'enfonce un peu plus…

Une fille, par exemple, raconte qu'elle n'a trouvé auprès de sa mère aucun soutien après son divorce. Au contraire, sa mère l'a accusée d'être responsable de ce qu'il lui était arrivé, alors qu'elle était victime, puisque c'était son mari qui l'avait quittée. Elle résume ainsi la situation: « J'avais besoin de son soutien, et pas qu'elle fasse sans arrêt mon procès! »

Une bonne mère ne doit pas juger, elle doit évaluer la situation et prendre des mesures pour améliorer, amender. Elle ne doit jamais enfermer sa fille dans le définitif, que cette fille ait dix ans, vingt ans ou quarante ans.

Impitoyable maman « y a qu'à » ou mortelles comparaisons

Lorsque la mère porte un jugement sur sa fille ou établit des comparaisons, elle pose son enfant comme extérieur à elle, étrangère.

Une fille raconte:

Maman m'a dit un jour, alors que je m'ouvrais à elle et lui disait que mon premier-né me prenait beaucoup d'énergie: « Moi, tu vois, à ton âge, j'avais déjà mes deux enfants élevés. » Maman a connu mon père à seize ans.

Moi, j'ai fait des études, elle non. J'ai trouvé que la comparaison n'avait pas de sens. Elle me disait aussi, quand je me plaignais de ma fatigue, que je n'avais pas de santé, ou que j'avais le moral fragile, quand ce n'était pas: « Tu te rends compte comment tu seras à mon âge! »

Comparaisons, comparaisons qui nous tuent. Comparaisons égale rivalité.

Voilà qui ne serait pas si grave si la mère, en pareil cas, ne sous-entendait pas que la fille aurait dû être parfaite comme elle l'était elle-même, ou que pour faire bien il aurait fallu faire comme elle. Certaines mères estiment en effet avoir réalisé un parcours sans faute, surtout lorsqu'elles assènent à leur fille: « Tu as mal choisi ton mari. » Une fille de trente-trois ans a répondu à sa mère: « Toi aussi, tu as eu des difficultés de couple! » Si vous avez eu ce culot, vous avez sûrement entendu un tas d'excuses. Des excuses qu'à vous on ne vous a pas accordées.

Cette fille explique que sa mère lui répétait toujours que c'était à cause des mauvaises influences extérieures qu'elle et son mari avaient eu des problèmes à un moment donné. « Alors, excédée, je lui ai rétorqué: "Je n'ai pas pu choisir ma mère et je ne sais pas si j'ai pu choisir mon mari. À voir le couple que vous constituiez, toi et papa, j'ai cru que la bagarre était la norme!" »

Entre les mères et les filles, parfois… ça chauffe!

Dans ce cas de figure, il n'est pas question pour la mère d'apporter un quelconque réconfort à sa fille. Elle considère que cette dernière a mal géré sa vie, et tant pis pour elle, c'est sa responsabilité! Elle semble critiquer le mari de la fille, mais, en réalité, c'est cette dernière qu'elle montre du doigt, elle déplore son incompétence face à la vie, son inaptitude à faire les bons choix, notamment amoureux. Cela ne l'émeut pas, ni ne la culpabilise. Elle ne se demande pas si elle lui a transmis le discernement. Elle se contente de fustiger.

Ce type de maman impitoyable n'aime pas les perdants.

Une réflexion d'une fille qui a une « mère comparaison »: « Je ne sais si le fait d'avoir eu des frères n'est pas une aubaine. Avec une telle mère, je n'ose imaginer quels auraient été mes rapports avec mes sœurs. »

On peut affirmer sans se tromper que les mères, lorsqu'elles sont perverses, font des filles en rivalité. On peut imaginer que, pour certaines mères, c'est comme si ce qui vous arrive leur arrive à elles. L'inquiétude et la déception les rendent alors agressives. Mais c'est aussi bien souvent de leur part une incapacité à se mettre à votre place et à vous aimer telle que vous êtes, avec vos réussites et vos échecs. Il existe des mères qui ne sont à vos côtés que lorsque tout vous réussit, pour pouvoir… en parler à leurs copines.

La fille qui revient vers sa mère après un divorce se retrouve dans une position d'infériorité, celle de l'enfant, l'enfant qui a tenté de jouer à la grande personne et qui a échoué dans sa vie de femme. Plus que jamais, sa mère peut être tentée de reprendre de l'ascendant sur elle et de souligner son échec, rejouant ainsi le jeu des rivalités inconscientes. C'est la « mauvaise » fille qui revient à la maison après avoir raté son émancipation. « Tu vois comme tu es nulle… », dit, indirectement, ce type de mère. Le soutien logistique que la fille peut recevoir, notamment si elle a des enfants, est, dans ce cas, chèrement payé.

Mère jalouse, mère souffrant d'insécurité

« Il est parfaitement inutile de tenter de prouver notre valeur au chœur des sorcières jalouses », dit Clarissa Pinkola Estés[48].

Une mère jalouse est une mère qui réunit beaucoup de caractéristiques négatives : elle est narcissique, immature et instable. On a déjà évoqué la jalousie mère-fille par rapport au père et aux autres hommes. Ce sentiment, qui s'apparente à la rivalité, peut être plus généralisé et diffus, et atteindre des extrêmes. Il peut s'agir aussi de la jalousie au sens d'exclusivité, qui ressemble à la jalousie amoureuse.

Attention ! Si votre mère est jalouse, vous risquez de l'être aussi et il vous faut vous atteler à ce problème. Sinon, vous risquez à votre tour de déclarer à votre fille ce que votre mère vous a si souvent répété : « Il n'y a qu'en ta maman que tu puisses avoir confiance ! » C'est ce qu'elle vous disait pour vous garder à sa disposition. Ce type

48. Clarissa Pinkola Estés, *Femmes qui courent avec les loups*, *op. cit.*, p. 129.

de mère entretient sa fille dans ce leurre. Elle lui adresse ce message: «Il n'y a qu'une seule personne qui ne t'abandonnera jamais: moi.» Hélas, son comportement dément cette promesse.

Cette mère dit à sa fille: «Si tu as des problèmes, c'est vers ta famille qu'il faut te tourner. Ce ne sont pas tes amis qui vont t'aider, crois-moi!» Cette mère juge la relation de sa fille avec ses amis en terme exclusif de soutien. Or, pour elle, le soutien est du ressort de la famille. Cette mère refuse à sa fille la notion même de plaisir qu'elle éprouve à se trouver en compagnie d'autres personnes qu'elle apprécie. C'est de la jalousie, un besoin d'exclusivité. La mère refuse que sa fille prenne du bon temps, jouisse «en dehors elle».

La mère d'une camarade de lycée nourrissait du ressentiment contre sa fille les jours où celle-ci refusait de sortir avec elle sous prétexte qu'elle avait du travail, et qui, dans la minute qui suivait, allait rejoindre une copine qui l'appelait pour aller au cinéma. À croire que cette mère n'avait jamais été ado! Évidemment, ce type de mère provoque le comportement inverse de celui qu'elle souhaite. La fille, se sentant prisonnière, n'a qu'une envie: prendre la poudre d'escampette!

Il faut noter que, lorsqu'une mère prend conscience qu'elle n'a pas été une bonne mère, sa culpabilité peut la rendre furieuse à l'égard de tous ceux qui peuvent aider sa fille. Cette mère, qui reste néanmoins attachée à sa fille, craint de surcroît la rupture. On peut aussi avoir affaire à une mère extrême qui n'aime pas véritablement son enfant et qui redoute qu'un tiers ne joue le rôle de révélateur de cette absence d'amour.

Avec certaines mères, il est non seulement interdit de jouir davantage qu'elles, mais de jouir avec ce qu'elles auraient pu fournir, donc de jouir davantage «par» elles. C'est pourquoi elles donnent le moins possible et se placent dans la catégorie des mères frustrantes. C'est la jouissance interdite, sous toutes ses formes! Cadenas!

Avec une mère de ce genre, un conseil: passez sous silence vos dernières vacances improvisées au bout du monde au bras d'un bel éphèbe. Frustrée comme elle l'est, il ne faut pas espérer qu'elle va se réjouir de votre bonheur!

Jalouse de la fille de sa fille

Il peut arriver que des mères immatures préfèrent que leurs filles leur rendent visite seules, sans leurs enfants. Elles veulent l'exclusivité. Certaines semblent même jalouses de l'amour que leur fille porte à sa propre fille. Les mères abusives en veulent à leur petite-fille de leur avoir pris leur fille.

Il y a, en pareil cas, un problème de rang généalogique: la mère est jalouse de l'amour de sa fille pour sa petite-fille, puisqu'elle considère sa fille comme sa mère.

Défaut de transmission, grand-mère défaillante ou dévoreuse de petites filles nubiles

Une mère à sa fille: «Tu me prends pour une grand-mère pour me demander de garder ta fille?» Pas de réponse.

Les mères qui ont toujours été trop prises «ailleurs», qui ne se sont pas senties investies de devoirs par rapport à leur fille, ne se considèrent pas davantage comme redevables à l'égard de leurs petites-filles lorsqu'elles deviennent grands-mères.

Aussi, quand leur fille leur envoie sa propre fille, comme pour leur enjoindre de prendre enfin la place qu'elles n'ont jamais voulu prendre, avec ce message sous-jacent: «Maintenant que je suis devenue une femme et une mère, à toi de devenir une grand-mère!», cette injonction peut donner lieu à des comportements inadaptés qui ne tourneront pas à l'avantage de la petite-fille, envoyée à la grand-mère comme au sacrifice.

L'enfant entend alors un chapelet de remarques acerbes, du genre: «Ta mère ne te dit pas que tu es trop grosse?» ou «Ce que tu peux être douillette!» ou «Arrête de me coller!» ou encore «J'ai autre chose à faire que de passer mon temps à garder des enfants!» Une manière parfois cruelle de refuser de céder la place à la génération suivante.

C'est ainsi que certaines femmes, s'exonérant de leur rôle de grand-mère, ne font qu'une bouchée de leurs petites-filles lorsqu'on les leur envoie – surtout lorsque ces dernières approchent de l'adolescence. Pour ces femmes plus femmes que mères, c'est comme un implacable gong qui sonne, annonciateur de vieillesse, puis de mort.

Comment ces mères qui sont restées elles-mêmes des enfants et ont mis leur fille en position de mère (à leur égard) pourraient-elles accueillir leur petite-fille ?

C'est pourquoi on assiste parfois aux efforts désespérés et démesurés de certaines jeunes mères pour parer à l'incurie de la grand-mère. Elles jouent les deux rôles à la fois, la maman et la « grand-mère gâteau », surtout si elles-mêmes ont eu une grand-mère gâteau, une « grand-mère crêpes ». Elles se sentent tellement (à tort) coupables de ne pas pouvoir offrir cela à leur fille – cette petite-fille « sans crêpes » – lorsque leur vie professionnelle est trop exigeante et que mamie n'est pas là pour prendre le relais.

« Cette capacité à bien tenir sa place, c'est-à-dire de la céder à temps est aussi ce qui se transmet de génération en génération, entre mères et filles – ou ne se transmet pas » écrivent Caroline Eliacheff et Nathalie Heinich[49].

Pour la petite-fille, il est grave de ne pas être reconnue par sa grand-mère. Cette interruption de la transmission peut la fragiliser. On l'a vu, une mère a besoin, pour être mère, de se référer à sa propre mère dans son rapport à l'enfant – sauf si elle a fait sur elle un travail suffisant.

La petite-fille peut aussi être privée de grand-mère parce que sa mère et sa grand-mère sont en plein « ravage ». Quand la mère est ravagée par la grand-mère, il y a inévitablement des répercussions sur la fille.

Mère liquidatrice : la différence qui pèse lourd

« Tu ne me ressembles pas ! Tu es trop maigre ! »

Pour éviter de culpabiliser à cause de la relation difficile qu'elle entretient avec sa fille, une mère dit : « Ma fille a des problèmes parce qu'elle est trop maigre. » C'est sa façon de marquer la différence. Ainsi, sa fille ne lui ressemble pas, elle n'est pas pulpeuse comme elle (en excès de poids, peut-être). C'est comme si tous les problèmes de sa fille découlaient d'une mauvaise gestion de son

49. Caroline Eliacheff et Nathalie Heinich, *Mères-filles, une relation à trois*, *op. cit.*, p. 312.

poids. C'est encore, et toujours, la fameuse rivalité qui persiste, ce rejet de la différence de la fille. Ah, cette minceur tant haïe! «Miroir, mon beau miroir, ma fille est plus mince que moi... mais, tu vois, elle ne va pas bien!» Surtout, ne jamais dire à cette maman qu'on a fait un pet de travers, elle s'en empare et vous liquide!

Des mères, des filles et de leurs poids! Scoubidou bidou wouah...

Sujet grave (du mot latin *gravis*: lourd) s'il en est.

En effet, il n'y a rien de plus facile, pour attaquer le narcissisme de l'autre, que cette histoire de poids. «Tu es trop maigre!», «Tu es trop grosse!» C'est la chose qu'on voit, qu'on peut reprocher au premier coup d'œil. Les reproches qui consistent à dire: «Tu manges trop!» ou «Tu ne manges pas assez!» ne relèvent pas du même registre: ils sont comportementaux. Je dirais que c'est moins... grave.

Nouvelle attaque: La mère: «Tu es maigre!» La fille: «J'ai le temps. Je grossirai à la ménopause!»

Le regard de la mère devient noir. Elle prend ça pour elle. Or, elle a soixante ans. Mais elle y voit la désignation de sa vieillesse, et le fait que sa fille ne l'est pas, vieille, puisqu'elle n'est pas ménopausée.

Ça viendra, maman, ça viendra, rassure-toi!

Coup de sang: je ne supporte pas qu'on s'attaque aux petites filles par le biais des rondeurs enfantines! «Elle est trop lourde!» me disait une maman au sujet de sa fille de huit ans, devant elle. Un an plus tard, l'enfant s'est allongée. J'ai trouvé que c'était la mère qui, cette fois, était... lourde.

Mère chantage

Il y a des mères qui marchent au chantage affectif, qui jouent sur les sentiments et sur les peurs de leur fille. Elles sont prêtes à tout pour que leur fille ne leur échappe pas, tant elles sont dépendantes d'elle. Ce sont des mères qui ne sont pas séparées. Certaines n'hésitent pas à menacer: «Si tu quittes la région, tu ne me verras plus, je ne mettrai jamais les pieds là-bas!» Il faut comprendre: «Ne pars pas, car je ne te verrai plus aussi souvent!» La relation est abusive parce que la mère est dépendante.

Une fille a obéi à l'injonction. Que lui est-il arrivé? «Je suis restée près de maman, comme elle le souhaitait, je ne suis pas allée travailler ailleurs, mais notre relation s'est tellement dégradée que cela fait presque un an que je ne la vois plus!»

Pour ces mères non séparées, il existe des manières moins violentes d'attacher leur fille. Elles le font par le truchement de messages apparemment positifs mais en réalité restrictifs. «Tu sais, tu es ce que nous avons de plus cher au monde!» murmure cette mère, sur le pas de la porte, à sa fille qui s'apprête à monter dans sa voiture.

Voilà qui devrait faire plaisir, une parole si tendre venant d'une mère, et englobant le père, alors qu'on n'est plus une enfant. On sent pourtant que cela sonne faux et qu'au minimum cela aliène, surtout si on n'obtient pas l'attention que, en tant qu'être cher, on est en droit d'attendre! On perçoit alors la contradiction entre les mots et la réalité. La mère veut attacher sa fille gratuitement, elle veut la faire régresser, l'utiliser, la garder pour elle.

Malédiction, malveillance, mère maléfice, mère noire

Il y a des mères qui ne se privent pas de faire à leur fille des prédictions qui, le plus souvent, ne sont pas à l'eau de rose!

Une mère rabâche les difficultés éprouvées par sa fille qui vit à l'étranger: «Je savais bien que si tu partais, si tu t'éloignais, tu encourrais de grands malheurs. Tu vois, tu dois rester près de moi!»

Il y a là une sorte de malédiction proférée par la mère lorsque la fille a osé «prendre ses distances». «Si tu t'en vas, tu souffriras mille maux!» menace la mère. Cela peut sembler extrêmement naïf, mais c'est un message adressé à l'inconscient de la fille, un message très efficace et très insidieux pour la garder dans le lien maternel. La mère peut aussi croire à ce qu'elle avance.

Ces prédicatrices projettent souvent leur propre nature ou leur propre itinéraire de vie sur leur fille, pour s'en dédouaner, s'en soulager. L'une d'elles affirme, par exemple: «Aucun homme ne te supportera!», ce qui est un comble venant d'une mère qui a l'art de provoquer des disputes apocalyptiques avec son époux! Une autre décrète: «Tu auras des problèmes, ma fille!» Elle sait de quoi elle parle: elle les a cultivés dans son propre jardin, ces problèmes!

C'est l'histoire de la patate chaude qu'on refile !

En tout cas, une chose est sûre: la fille commence sa vie de femme en traînant un lourd boulet. « Ce sont des messages de sorcières qui maintiennent les enfants pour le restant de leur vie sous leur emprise magique et inquiétante », dit Claude Steiner dans *Des scénarios et des hommes*[50]. Tant que ce type de mère contrôle tout, tout va bien. Si ce n'est pas le cas, elle menace sa fille de malédiction.

Pis encore, il y a des mères « mauvais sort », des mères « sortilège ». Cela existe. Des mères qui « font des travaux » sur leur fille ou le conjoint de leur fille, comme sur d'autres, du reste. Ce sont des sorcières dangereuses... Qu'on y croie ou pas n'est pas la question. Elles font des rites de protection ou d'envoûtement, s'adonnent à la magie noire, du moins elles essaient. Ces pratiques sont à l'opposé de l'imagerie traditionnelle de la maman protectrice, mais cela existe. C'est une histoire d'emprise. De ces mères-là, il faut se tenir très loin. Car si on ne croit pas qu'elles détiennent un pouvoir quelconque, celui des mots, lui, est bien réel, comme l'est celui de l'imaginaire et de la communication d'inconscient à inconscient.

Ces mères exercent souvent une certaine fascination sur leur entourage. En ce sens, la femme comme la mère sont extrêmement séduisantes et extrêmement dangereuses.

« C'est à cause de toi ! »

Les filles font aussi office de poubelles. Elles sont si proches de leur mère qu'elles sont le réceptacle, le déversoir tout désigné de la charge négative, dépréciative et dépressive de cette femme, et des pulsions agressives qu'elle n'a pas pu étouffer afin d'épargner son enfant et de remplir sa mission de protection. Lorsqu'elles sont âgées, ces mères déversent de plus belle leurs aigreurs, leurs regrets, leurs jérémiades. Certaines rendent alors leur fille responsable de tout, de l'avachissement de leurs seins, de leurs rides, d'être restées avec un homme qu'elles n'aimaient pas, de n'avoir pas pu refaire leur vie, d'avoir cessé de travailler, etc.

50. Claude Steiner, *Des scénarios et des hommes*, Paris, Desclée de Brouwer, 1995.

Toutes ces paroles sont bien souvent déversées, sans conscience de leur retentissement, sur l'enfant devenue femme et confidente au même titre qu'une étrangère sans lien de sang. Sans se rendre compte que c'est à leur fille que ces mères s'adressent, une fille qui a grandi, certes, mais qui reste leur fille, leur toute petite fille. Alors, elles rabâchent l'histoire de leur vie ratée.

Moi, j'étais faite pour être musicienne. Je n'ai épousé ton père que pour faire mentir le mien qui disait que je resterais vieille fille. Alors, lui ou un autre… Mais moi je voulais m'amuser, tu comprends ? Pas me marier, ni avoir d'enfant.

Que pouvons-nous y faire ? Nous ne sommes pas venues au monde pour entendre ça !

Ces mères rendent l'enfant responsable de leurs (mauvais) choix, et de n'avoir pas pris leur vie en main. Il leur faut une excuse, une justification, quitte à être de mauvaise foi. Mauvaise foi ? Pas si sûr. Car, bien souvent, elles croient *au mythe de l'entrave de l'enfant,* parce que cette croyance les protège de ce que pourrait représenter la prise de conscience amère de leur passivité. Cette croyance les protège de la dure réalité du quotidien et leur fournit une alternative virtuelle qui fait fonction de bulle d'air et leur permet de rêver de l'autre vie qu'elles auraient pu avoir.

Une femme qui vit un calvaire à soigner son mari grabataire dit à sa fille : « J'avais quitté ton père, mais je suis revenue pour que tu puisses faire de bonnes études. » La fille rectifie. « En réalité, elle n'a jamais trouvé un homme qui la prenne en charge comme papa. C'est pour ça qu'elle est revenue ! »

La vérité si je mens !

Cette mère confond la dimension mère et la dimension femme. La femme est dans une relation conjugale lorsqu'elle dit qu'elle est restée avec son mari pour sa fille. C'est plus une escroquerie qu'une confusion !

Une autre mère répète à l'envi : « Une mère ne peut pas refaire sa vie quand elle a des enfants. » C'est ainsi qu'elle justifie de ne pas avoir convolé à nouveau après son divorce. « Ce n'est pas faute d'avoir essayé, nous précise sa fille. En réalité, elle n'a jamais fait les bons choix, elle se trompait toujours de cheval en ne fréquentant que des hommes mariés. »

Ne tombons pas dans le piège de la culpabilisation et de l'autoculpabilisation.

Pour cela, reconnaissons à nos mères le droit à l'autodétermination, indépendamment de nous. Reconnaissons-leur leur caractère d'être indépendant et séparé. Et ne souhaitons qu'une chose en retour : la réciproque !

Oui, mais « si parents et enfants ne sont pas dépendants, ils ne sont pas non plus indépendants. Ils sont interdépendants, comme tout ce qui vit[51]. »

Mère la déroute

Quand maman dit une chose et son contraire… Il y a de quoi être particulièrement déroutée ! On est en proie à un mélange de sentiments tellement contradictoires qu'on ne sait plus, d'une minute à l'autre, sur quel pied danser.

C'est la mère qui exprime sa fierté pour les études brillantes de sa fille, et qui, dans le même temps, crie sur tous les toits que ça lui coûte beaucoup trop cher. C'est la mère (peut-être la même !) qui déclare à sa fille, avec beaucoup de sincérité dans la voix : « Tout ce que tu fais est une consolation pour moi ! » et, quelques jours plus tard, lui affirme qu'elle est une ingrate et ne lui est pas reconnaissante de tous les sacrifices qu'elle a faits pour elle.

Laquelle est votre maman ? Laquelle est la bonne ?

C'est vraiment un amour-haine, un amour-rivalité, une grande ambivalence, au sens où cette mère se réjouit, d'une part, des succès de sa fille, et en est jalouse, d'autre part. Chaque bonne nouvelle concernant sa fille est à la fois bien accueillie et très mal accueillie comme si c'était une offense. Ce qui met l'enfant dans une position ligotée, où elle ne peut se positionner une fois pour toute vis-à-vis

51. Flavia Accorsi, *Maman zen*, *op. cit.*, p. 53.

de sa génitrice. « Vous voyez, c'est bien ce que je disais, c'est une mère jalouse, sinon elle serait contente pour moi. C'est donc sans culpabilité que je peux m'éloigner d'elle ! »

Pas si simple !

Cette fluctuation des sentiments peut influencer la fille dans sa conduite amoureuse, ou vis-à-vis de ses propres enfants. Il peut y avoir des contradictions objectives, des formulations opposées, et d'autres, sous-jacentes, moins apparentes, que l'on sent intuitivement, bref, des messages cachés. Ce qui est dit est différent de ce qui est suggéré.

Mère mante religieuse ou le père empêché

En face d'une mère abusive, il y a souvent un père absent, défaillant, voire complice. Il n'est pas de taille à jouer le rôle de celui qui tempère. Ou bien il n'aspire qu'à sa tranquillité.

Dans ces cas extrêmes, le père ne fait pas écran. Il est dépassé. Il est annihilé. Il est étouffé entre les bras de la mère mante religieuse. Parfois même… il est tué. La fille est alors livrée à sa mère, sans secours, sans recours.

Cette fille de cinquante ans raconte :

Mon père tombait en syncope pour ne pas la battre. Il gisait par terre comme un arbre abattu, en position fœtale, ramassé sur lui-même, dans la position primale du retour aux origines, redevenu un enfant abandonné et démuni. Elle était arrivée au bout de lui, elle l'avait poussée au bout du désespoir. Cet homme voulait retourner dans le ventre de sa mère, il voulait mourir, il pleurait doucement. Lorsque je me plaignais de maman auprès de lui, quand elle avait une fois de plus provoqué un cataclysme dans la famille et dans ma vie, il me disait : « Que veux-tu, ta mère est comme ça, je ne peux pas la pendre à un clou dans le garage ! » Mais il la laissait me clouer au mur, moi, me crucifier. Il disait qu'il avait parfois l'impression d'être pris dans l'œil d'une tornade. Une fois sorti, il faisait l'inventaire des dégâts et se demandait, incrédule, ce qui avait bien pu se passer pour que la colonne monte aussi haut, cette colonne qui avait tout soufflé sur son passage. Cette tornade avait pour nom maman. Il se laissait entraîner dans sa folie, son irrationalité, ses inventions, ses délires, sans opposer de résistance. Sa capacité de jugement et son affection pour sa fille étaient totalement oblitérées.

Quand c'est la fille qui est empêchée: «Je crois que tu as un problème...» ou le monde à l'envers

Quand la fille veut venir en aide à son père, il arrive que cela se retourne contre elle. C'est elle, dans ce cas, qui est impuissante.

Une histoire l'illustre: la fille a décidé de se vider le cœur. Ce désir a surgi en voyant son père à l'hôpital. Il y est entré avec un début de pneumonie et une attaque de Parkinson, et il a aussi un lumbago. Elle a compris que son état s'était aggravé, qu'il ne serait plus jamais comme avant, qu'il faut absolument que sa mère cesse de le harceler, de le faire travailler dur, et qu'ils doivent se rapprocher de la ville parce que bientôt il ne pourra plus conduire. Elle a dit tout cela à sa mère, mais elle s'est heurtée à un mur. La mère a tout minimisé, elle a ironisé. Alors, la fille a perdu son sang-froid. Les émotions ont fait irruption, avec des relents du passé. Et ce qu'elle aurait dû dire calmement, elle l'a dit en pleurant. La mère l'a regardée avec une surprise mêlée de jubilation, puis elle a déclaré cyniquement: «Je crois que tu as un problème.»

Le père a fini par sortir de l'hôpital. La mère lui a rapporté les paroles de sa fille et son inquiétude, mais elle l'a fait de telle manière que tout s'est retourné contre elle: «Ta fille te voit comme fini!» lui a-t-elle dit. Résultat: le père et la fille se sont disputés. Pendant six mois, ils ne se sont ni vus ni téléphoné. C'est à cette époque que la fille a compris qu'elle ne pouvait plus rien pour son père, dont la santé s'est détériorée très rapidement.

C'est souvent le père qui part le premier...

Mère veuve noire

Les apparences pourraient laisser croire que les mères extrêmes sont plus fortes seules qu'à deux, et qu'elles peuvent dès lors agir à leur guise, les pères n'étant plus là pour les limiter en faisant office de garde-fou. Pas sûr. Il faut résister à la solitude. Certaines d'entre elles finissent par mettre de l'eau dans leur vin. Si elles ne changent pas véritablement, elles savent que leur fille n'a plus besoin d'elles, mais qu'en revanche elles pourraient difficilement s'en passer, de leur fille, ne serait-ce que pour le «qu'en dira-t-on». Montrer au monde que leur fille s'occupe d'elles, qu'elles sont des mères entourées est beaucoup plus gratifiant que l'inverse.

Outre-tombe

Dans certains cas, le père demeure, même après son décès, un enjeu entre la mère et la fille. La rivalité persiste.

La jalousie aussi peut se perpétuer – ce sentiment double et ambivalent qui faire dire à la mère : « Je veux que tu m'aimes plus que ton père. » La mère s'interpose pour que la fille n'accorde pas trop d'importance au souvenir du père, pour qu'elle ne lui rende pas un trop grand culte après son décès. Elle vole la fille au père.

Ou bien : « Il est à moi, c'était mon mari. » Là, elle veut garder le père pour elle toute seule. Le père, au-delà de la mort, continue à être un instrument de ravage, qui sépare la mère et la fille. « Je te remercie d'avoir déposé des fleurs sur la tombe de ton père », lui dira-t-elle, sur un ton détaché.

Voilà ce qui arrive lorsqu'on mélange la relation maritale et la relation parentale.

Une fille témoigne :

Il n'y en avait que pour elle et pour son chagrin, elle n'avait aucun égard pour le mien, et quand on sait comment elle a traité son mari toute sa vie… Alors, je lui ai lancé à la figure cette phrase cruelle : « Oui, d'accord, mais un mari on peut en avoir plusieurs dans une vie, mais un père on n'en a qu'un !

Sa mère lui en a voulu… à mort.

Une lutte sans pitié !

On m'a rapporté le cas de cette mère qui faisait parler les vivants comme les morts. Du vivant de son mari, elle se substituait volontiers à lui et parlait en son nom. « *On* va se fâcher avec ton père ! » disait-elle à sa fille, le mêlant ainsi à une dispute quand elle le jugeait nécessaire, sans que le pauvre homme s'en doutât.

Quand il n'a plus été là, elle a continué : « Cette nuit, ton père m'a rendu visite en rêve. Eh bien, il est très en colère contre toi ! »

Quand on sait que le rêve est souvent le reflet du psychisme du rêveur…

Le deuil récupéré par la fille

Comme dans *Électre*, de Sophocle, tragédie antique dans laquelle la reine Clytemnestre assassine son mari Agamemnon avec la complicité de son amant Égisthe, la fille peut estimer - complexe d'Œdipe aidant - que son deuil est plus légitime que celui de sa mère. Surtout si elle considère que cette dernière a mal aimé son père, et pis, qu'elle l'a tué. Point n'est besoin, comme chez Sophocle, qu'il s'agisse d'un assassinat réel; il suffit que la fille soit persuadée que sa mère a commis un meurtre psychique sur son père, par manque d'amour, par mauvais traitements, par harcèlement, ou par tout ce qu'elle peut s'imaginer. À la limite, peu importe que cela soit vrai, il s'agit ici pour la fille d'écouler sa haine à l'encontre de sa mère, puisque la mère est désignée objectivement comme mauvaise épouse et mauvaise mère. Dans l'*Électre* de Giraudoux (1938)[52], la fille s'écrie: «Je suis la veuve de mon père, à défaut d'autres.»

La légitimité de la plainte des mères ou ces filles «impossibles»

Pour rétablir l'équilibre, il faudrait parler de ces filles extrêmes, caractérielles, qu'on ne peut satisfaire, et qui ont leur interprétation des faits et gestes de leur mère.

Mais il n'y a pas de fumée sans feu. C'est le milieu qui a fait d'elles ce qu'elles sont. Elles ne sont pas nées telles. Elles ont réagi en fonction de leur structure psychique à un environnement. Donc, retour à la case départ, retour à maman.

Que la mère ait été abusive ou défaillante, nous avons vu tout ce qui pouvait passer ou ne pas passer au travers de la relation, et être générateur de manques, de violence et de souffrance chez la fille. Nous avons fait l'inventaire des avatars de cette relation, lorsque le rendez-vous d'amour a été manqué et que la mère n'a pas pu, pour des raisons qui lui appartiennent et touchent bien souvent à son

52. Jean Giraudoux, *Électre,* Paris, Grasset, 1937; Le Livre de Poche, 2004, p. 42.

histoire personnelle, mettre un bémol à ses pulsions agressives ou à son égocentrisme pour protéger sa fille et prendre soin d'elle.

Nous avons vu quelle lutte sans pitié se livrent parfois mères et filles.

Tout cela ne peut être sans incidence sur la nature des filles.

CHAPITRE 4

Ces filles de mères impossibles... Comment sont-elles ? Comment s'en sortent-elles ?

COMMENT SONT CES FILLES QUI ONT ÉTÉ PASSÉES AU HACHOIR ?

Avoir été, et être encore, la fille d'une mère impossible ne peut avoir que des conséquences sur le développement et sur le psychisme. Comment ne pas reconnaître que cela a, au moins en partie, déterminé ce que nous sommes aujourd'hui, même si nous n'adhérons pas aux lois d'un déterminisme absolu qui pourrait jouer en la matière, même si nous ne croyons pas à la fatalité. Il y a des traits de caractère, des comportements communs, des similitudes qui peuvent nous fédérer, nous, les filles de mères impossibles, à un moment donné de notre vie et mettre en évidence une sorte de sororité, génératrice de complicité.

Nous allons donc voir comment sont ces filles, et comment le fait d'avoir eu une mère difficile a des répercussions considérables sur leur rapport aux autres et sur le choix d'un partenaire amoureux, sur leur attitude vis-à-vis de leurs amis, de leurs enfants, de leur(s) fille(s), et sur leur parcours professionnel. Il ne leur est pas toujours facile de prendre conscience du fait que les difficultés qu'elles éprouvent dans différents domaines prennent leur source dans leur mauvaise relation avec leur mère. Il leur faut souvent du temps pour comprendre.

Nous verrons aussi comment ces filles s'en sortent, ce qui les a aidées à vivre et même à survivre.

Ces filles ont été passées au hachoir ou ont été élevées à la hache. Elles le disent toutes : elles ont peur, elles sont inquiètes, elles sont perfectionnistes, elles ont le désir de bien faire. Mais encore ?

Une difficulté à se lier

C'est comme si le lien qui les unit à l'autre, notamment dans le rapport amoureux, devait être retissé chaque jour. Tout est fonction de cette incrédulité, de cette difficulté à s'imaginer aimée qui provoque toutes les maladresses possibles en amour et semble forcer la fille à répéter des attitudes et des tentatives inconscientes de sabotage de la relation.

C'est cette sensation constante d'être seule au monde – qui peut à certains égards être motrice puisque être adulte c'est effectivement être seul – qui est une forme de désespérance et incite la fille à se priver de l'appui et du soutien de personnes de bonne volonté. C'est le: «Personne ne m'aime» qui finit toujours par se vérifier, «la solitude étant le visage empêché de l'amour», selon Christiane Singer.

Seule, quoi qu'il arrive…

Voilà ce que les filles peuvent ressentir:

Je suis une fille perdue et sans repère, une petite fille perdue dans les bois, qui erre. C'est comme si je marchais seule sur un chemin avec parfois la sensation d'accumuler les bêtises, les erreurs, avec toujours cette immense sensation de solitude que rien ne peut altérer.

Pas gai, ce constat? Lucidité des filles.

Triste mais courageuse

Paul Valéry disait: «Les regards les plus profonds de l'Homme sont pour le vide.» En sortant cette phrase de son contexte, on pourrait dire que les filles sans mère sont un peu ainsi: elles ont un attrait irrésistible pour le précipice, et des regards profonds pour les trous vertigineux.

Il arrive fréquemment que ces filles qui n'ont rien reçu s'attachent à des hommes qui ne donnent rien, comme leur mère. Elles ne sont pas accoutumées à recevoir, ni à réclamer ni à se positionner en tant qu'être méritant d'obtenir, naturellement et sans contrepartie, de l'amour et de l'aide. Leur mère n'a pas aidé à la constitution de leur narcissisme primaire, de leur amour-propre. Elles pallient l'incurie de l'autre, comme elles ont pallié l'incurie de leur mère, premier objet d'amour.

Si l'autre est défaillant, elles composent, habituées qu'elles sont depuis toujours à « tout porter », à se débrouiller seules. Cela ne leur fait pas peur. Elles sont courageuses, ce sont de bons petits soldats, jusqu'au jour où... après avoir ployé trop longtemps sous le faix, elles s'effondrent. On comprend que les qualités de cœur et de générosité du partenaire ne sont pas les motifs qui ont présidé à son choix. Pourtant, elles ont plus que d'autres la volonté de sauvegarder une relation qui n'est pas bonne pour elles, quitte à en payer le prix en termes de santé, d'épanouissement et d'équilibre personnels. Elles tombent facilement dans la dépendance affective. On assiste à ce paradoxe : elles sont à la fois moteur dans le couple, c'est-à-dire qu'elles portent le poids de la relation, et dépendantes. C'est la peur d'être abandonnées qui les pousse à revenir à un partenaire inadéquat, si ce n'est destructeur. C'est cette peur qui empêche tout raisonnement rationnel.

L'expression « quitte à en payer le prix » prend ici tout son sens. Il y a, pour ces filles, un prix à payer pour la vie, cette vie dont leur mère n'a pas été le « relais ».

Puiser la force en soi

Quand on n'a pas eu de mère digne de ce nom, il faut, chaque jour, puiser la force en soi. Chaque jour, il faut remettre l'ouvrage sur le métier, rassembler ses forces et ses énergies pour se tenir debout. Rien n'est jamais gagné d'avance. Rien n'est jamais acquis, ni définitif. Chaque jour est une épreuve, dont on doit se sortir victorieuse.

Habituée « à la dure »

Certaines filles se sont habituées aux difficultés et les recherchent. Si elles ne vont pas vers le plus simple et vers la source de bonheur la plus sûre, c'est parce qu'elles n'y sont pas habituées.

Une de ces filles témoigne :

J'ai eu cette idée qu'il fallait souffrir, et que cela devait être dur pour obtenir un résultat. La difficulté m'exaltait, elle s'inscrivait dans mon corps, il me semblait que c'était le seul moyen, pour moi, d'obtenir un résultat.

Ces filles sont habituées à ce que la vie soit un combat. Comme c'était un combat avec maman…

Manque de mère, manque d'amarre

Une fille témoigne de ce qu'elle ressent: «Je ne suis pas amarrée, ma nature est indécise. Je suis comme une terre glaise trop délavée sur laquelle rien ne prend, sur laquelle rien ne laisse son empreinte.» Sans racine, flottante, absente, parce qu'elle se cherche, sa mère ne lui ayant pas transmis d'identité… Elle n'arrive pas à prendre sa place dans la vie, ni professionnellement ni sentimentalement. Elle ne «prend» pas davantage un homme, elle préfère un homme pris, ou bien elle ne sait pas le prendre. Ou encore, elle ne le prend pas vraiment, «pour de vrai». Si bien qu'elle le cède facilement à «l'autre», l'autre femme dans l'identité de qui elle se fond, car elle est sans valeur à ses propres yeux. Elle n'existe pas, elle est une éternelle «seconde». C'est comme si ce type de fille se disait: «Qui aurait vraiment besoin de moi ? Un homme ? Qui suis-je pour qu'un homme ait besoin de moi? Un jour, il m'abandonnera.» Alors, elle adopte le comportement «adapté» pour être abandonnée. Elle sabote la relation en la chargeant de négativité, de répression imaginaire. Comme elle n'y croit pas, elle ne la nourrit pas. Elle la laisse se déliter, se dissoudre, comme elle.

Cette attitude rejoint, au-delà de l'estime de soi, la question de l'identité, de l'épaisseur de l'être, de l'ancrage. La fille est un être sans consistance, non ancré dans le réel, un être béant. Sa mère n'a pas posé de regard structurant sur elle, un regard qui lui aurait donné une épaisseur. Cette difficulté de s'incarner, de prendre corps, relève bien d'une difficulté avec la mère. La mère porte l'enfant dans son corps, alors que le père «l'élève».

Pour pouvoir «s'élever», il faut d'abord s'incarner dans ce monde. Lorsque la fille est désincarnée, elle a ce problème de présence dans l'instant, de conscience de l'instant présent. Le quotidien est alors souvent mal vécu, comme une répétition; il est subi et les échappées sont fréquentes. Ces échappées sont de véritables pertes de conscience, des pertes de vie, des fuites. «Dans ces moments-là, m'a dit une fille, je sens bien que je perds la vie».

Mais, fait plus grave, ces échappées peuvent aussi être génératrices d'accidents et de traumatismes physiques. Pour moi, ce sont des conduites suicidaires inconscientes qui mettent la vie de leur auteur en danger.

On a vu que cette « absence » de la fille pouvait trouver son origine dans le fait que le ravage indispensable entre mère et fille (qui n'est rien d'autre que la dé-fusion) ne soit pas survenu parce que la fille ne s'est pas séparée de sa mère et n'a pas pris sa place. Là, on touche à la limite subtile entre la mère qui n'a pas eu de regard structurant, qui a été défaillante ou absente et n'a pas donné d'identité à sa fille, et la mère trop bonne, fusionnelle. On voit que les dégâts sont identiques sur la fille.

C'est pourquoi une mère fusionnelle, bien qu'étant en apparence une très bonne mère, est, en définitive, une mère défaillante. C'est ce que décrit Marguerite Duras dans *Le ravissement de Lol V. Stein*[53], où l'héroïne, une jeune fille, Lol, n'arrive pas à éprouver de la souffrance lorsqu'elle voit son fiancé quitter un bal avec une autre femme, plus âgée qu'elle, qui fait figure maternelle et devant laquelle elle s'incline. Elle ne tente même pas de le retenir. Elle ne pleure même pas. Elle est incapable d'exprimer de la colère, d'entrer en rivalité. Le cri est en suspens. C'est comme une anesthésie. Elle n'existe pas, elle est « ravie » à elle-même. C'est en ce sens qu'il y a ravissement. Elle n'a pas manqué de mère, mais elle n'a jamais pu l'affronter.

Marie-Magdeleine Lessana écrit :

Le ravissement est l'état d'oubli de soi devant l'image d'une autre femme plus mûre, désirée par un homme qui, par son éblouissement, capte tout ce qu'il y a de désir et maintient la fille inaccomplie en position d'enfant[54].

Ces filles-là n'ont pas de place, ce sont des filles « entre deux », entre deux hommes, deux métiers, deux pays, des filles qui ne trouvent pas leur place et qui, dès qu'elles essaient de se fixer, ne tardent pas à étouffer.

53. Marguerite Duras, *Le ravissement de Lol V. Stein*, Paris, Gallimard, 1964.
54. Marie-Magdeleine Lessana, *Entre mère et fille : un ravage*, *op. cit.*, p. 292.

Fille qui court, femme qui court

«Je veux que tu m'aimes, dis-moi que tu m'aimes!» Il y a des petites filles qui courent ainsi sans fin après l'amour de leur mère. Il est probable que, plus tard dans la vie, elles courront aussi sans fin après l'amour d'un homme impossible à aimer. Quête sans fin, éternelle jeunesse des filles sans structures, qui recommencent sans cesse et n'ont pas peur de cela.

Une fille court toute sa vie, tout le temps, pour plaire à sa mère par tous les moyens. Elle lui écrit cette petite missive, qu'elle ne lui enverra jamais:

J'ai tout fait pour te plaire, maman! Je t'ai offert des fleurs, je t'ai acheté toute ta collection d'Agatha Christie. Quand tu étais sur ton canapé et que tu avais un roman dans les mains, il me semblait que, quelque part, je m'incrustais dans ces bras qui m'ont repoussée. Et le temps du livre, j'y étais. J'ai tout absorbé de toi, je me suis imprégnée de toi, pour qu'un jour, peut-être, tu puisses me dire: «Mais tu me ressembles quand même un peu, tu as pris tous mes défauts…!» J'ai aussi rivalisé avec toi, je me suis battue sur ton terrain. Comme toi, j'ai voulu avoir des plantes qui poussent bien, et je n'ai pas voulu cuisiner. Comme toi, j'ai fait du bénévolat… jusqu'au jour où, vidée de toute envie de vivre, je me suis posé la question: pourquoi est-ce que je fais tout ça? Et j'ai entendu la petite fille au plus profond de moi lancer ce cri sourd: «Mais c'est pour te plaire, maman, encore et encore, encore et toujours!

Or on ne vit pas uniquement pour plaire à sa mère et aux autres. Il faut apprendre à vivre pour soi. Mais cette fille n'a pas eu le temps d'apprendre, parce que, pour s'autoriser à vivre pour soi, il faut d'abord avoir senti l'acceptation de sa mère.

Pas habituée à recevoir

Une jolie trentenaire me confie:

Étonnamment, le fait d'avoir eu une mère dure ne m'a pas rendue dure comme elle vis-à-vis des autres. Mais je suis dure vis-à-vis de moi-même, qui suis habituée à ne rien demander et à ne rien recevoir.

Quand une fille n'a pas reçu la sollicitude normale qu'un enfant est en droit d'attendre d'une mère, les attentions d'autrui, des amis, peuvent la mettre mal à l'aise. Elle se sent alors éternellement redevable.

La jeune femme ajoute:

Je suis gênée ou bien touchée de façon excessive, en plein cœur... Oui, cela me cause une grande émotion, ces attentions que les autres ont pour moi, ces autres qui se font du souci pour moi, qui sont attentifs à ce qui m'arrive, surtout les petites choses, ce qui prouve leur délicatesse. Ce qu'on appelle les délicates attentions. C'est peut-être parce que j'en ai manqué. L'attention de ma mère était intrusive, pas gratuite. Parfois, c'est une amie ou une collègue de travail qui pense à un de mes petits problèmes d'intendance: «Alors, tu as pu régler cela? Comment vas-tu procéder pour ce projet? Tu veux que je te prête ce livre?» Ce sont des attentions de mère. Avant qu'une vague de reconnaissance gigantesque, démesurée ne me submerge, ne m'engloutisse comme un raz-de-marée, il me vient immédiatement l'envie de leur crier: «Mais non, c'est trop! Non, il ne faut pas! (et le pire c'est que je le pense!). Je ne mérite pas toute cette gentillesse, je ne mérite pas d'être l'objet de vos préoccupations, ni d'occuper vos esprits. Ne me facilitez pas la vie, ne me favorisez pas!»

Quand on n'a pas eu une maman généreuse, on n'est pas habituée à prendre. Vous rentreriez dans un trou de souris plutôt que l'on ne s'occupe de vous. Vous fuiriez, presque. S'il est trop tard, alors vous vous croyez obligée de rendre les attentions au centuple, et le plus vite possible, quitte à friser le ridicule. Peut-être même vous sentez-vous mauvaise, égocentrique, devant tous ces gens généreux dont vous êtes le centre d'attention. Vous vous demandez pourquoi vous êtes le creuset de leur sollicitude.

C'est bien de sollicitude dont vous avez manqué, de sollicitude maternelle. Il vous semble que vous n'arriverez jamais à penser à ces personnes généreuses comme elles pensent à vous. C'est comme si vous n'aviez pas leurs réflexes. C'est parce que vous n'y avez pas été habituée. Vous vous dites que c'est peut-être parce que vous n'avez pas assez reçu. Vous n'avez pas grandi dans un milieu où il était coutumier de demander, de donner et de recevoir en toute simplicité. Vous craignez même d'être une égoïste, tellement vous vous sentez en manque et tellement vous êtes absorbée par le besoin de combler ce manque. D'un côté, vous ne savez pas recevoir sereinement sans friser la syncope et, de l'autre, il vous semble que vous ne savez pas quoi faire pour être attentive aux autres, comme eux le sont pour vous. Enfin… vous êtes un peu injuste avec vous-même, reconnaissez-le, il y a beaucoup de choses que vous sentez: ce que sentent les enfants blessés, les choses graves, plutôt que les détails. Oui, vous avez une forme aiguë d'attention aux autres, vous percevez leur détresse.

Quand une fille a été mise en position d'être la mère de sa mère, c'est elle qui est habituée à donner.

Une autre fille nous explique:

Avec maman, c'est la même chose. C'est parce que je n'ai pas l'habitude de recevoir. Cela va même au-delà, j'en ai honte, même. J'ai l'impression que c'est moi qui dois la gâter, l'honorer, lui adoucir l'existence. Elle a tellement inscrit en moi l'image de la pauvre petite femme-enfant qui « s'est sacrifiée pour ses gosses », qui n'a pas assez reçu et qui réclame, et qui veut ça, et puis ça… Maman, elle sait demander et recevoir.

Une fille témoigne:

Je n'ai pas souvenir d'avoir reçu de cadeaux de ma mère. C'était une chose à laquelle elle ne pensait pas. C'était une femme-enfant, c'était à elle qu'il fallait faire des cadeaux. Aucun de mes anniversaires n'a été fêté, comme celui de mes amies, dont on fêtait les dix-huit ou les vingt ans. Les hommes non plus ne m'ont pas offert de cadeaux. Je ne dois pas être une femme qui donne envie de cela, ou qui encourage à le faire! (Rires.) J'ai l'habitude de m'acheter ce dont j'ai besoin, c'est comme ça depuis ma première paye. C'est ainsi! Celui qui osera un jour m'offrir un bijou, je jure que je l'épouse!

Ce qui caractérise ces filles, c'est qu'elles portent souvent une grande attention aux autres, tout en les fuyant de peur de recevoir l'amour qu'elles suscitent.

Le mal de mère et le mal d'homme se rejoignent

Être en manque de mère, voilà un mal persistant, même pour celles qui en ont une. Ces filles sont en manque de la mère qu'elles n'ont pas.

Ce mal est identifié: c'est l'«abandonnisme» aigu.

À propos des hommes... Dès qu'ils sont en manque, on craint qu'ils nous étouffent, comme maman. Dès qu'ils s'éloignent, on craint qu'ils ne nous abandonnent, comme maman.

Une fille qui ne se fait pas d'illusions explique: «Du chagrin, les hommes m'en feront toujours, à cause de cette blessure d'abandon archaïque que je traîne. Ils n'y sont pour rien, les pauvres!»

Vous savez bien que c'est de mère que vous manquez lorsque vous êtes déçue de votre mec qui ne comprend pas que vous avez besoin de lui depuis quelques jours, parce que vous traversez une période de stress et d'angoisse, que vous avez besoin de vous blottir contre lui, comme une petite fille, d'être rassurée, consolée, protégée, calmée comme une enfant, parce qu'il ne l'a pas compris et qu'il a préféré faire... du bricolage, comme si le bricolage ne pouvait pas attendre, alors que vous, vous souffrez mille morts! Pourtant, vous n'avez même pas l'idée de le lui reprocher, car il n'y a aucune raison objective de le faire. Vous regrettez seulement qu'il ne soit pas là pour apaiser le manque que vous éprouvez. Mais c'est trop lourd pour lui, de toute façon, et vous êtes la première, vous le chantre de l'indépendance, ou plutôt de la non-dépendance, à vous fustiger: «Sotte que tu es, comment veux-tu t'en sortir, si tu es faible comme ça? Les hommes vont tous se sauver en courant, si tu continues!» Oui, mais voilà, la réalité est là, vous êtes démunie et chagrine, comme une enfant. Oui, c'est cela, vous êtes sous l'emprise de votre chagrin de cinq heures du soir, mais en plus fort. Ce chagrin sans raison, vous l'avez identifié, c'est un chagrin d'enfant, surgi de nulle part, arrivé par surprise, un vieux chagrin qui vous renvoie dans le miroir l'image de la sœur jumelle de Cosette. Eh bien, là, ces jours-ci, c'est pareil. Mais c'est beaucoup plus fort. Ce manque abyssal, c'est un manque de maman. Ça finit toujours par passer, et ça finit toujours par revenir. Il suffit d'être patiente!

Quand on a eu une mère plus femme que mère, il arrive qu'on cherche le contraire, comme un antidote: un homme maternel, ou un rentier qui a tout le loisir d'être près de vous, puisqu'il n'a pas besoin de travailler!

Le manque de mère pousse à rechercher un homme qui soit un soutien inconditionnel, un homme qui en lui réunit les deux : le père et la mère. Un homme rassurant, qu'on retrouve en rentrant chez soi le soir, un homme tranquille, casanier, dont on se dit : « C'est celui qui me fait le moins peur » ou « J'ai l'impression qu'il ne me fera pas de mal ». Un homme à l'abri duquel on se met (pour continuer à grandir ?) comme sous un chêne séculaire, sachant que, comme une vraie mère (en principe), il ne nous fera pas de mal. Hélas, ce n'est pas suffisant pour faire une vie ensemble. On ne grandit pas sans courir de risques. On ne trouve pas la tranquillité en fuyant la vie, en restant avec maman !

C'est le besoin de fusion, de protection, qui nous amène à une relation qui outrepasse le sexe et exige la cohabitation.

Une fille de trente-quatre ans raconte :

Quand mon mari m'a quittée, ce qui me manquait le plus, c'était sa poitrine contre laquelle je ne pouvais plus me blottir comme un bébé, son ventre confortable sur lequel je ne pouvais plus m'endormir comme sur celui de maman. C'était un manque vital, très physique.

Un besoin archaïque. Quand l'amour dure deux ans…

Cette jeune femme nous explique son cas :

Avec les hommes, c'est comme ça, je fusionne deux ans, et ensuite je dé-fusionne. Autant dire que j'en cherche un autre pour re-fusionner ! Le seul moyen de ne pas dé-fusionner, c'est de ne pas fusionner, donc de ne pas vivre ensemble et de ne pas se voir trop souvent. Lorsqu'on commence à se voir souvent, à passer des semaines ensemble, on prend l'habitude de la présence de l'autre, cette présence qui comble le vide, et on est très vite sur le chemin de l'accoutumance, de la dépendance, de la fusion… et de la dé-fusion.

Certaines femmes autonomes affectivement et financièrement ne cherchent pas à partager leur habitat. Le capital sur lequel elles veillent le plus jalousement, c'est leur liberté. En voici un témoignage : « Le plus beau cadeau que m'a fait l'homme que j'aime, c'est de ne pas m'avoir pris en charge, d'avoir refusé la fusion… Sa liberté, c'est la mienne. »

Entre deux hommes, il est fréquent que la fille retourne chez maman. L'une d'entre elles témoigne: «Quand un homme s'éloigne de moi, je manque d'une maman, donc je retourne vers maman. Mais il n'y a plus de maman, de toute façon, il ne faut plus qu'il y ait de maman.»

Le manque ou l'échec de la séparation

La conséquence, c'est l'éternelle dépendance affective. Si nous ne l'expérimentons pas avec notre mère, nous rechercherons cette première symbiose toute notre vie. Mais même si nous la trouvons, nous ne lui ferons pas confiance, car nous n'aurons pas acquis la confiance fondamentale.

> **Il faut que la mère ait été «suffisamment bonne» pour que la fille, en grandissant, puisse acquérir ce sentiment de confiance fondamentale…**

La théorie de la confiance fondamentale a été développée par Erik H. Erikson[55]. En l'absence de ce sentiment de confiance, nous resterons anxieusement attachée à notre mère, même si nous avons quitté la maison.

Examinons l'histoire de cette mère et de cette fille: la mère est en manque de sa fille, sévèrement, depuis que cette dernière est partie au loin pour commencer sa carrière professionnelle. Le départ a été brutal. Ni l'une ni l'autre n'y était préparée. Au début, la jeune femme semble mieux s'en sortir que sa mère, car elle est prise dans le tourbillon des plaisirs propres à la jeunesse. Puis, à la faveur de déceptions sentimentales, elle revient vers sa mère, qui devient sa confidente. La fille sent bien que le nœud fatal se situe là, que c'est son talon d'Achille, qu'elle n'a pas acquis son autonomie affective. Ce que sa mère ne lui a pas donné quand elle était enfant est ce qui la jette aujourd'hui dans ses bras et la fait rentrer en dépendance. C'est ce qui empêche la séparation. (Le cas de figure inverse est vrai: ce qu'une mère trop protectrice a donné à sa fille empêche cette dernière de se séparer et prolonge la fusion.)

55. Erik H. Erikson, *Enfance et société,* Neuchatel, Delachaux et Niesté, 1982.

Lorsqu'elle se sent seule dans ce qu'elle vit comme un exil familial, la fille téléphone à sa mère. C'est-à-dire chaque jour! Le père finit par mettre le holà: «Tu vas tuer ta mère!» En opposant cette fin de non-recevoir à sa fille, le père joue son rôle de protecteur de la mère, de sa femme contre sa fille, mais aussi son rôle de séparateur. Il faut que la fille se débrouille, elle est adulte, il faut qu'elle grandisse. Comme elle est dans le manque affectif, la fille trouve rapidement un homme (ou plutôt, elle tombe dessus!) qui remplace maman. Elle l'épouse. Du coup, elle n'est plus seule, même si cet homme ne lui correspond pas vraiment, ce dont elle se rend compte assez vite après le mariage. En revanche, il ressemble tellement à maman! Le hasard fait si bien les choses! Enfin, pas exactement. Ce n'est pas le hasard qui est intervenu, mais une communication infaillible d'inconscient à inconscient. Le mari est le partenaire adéquat.

Quand il y a un problème avec une mère trop bonne (fusion trop intense) ou une mère pas assez bonne (absence de protection), tout le poids de cette problématique pèse sur la relation avec le compagnon (de la fille). Mais la demande qui pèse sur le mari est trop forte; le trou qu'il doit combler est sans fond. La blessure est ouverte à vie, le manque ne peut être comblé, l'insécurité affective est définitive.

Tous aux abris ou la quête de protection

La fille qui quitte le giron de sa mère a peur de la liberté: «Et maintenant, qu'est-ce que je vais faire de toute cette liberté?» se demande-t-elle.

Lorsque la fille n'a pas eu de mère structurante, la quête de protection, alliée à la peur de rester seule, la précipite dans un mariage irréfléchi, parce qu'elle a peur de ne pas trouver un autre prétendant, ou la conduit à choisir un métier «sécurisant» dans la fonction publique, par exemple au lieu de prendre le risque d'une carrière indépendante – qui pourtant l'attire davantage. Le besoin de sécurité l'emporte sur la notion de plaisir. La mère n'a pas inculqué à sa fille l'importance de cette notion, surtout lorsque sa priorité était de se débarrasser de la charge que sa fille représentait, ou qu'elle-même n'a pas choisi sa voie professionnelle. «J'ai choisi un métier où j'appartiens à un grand corps, auquel je suis toujours rattachée comme par un cordon ombilical. C'est la seule considération qui a présidé à mon choix», me dit cette fille.

Profil bas contre mère violente, la menace ou le spectre de l'abandon

Quand on a une mère éruptive et insatisfaite, il vaut mieux éviter de manifester ou d'avoir trop de désirs, sous peine de créer une nouvelle remise en cause de la paix si fragile du quotidien. Boris Cyrulnik écrit: «Sa gentillesse envers sa mère n'était qu'une stratégie de désarmement de l'adversaire[56].»

Être soi-même avec une mère difficile est dangereux. Au moindre faux pas, on risque gros. Plane alors la menace de l'abandon, ou bien celle de l'exil, qui peut prendre les traits de la pension, une arme de dissuasion très efficace. «J'ai bien souvent failli passer à la trappe et finir au pensionnat. Il a fallu que je garde le profil bas, sinon mon compte était bon», raconte une fille de soixante-dix ans.

Marie Cardinal exprime joliment cette nécessité: «Dissimuler le plus possible ses plumes de faucon, se transformer en colombe, pour préserver sa vraie nature. [...] Je croyais être une soumise et j'étais une révoltée[57].» Marie l'était de naissance parce que sa mère avait tout fait pour ne pas la mettre au monde.

Quand la mère est violente ou instable émotionnellement, l'enfant adopte des comportements de soumission adaptés, qui ne le sont plus à l'âge adulte face au mari, par exemple, et qui, en ce sens, sont considérés comme névrotiques.

L'univers de la petite fille s'écroulait chaque soir sous les secousses des disputes sismiques initiées par sa maman. Pourtant, chaque matin, cet univers se recréait grâce au miracle de l'inconscience et de l'insouciance tenaces de cette enfant, dont on massacrait pourtant la jeune vie. Chaque matin était recréé, dans l'espoir que le jour serait calme et pacifique.

Être aimée, en a déduit la petite fille, c'est ne rien dire, c'est être sage, c'est mettre un point d'honneur à se lever chaque matin

56. Boris Cyrulnik, *Parler d'amour au bord du gouffre, op. cit.*, p. 83.
57. Marie Cardinal, *Les mots pour le dire, op. cit.*, p. 192.

avec le sourire, quoi qu'il arrive. Ainsi, la petite fille silencieuse ne se fait remarquer que par sa sagesse et son excellence. C'est sa violence à elle, trop sage, trop studieuse aussi. Les institutrices le savent, qui mettent les enfants dissipés à côté d'elle pour qu'ils se calment. Elles ne se trompent pas. La petite fille arrive bien à calmer sa maman !

La petite fille n'en ressent pas moins, par moments, de la colère. Elle est parfois en proie à une grande agitation. Il arrive qu'elle se mette dans tous ses états, qu'elle pleure, qu'elle se torde les poignets. Dans ces instants-là, elle a l'impression que tout peut lui arriver. Elle pourrait tomber, se faire mal, se faire écraser par une voiture. Elle se trouve tellement bizarre, dans ces moments-là, elle est prête à fuguer, à rompre avec tout, qu'elle se sent coupable. Plus tard, lorsqu'elle se trouvera prise dans des situations où elle n'est pas respectée, cette même agitation s'emparera d'elle et, au lieu d'écouter son corps et ses signaux, elle se dira : « C'est moi qui suis anormale ! » et sa culpabilité s'amplifiera encore face à la violence de ces manifestations physiques qui la fragilisent et lui font courir des risques d'accident. Elle prendra l'habitude d'assimiler ce trouble à un danger. Elle en déduira qu'il faut s'efforcer de rester impassible, qu'il faut supporter et s'abstenir, contenir sa colère, et si possible sourire, à la place, tenter de donner le change, car cet état est trop destructeur et elle risquerait de le payer cher. Ainsi, elle apprend à ne pas tenir compte de ses émotions, à mettre le couvercle sur ce qui risque de déborder. Elle apprend à être lisse et, pour cela, elle est appréciée de tous. Il n'empêche, par moments, les tremblements reviennent, comme une vieille résurgence de sa colère contenue, si bien tapie et calée dans son corps. Plus tard, néanmoins, elle va comprendre, au fil d'une thérapie, qu'elle doit apprendre, maintenant qu'elle est adulte, à se positionner, à dire non, à ne plus supporter des situations insupportables. Son corps lui parle depuis longtemps, et c'est cela qu'il demande.

Quand il était dangereux de s'exprimer lorsqu'on était enfant, s'autoriser à dire son ressenti devient le travail de toute une vie

Une fille explique:

M'autoriser à dire mon ressenti m'a pris des années, des décennies, plus de quarante ans pour ne plus craindre (parfois) de déplaire. Merci maman!

Une autre fille raconte:

Maman me disait de me taire et me soufflait aussi ce qu'il fallait que je dise. Quand ce n'était pas les secrets de famille qu'il fallait passer sous silence, c'étaient ses messages à elle qu'il fallait faire passer aux autres, et cela quel que soit mon avis sur le sujet.

Ces filles se font difficilement respecter, elles estiment que les autres valent mieux qu'elles. Elles ont peur qu'on les rejette si elles s'expriment. Cette peur du rejet est inscrite dans leurs cellules.

Le goût du secret ou les silences de protection

La petite fille a souvent construit une muraille de secrets pour se protéger. Se pose plus largement le problème de la confiance vis-à-vis d'autrui. Comme vous avez eu une mère insuffisamment bonne, et peu fiable, vous prenez l'habitude de cacher vos pensées, et même de ne rien dire du tout de peur qu'on ne vous considère avec malveillance. Vous n'osez pas révéler ce qui vous habite, vous dissimulez vos affects, vos difficultés, vos bonheurs, aussi. Vous craignez qu'on ne vous jalouse, ou qu'on s'empare de vos émotions pour s'en moquer, comme maman. Alors, vous minimisez, vous vous isolez et vous vous privez des conseils, du soutien et de la compassion de personnes empathiques. Vous vous privez de partage. En outre, confrontée à cette gageure inhumaine qui consiste à tout garder pour vous – gageure impossible à tenir dans la durée –, c'est à votre mère que vous finissez par vous confier. Et arrive ce qui devait arriver... Vous êtes poignardée. Votre petite maman d'amour vous a enfoncé un couteau entre les omoplates.

Parfois méfiantes

Quand, sortant de la bouche de votre mère, vous avez entendu des messages positifs et d'autres franchement empoisonnés ou à double sens, vous vous demandez si, dans les messages que votre conjoint ou une amie vous envoie, il n'y a pas un peu de poison aussi. Vous faites souvent des erreurs d'interprétation. Vous cherchez la petite bête qui n'existe pas, et vous polluez votre relation à l'autre. Une mère dont on se méfie nous rend méfiant envers notre entourage.

On l'a vu, la mère participe à la construction de notre sentiment de confiance. Il est très important pour la fille de faire confiance aux choses, aux gens et à la vie en général. Mais lorsqu'on n'a pas une mère suffisamment « bonne », on intègre très tôt une stratégie de protection destructrice qui consiste à ne pas attendre grand-chose du monde et de ceux qui nous entourent.

Il semble que cette confiance fondamentale s'acquière – ou ne s'acquière pas – dès les débuts de la vie. C'est pourquoi il est si important de comprendre ce qui s'est passé dans notre « première » enfance, notre toute petite enfance.

Il n'est jamais temps pour la révolte, ou alors il faut attendre bien plus tard pour l'exprimer

« On ne pouvait être deux révoltés à la maison, mon frère et moi, sans compter ma mère. Ç'aurait été une mutinerie ! Je lui ai laissé le privilège, à lui… », se rappelle cette fille.

Impossible de s'opposer, pour se poser, avec une mère difficile. Impossible de réclamer son dû d'enfant. Dans ce cas, mieux vaut remettre la crise d'adolescence aux calendes grecques, sous peine d'être liquidée. Maman a des méthodes qui s'apparentent aux méthodes mafieuses : dès qu'on ne fait pas ce qu'elle veut, elle liquide, elle élimine !

Mais la révolte, remise à plus tard, est là qui gronde. Les filles de ces mères sont toujours en guerre.

Front de mère, front de guerre ou la révoltée

Les filles qui ont manqué de mère sont toujours sur le front, toujours en guerre, toujours en révolte. Elles sont tristes du rejet qu'elles ont pu vivre, mais elles sont en colère contre cette injustice.

Il leur arrive aussi d'être dures, coupantes, implacables. Habituées à se battre seules, elles sont endurcies, même si leur nature est d'être douces. Elles ont dû se dresser haut pour se tenir droites, se fortifier pour construire des remparts. Elles ne sont pas «abandonnées»: elles ne se sentent pas suffisamment en confiance pour s'abandonner. Mais elles l'ont déjà été, et elles craignent de l'être encore. Leur dureté, c'est de l'amour déçu. Ce que leur cerveau a enregistré lorsqu'elles étaient petites, c'est que l'adulte, la mère, n'est pas un soutien, et qu'il faut s'endurcir et lutter seule pour sa survie, face à une mère absente, et parfois même face à une mère ennemie.

Fortes et fragiles à la fois

Sans une (bonne) maman, les filles sont mal construites. Cela fait, parfois, des filles qui ont des besoins de protection hors normes lorsqu'elles sont grandes. Quelquefois, les mailles craquent. Elles tiennent debout, mais elles sont à la merci d'un rien, qui peut les abattre. Elles semblent parfois si grandes dans leur tête... et si petites dans leur affect.

Une jeune femme confie:

Ce n'est ni Platon, ni Heidegger, ni les raisonnements les plus ardus qui me mettront K.O., mais en un rien de temps, la moindre émotion peut m'envoyer au plancher. J'ai souvent l'impression que je pourrais mourir d'un rien ! C'est cette vulnérabilité qui me colle à la peau !

Bien qu'actives, ces filles peuvent connaître des chutes et des rechutes. Elles sont attirées par le vide, les précipices qu'elles ont connus. Elles ont parfois tendance à se mettre en danger. On trouve chez elles un mélange de conduites constructrices et de conduites à risque, destructrices.

Une fille de cinquante et un an, d'un dynamisme admirable, témoigne:

Ma mère m'a mise à la porte quand j'avais quatorze ans, sans rien, sans se soucier où j'allais dormir, où j'allais manger. Si je suis encore là, c'est parce que j'ai appris à me battre pour survivre. J'aurais pu mal tourner. Aujourd'hui, certaines personnes m'envient cette énergie que je déploie, et ma réussite. Mais elles ne voient pas mes souffrances, elles voient mes hauts mais pas mes bas, la face cachée de ma réussite... Ces moments où je redescends en Enfer, parce que c'est ce que je connais bien... ces moments où je flirte à nouveau avec le caniveau...

Vivantes

Certaines femmes sont fortes et étonnamment vivantes. Ce sont des innovatrices, des bouffeuses de vie, des survivantes qui ont réappris à respirer après une longue apnée, car vivre sans amour, c'est comme vivre sans oxygène. Ce sont des naufragées, des orphelines de mères vivantes qui n'ont jamais considéré qu'elles avaient une fille, ou qui ne l'ont jamais «vue».

Néanmoins, ces filles si vivantes et si fortes restent des petites filles. Elles sont des proies faciles parce qu'elles cherchent sans fin, et parce qu'elles croient sans cesse trouver ce qui leur a manqué. Comme un enfant, elles continuent à avancer, «petites mains ouvertes», en quête d'un amour inconditionnel. Or, elles ont affaire à des étrangers qui, s'ils repèrent le manque, peuvent en abuser et les manipuler. Elles éprouvent des difficultés à se positionner en tant qu'adulte, et même en affaires, car elles demeurent dans le registre de l'affect. Leur *enfant intérieur* a besoin de beaucoup de protection, que l'adulte en elles ne sait pas toujours lui apporter. Elles n'ont pas en elles une mère intérieure, une mère psychique suffisamment forte qui puisse prendre le relais.

C'est pourquoi l'aide de toutes les mères de remplacement en chair et en os leur est du plus grand secours. Inconsciemment, elles sont toujours en quête d'un être qui les prenne sous son aile, et provoquent souvent chez les autres ce réflexe de protection, qu'elles aient vingt ou quarante ans.

Une bonne nouvelle, cependant: parce qu'elles sont restées des petites filles, certaines d'entre elles paraissent éternellement jeunes. Parce qu'elles ne sont «pas finies», toujours en attente de quelque chose, toujours en attente de grandir, de s'autoriser à vivre une vie d'adulte, elles conservent un air juvénile et plein de charme.

Fatiguées

Elles peuvent aussi éprouver la sensation d'avoir épuisé toutes leurs forces dans ce combat avec la mère. Très jeunes encore, elles sont déjà fatiguées. En réalité, elles sont robustes. Elles surmontent les drames avec facilité, elles en ont l'habitude. Mais si elles sont très dégourdies dans les situations extrêmes, elles s'accommodent difficilement du quotidien. Elles peuvent avoir peur, éprouver de l'angoisse, être déstabilisées pour un rien…

Elles peuvent aussi être fatiguées psychologiquement parce qu'elles ne croient pas suffisamment en elles-mêmes. Une thérapie peut faire jaillir leur énergie en leur montrant que, paradoxalement, la défaillance de leur mère les a empêchées de se séparer d'elle. La même thérapie peut induire cette séparation.

Sans repère et sans discernement : ces filles qui aiment trop

En amour, certaines femmes n'ont pas de repère. Elles savent gérer les crises, mais au quotidien elles manquent de balises. Elles donnent trop. Elles choisissent des relations où elles sont rejetées, où elles doivent « bosser », si vous me passez l'expression, pour obtenir la moindre gratification, comme c'était le cas avec maman.

Pis encore, le rejet les stimule à donner plus. Leur partenaire peut être très tenté d'en abuser et, dans ce cadre-là, il y a peu de chances qu'il leur garde son estime.

Elles sont capables d'adopter des comportements en contradiction avec l'estime de soi, et d'étouffer leur partenaire. Ces femmes ont souvent peur de déranger, de peser sur autrui, parce qu'elles n'ont jamais été acceptées par leur mère pour ce qu'elles sont, de manière inconditionnelle. Elles ont coutume de se faire toutes petites. Le message qu'elles ont enregistré, c'est : « L'amour, il faut le gagner. » Et cela se paie au prix fort. Alors, elles ont besoin de la difficulté d'aimer, de la difficulté à être aimée. Elles choisissent souvent un homme non disponible, ou indifférent, ou violent, ou pervers. Cela s'appelle la répétition compulsive. On peut en sortir, faites-moi confiance !

De Charybde en Scylla
(ou de mère difficile en compagnon difficile)

> **La vie nous sert plusieurs fois de suite le même plat, jusqu'à ce que, lasse de le consommer, nous le repoussions de la main et le renvoyions à la cuisine.**

Certaines femmes peuvent avoir des besoins et des désirs différents. Elles préfèrent qu'une relation satisfasse leurs désirs, plutôt que leurs besoins. Ces femmes, bien souvent, ne savent pas énoncer leurs attentes à leur partenaire parce que leurs besoins d'enfant n'ont jamais été pris en compte. Sont-elles seulement capables d'identifier leurs besoins, ces femmes ? Ces filles qui n'ont rien reçu, qui n'ont pas l'habitude de recevoir, de penser à elles, se contentent souvent de peu.

Elles font parfois des allers-retours entre leur mère et leur mari, tous aussi décevants. Elles cherchent en vain le soutien de l'un, puis de l'autre. Citons à nouveau le cas de Camille Claudel, où partout il y a traîtrise, que ce soit de la part de la mère ou de Rodin.

Ne pouvant haïr la mère, la fille préfère parfois, on l'a vu, haïr l'homme, le partenaire. Elle fait de lui le bouc émissaire.

> **Fille de mère perverse cherche homme pervers pour achever l'histoire, pour faire une fin…**

Si possible, un dénouement heureux. Mais ce n'est pas gagné !

Il y a souvent un lien de cause à effet entre le fait qu'une fille s'attache à un homme manipulateur et sa relation à sa mère. Car il existe un principe en psychologie humaine qui veut que l'on retourne toujours là où l'on a été heureux, ou là où l'on a été malheureux. Voilà pourquoi on est tenté de revenir vers une personnalité qui ressemble à celle de maman.

Si la mère était insuffisamment bonne ou manipulatrice, vous imaginez l'incidence sur le choix du partenaire amoureux !

Il y a alors deux possibilités.

Comment j'ai épousé maman

La première possibilité, c'est de chercher à revivre le scénario vécu avec elle, mais cette fois de manière plus réussie, en choisissant bien sûr le « bon » partenaire, c'est-à-dire le « mauvais », copie conforme de maman.

Une fille explique les mobiles inconscients qui ont présidé au choix de son conjoint: « Mon frère disait: "Jamais une épouse comme maman!" Moi, il me fallait faire une fin à cette histoire. J'ai trouvé le mari idéal, celui qui me permet de faire une fin, un homme comme maman. »

Dans *Le choix amoureux*, Patrick Traube décrit cet « acharnement parfois désespéré à revivre (mais à revivre autrement) un mode de relation passé, insatisfaisant mais familier. [Pour] surmonter cette souffrance et la dépasser enfin[58]. »

Il peut sembler normal que l'on tolère chez un partenaire les travers qui étaient ceux de la mère, ce premier objet d'amour censé nous aimer lui aussi.

« Moi, j'ai vécu à côté de cette mère comme j'ai vécu à côté de ce mari, supportant leur caractère insupportable, supportant l'insupportable », nous dit une fille.

Ou comment j'ai épousé le même homme que maman a épousé…

L'autre possibilité consiste à reproduire le choix de la mère en s'adjoignant un partenaire mal adapté, comme la mère l'a fait elle-même. Un partenaire du même type, violent, jaloux, comme l'était le père, le beau-père, ou l'amant. La fille subit alors les mêmes violences conjugales que sa mère. Nous pouvons être très attirée par un homme qui a une blessure qui va réagir en miroir avec la nôtre, blessure que nous allons essayer de guérir. En vain, bien sûr. Nous reproduisons ainsi un rapport difficile.

N.B.: Malgré tout, il existe une autre voie. C'est ce que j'appelle le « Jamais de la vie ma mère! ». La fille, qui agit toujours en fonction de sa mère, agit cette fois en réaction en élisant un partenaire

58. Patrick Traube, *Le choix amoureux*, Nivelles, CCV2, Édition et Labor, 2000, p. 74 et 76.

aux antipodes de celle-ci. Cette attitude semble plus fréquente chez les fils qui ne veulent pas endurer les mêmes maux que leur père ou qui ont eu eux-mêmes à souffrir d'une mère difficile. Ainsi, un homme dont la mère était fantasque et instable émotionnellement se met en quête d'une partenaire calme et fiable.

Lucidité XXXL : soir de spleen, nuit blanche, mère noire… ou quand la mère remonte

Pour une fille, prendre conscience (parfois tardivement) que maman n'est pas sans lien avec ses « ratages » professionnels, et que certaines de ses potentialités ont été détruites, représente toujours une épreuve.

C'est ce que nous révèle cette fille qui en a pris conscience à trente-cinq ans :

Cet échec, cette déroute, ce gâchis, j'ai compris que c'était à cause d'elle. Ce fut une brutale prise de conscience. Une nuit blanche pour une idée noire. Quelle étrange lucidité nocturne ! L'esprit est alors concentré, vif, aiguisé, et soudain surgit l'évidence. J'ai compris pourquoi j'en étais arrivée là, pourquoi je n'avais pas fait le métier que j'aurais voulu faire, alors que rien ne s'y opposait, que cela aurait pu être facile, sans obstacle qui ne soit surmontable. Pourquoi, alors que j'avais tout mis en œuvre pour aboutir, mon angoisse m'a-t-elle fait naufrager alors que j'étais presque au port ? Cette angoisse dont l'autre nom est l'insécurité. Vu de l'extérieur, on aurait pu croire que j'avais tout réussi, que j'avais choisi ma vie. En fait, il s'agissait d'un simulacre de réussite. Moi seule savais, depuis toujours, et j'en souffrais. Cette nuit-là, j'ai découvert l'origine de ce gâchis sur écran géant et cela m'a terrassée. Du coup, je ne pouvais plus jouer avec maman le jeu de l'hypocrisie affectueuse.

Doux amers pour filles sans mères

À défaut de mère, il faut des amers, de doux amers.

« C'est quoi, maman, un amer ? » me demande ma fille, qui voit ce mot griffonné sur mon bureau. « Je vais essayer de t'expliquer… J'espère que tu n'en auras pas trop besoin, mais j'en serai un pour toi. Un "amer", nous dit le dictionnaire, est « un objet fixe et visible servant de point de repère sur une côte ».

Il faut de doux repères, de douces balises pour des filles qui ont tant manqué de douceur. Les filles qui n'ont pas eu de mère doivent être, plus que les autres encore, de bonnes mamans pour elles-mêmes. Elles doivent s'entourer de douceur. Elles ont souvent le goût du sucre.

À ce propos, je vous livre un souvenir d'enfance. Ma grand-mère boit son café, seule dans la cuisine. Je l'entends dire: «Que la vie est amère quand on la boit sans sucre!» Dans ma petite tête d'enfant, je ne sais pas si j'ai fait la liaison entre le *t* de «est» et le *a* d'«amère», mais le fait est que cet aphorisme est devenu, pour moi: «La vie est "ta mère" quand on la boit sans sucre!» C'est normal, ma mère était le centre de mon monde, et souvent un sujet de conversation, ou plutôt de soliloque, pour ma grand-mère.

En tout cas, aujourd'hui la mère est parfois amère à boire, et pour la boire, il faut beaucoup de sucre!

Étoffes douces pour filles blessées

Il faut des étoffes douces aux filles qui ont manqué de douceur et d'attention de la part de leur mère.

Paula, elle, faisait toujours un pli avec ses doigts dans tous les tissus, les vêtements, les draps de lit. Cela mettait sa mère en colère: «Arrête!» Mais, pour Paula, c'était comme se faire un «doudou», avec ce qu'elle avait sous la main. Elle a gardé ce goût pour les étoffes chatoyantes et douces au toucher. Elle a besoin d'être jolie, joliment parée pour avoir confiance en elle. Elle essaie de se faire aimer. Elle n'est jamais sûre, jamais rassurée sur son image; elle est en quête d'une perfection qui s'éloigne au fur et à mesure qu'elle s'en approche, tout cela parce que sa maman n'a jamais posé sur elle un regard gratifiant, ne lui a jamais dit qu'elle était jolie. Paula est pourtant une belle femme qui a du succès auprès des hommes, mais cela ne remplacera jamais le regard qui lui a manqué, ce premier regard, ce regard originel. Ce regard que la mère n'a pas accordé, parce qu'elle n'a pas voulu reconnaître ni accepter en sa fille «l'autre», quelqu'un de différent. Elle lui a préféré son fils, avec qui elle voulait recréer, ou plutôt créer le couple qu'elle n'avait pas pu former avec son mari. Quel besoin avait-elle de cette fille, ce cheveu dans la soupe? Comme pour la mère de Françoise, «la petite fille du château», qui se serait contentée de son aînée, cette fille était de trop.

La mère de Françoise, elle, était toujours mal fagotée. Ce n'était certes pas une esthète. Elle appartenait pourtant à une certaine classe. Elle avait porté de très belles robes lorsqu'elle était enfant. Les coffres qui sont dans son grenier en regorgent. Françoise, elle, est un plaisir pour l'œil, toujours à la recherche de belles étoffes, de structures originales, de mariages audacieux. Françoise est aux antipodes de sa mère pingre.

Les filles de ces femmes sont artistes, généreuses, elles aiment le beau. Elles s'insurgent contre l'austérité et la rigueur. Même si cela fait partie de l'univers féminin, elles entretiennent souvent avec l'étoffe un rapport particulier.

Le vêtement, seconde peau… se protéger, se parer, se réparer

Le vêtement, c'est la «seconde peau». Maman nous a fait la première. Se vêtir, se parer, c'est avoir de l'estime pour soi. L'estime de soi, c'est le regard bienveillant et admiratif de la mère. Voilà pourquoi il arrive que les filles qui ont été privées de ce regard ont tendance à multiplier les achats de vêtements de manière compulsive. *Fashion victims.*

Ce besoin de réparation de l'estime de soi, du narcissisme blessé, passe souvent par le besoin de soigner son apparence, son image – au premier chef pour soi-même. Besoin de plaire et de se sentir à son avantage, pour avoir de l'assurance. Cela fait penser à la métamorphose de Cendrillon en princesse. Mais au fond d'elles-mêmes, les princesses restent des Cendrillon, ou le redeviennent à la moindre occasion. Les douze coups de minuit résonnent dès qu'un homme cesse de les aimer. La conscience qu'elles ont de leur valeur, au sens de *valoir* quelque chose, n'est pas inscrite, ancrée en elles une fois pour toutes. Quoi qu'il arrive, ces femmes sont à la merci des événements. C'est pourquoi tous les succès qu'elles pourront remporter n'étancheront jamais leur soif de reconnaissance. Leur estime de soi a constamment besoin d'être restaurée.

Ce sont des filles toujours en travaux.

L'affaire des vêtements, ou maman très, très fâchée quand sa fille est parée

Le vêtement est important. Il ne faut pas laisser la petite fille « aller » mal habillée.

Une fille de quarante-huit ans nous explique :

Ma mère tentait de m'influencer, question habillement des enfants : « Tu sais, il ne faut pas leur acheter trop de vêtements, ils grandissent si vite ! » Il faut dire que ma garde-robe, quand j'étais petite, n'était pas au rang de ses préoccupations. Parfois, j'avais honte. Du coup, j'achète tout le temps de jolis vêtements à ma fille.

Il n'y a pas de fumée sans feu.

Une jeune femme de trente-deux ans nous raconte comment, en raison de son histoire, le vêtement et le désir de se faire belle sont liés aux colères de sa maman :

Je devais avoir huit ou neuf ans. Mon grand frère m'avait amené dans un magasin où, après plusieurs essayages, j'ai jeté mon dévolu sur un joli manteau doublé et une petite robe noire à rayures jaunes. Les tissus étaient doux. Quelle joie ! Je m'admirais dans la glace de la petite boutique de vêtements pour enfants. Ma mère nous attendait à la maison et, a priori, ignorait tout de l'expédition. Quand elle m'a vue habillée comme cela, elle a piqué une de ces crises !… Trois fois la puissance de la bombe atomique sur Hiroshima. J'ai compris plus tard que l'argent des vêtements avait été envoyé directement à mon frère par mon papa, avec pour mission de m'habiller, et que ma mère lui en voulait d'avoir participé ainsi à ce qu'elle considérait comme un détournement de fonds. Elle estimait que cet argent aurait dû lui être remis. Mes parents étaient divorcés. Ma joie, ce jour-là, a tourné court. Depuis, je n'ai jamais pu m'acheter quoi que ce soit sans éprouver ne serait-ce qu'une once (mais le plus souvent une tonne) de culpabilité. Et cette culpabilité a toujours cohabité avec l'envie de laver la honte qui m'a été faite ce jour-là. C'est comme si maman avait dit que je ne méritais pas ces beaux atours, et que tout ce drame était de ma faute. C'est pour cela que j'ai toujours l'impression d'enfreindre la loi et que j'ai le goût du péché dans la bouche quand je fais du shopping. Je cherche toujours l'absolution après, celle d'une amie ou d'un compagnon. Mais il n'y a rien de plus tentant et de plus réparateur, pour mon narcissisme mis à mal il y a tant d'années, que de craquer pour des bouts de tissus que j'oublie souvent au fond de mon armoire, mais dont la présence m'a au moins rassurée un instant. Revanche ou réparation ? Je ne sais pas. »

Besoin d'être vues

Il semble que ces filles soient toujours en quête de ce regard maternel bienveillant qui leur a manqué. Parfois, elles croient le trouver dans les yeux d'un homme, confondant la lueur du désir avec celle de l'amour sans condition d'une mère. Voilà qui peut en faire des proies de choix pour les séducteurs et autres Casanova. Elles ont toujours besoin d'être rassurées sur leur image, toujours besoin d'être remarquées, d'être l'objet d'attentions, ces attentions que maman ne leur a pas données. Ces ex-petites filles veulent à tout prix capter les regards. Elles sont prêtes à tout pour cela. Chez certaines, c'est une véritable dépendance. Il n'est pas sûr, d'ailleurs, qu'elles puissent se contenter du seul regard d'un gentil garçon. Le besoin de reconnaissance, ce besoin fondamental, est exacerbé chez elles. Il leur est insupportable de passer inaperçues. Elles ont horreur de se sentir transparentes, ou pis que cela : invisibles.

Filles autoviolentes

Bien souvent, ces filles sont la proie de toutes les somatisations possibles, qui leur servent à canaliser l'angoisse indicible dont l'origine refoulée est *maman*. Quand on n'a pas eu une mère « suffisamment bonne », on est accro aux anxiolytiques, ou bien c'est une autre dépendance, la dépendance affective, qui s'apparente à une forme d'autodestruction. Quand les maux ont leur mot à dire…

Une fille se souvient :

Ma mère n'est pas venue lorsque j'ai eu mon opération du sein. Mon frère a trouvé ça bizarre. Pourtant, le sein, c'est tout un symbole. Le sein, c'est la maternité. Le problème se situait bien à ce niveau.

Quand les maux nous disent les mots, qu'ils nous expliquent, leur langage est très clair. «Cette année-là, j'étais en conflit très sévère avec ma mère et j'ai éprouvé de très douloureuses tensions mammaires», explique une femme.

Tensions mammaires ou «tensions ma mère»? Au choix!

Les maux ont un sens, au sens littéral du terme.

Une fille témoigne:

Cela ne s'invente pas: j'ai un problème avec ma dure-mère, qui est, selon le dictionnaire médical, la plus superficielle, la plus résistante des trois méninges, c'est-à-dire la membrane qui entoure le cerveau et la moelle épinière. Elle est coincée, et je dois faire de l'ostéopathie crânienne. Et ma mère est une femme très dure et très coincée… Cela fait des mois, voire des années que les médecins me parlent de cette dure-mère, et des années que je me plains de la dureté de ma mère. Mais ce n'est qu'aujourd'hui que j'ai fait la relation. Quand est-ce que je vais décider de « me » décoincer de cette dure-mère?

Parfois, en réponse à la violence maternelle, les somatisations sont elles aussi très violentes.

Voici un autre témoignage:

La violence de ma mère, je l'ai emmagasinée, comme sans doute elle a emmagasiné celle de la sienne. À cet égard, je suis douce et discrète, le contraire de ma mère. Pourtant, cette violence, elle ressort autrement, au travers de ces symptômes violents qui secouent mon corps. Tout ce qu'il produit est violent: crises de sciatique, crises de migraine, crises de panique; elles prennent toujours une ampleur formidable. J'ai parfois le sentiment de frôler la mort, tant c'est puissant et douloureux. Comme s'il me fallait mourir et renaître à chaque fois. Tout est là, qui ressort. Même si cela ne m'appartient pas, je l'ai fait mien.

Cette violence existe parce que cette femme ne peut pas, sans une culpabilité insoutenable, la retourner à l'envoyeur. Parce qu'elle ne veut pas mordre la main qui l'a nourrie. La violence s'est donc retournée contre elle.

Lorsque la personnalité d'une fille l'y prédispose, elle peut se couler dans le moule de la maladie, qui tient tout cela à couvert, et faire dévier sur un organe le poids de l'indicible. Un organe qui joue le rôle de soupape contre un état plus grave, la dépression, ou pis encore.

Cette fille de cinquante ans se remémore :

Je crois que j'ai toujours été malade. Depuis que je suis toute petite, j'ai toujours fait tout comme une malade, j'ai endossé ce rôle, tout m'a toujours été dur, les moindres gestes du quotidien… Les accalmies étaient de courte durée, et délicieuses, mais je vivais toujours dans l'idée que tôt ou tard le ciel allait me tomber sur la tête ! Et, bien sûr, il finissait par me tomber sur la tête, selon le principe incontournable qui veut qu'il vous arrive immanquablement ce que vous craignez le plus ! Et puis un jour j'ai changé ces petits maux contre une véritable pathologie, et c'est elle qui m'a fait avancer dans la recherche des racines du mal, qui m'a obligée à sortir de mon « trou ». J'ai alors entamé une thérapie musclée. Si je n'avais pas été malade, jamais je n'aurais guéri.

Marie Cardinal disait : « Si je n'étais pas devenue folle, je n'en serais jamais sortie[59]. »

La maladie, c'est parfois l'autre nom de la culpabilité. La culpabilité de vivre, d'exister pour celles dont l'existence n'a pas été accueillie sous les meilleurs auspices. Les crises de panique, les peurs, particulièrement la peur de la maladie, représentent en fait la peur de la mort. La peur de la maladie alterne parfois avec la peur de la bonne santé retrouvée après un épisode somatique : on éprouve alors la peur de la vie. C'est comme un chemin d'alternance où se succèdent la nostalgie de la mort parce que la vie fait trop mal et la peur de perdre la vie.

Derrière chaque peur se trouve un désir. Ici, c'est le désir intense de vivre que parfois maman n'a pas su nous transmettre, ou qu'elle a emberlificoté dans des messages contraires. Chaque fois que vous avez peur, dites-vous que c'est votre désir de vivre, que c'est votre Eros qui vous titille, et non pas Thanatos. N'ayez plus peur de votre désir de vivre ! Accueillez

59. Marie Cardinal, *Les mots pour le dire, op. cit.*, p. 278.

vos peurs comme autant de désirs qui ne vous empêcheront pas d'avancer.

Le cas extrême : l'automutilation

Cette autoviolence peut aller très loin. Dans le film *La pianiste*, de Mickael Haneke, qui traite du rapport à la mère, on n'est ni aux portes ni aux confins de la folie, on est en plein cœur de la folie, dans ses méandres et territoires les plus profonds.

Érica, la trentaine bien avancée, est une pianiste très douée. Elle enseigne son art au conservatoire. La scène du début du film est très explicite. La fille cache dans son sac une robe qu'elle a achetée. Sa mère lui reproche de s'être absentée pendant trois heures. Elles se battent. La mère veut savoir combien la robe a coûté : « Tu n'as pas besoin de tous ces colifichets et de ces chiffons à ton âge ! » La fille a acheté une robe semblable à celle que sa mère avait achetée il y a longtemps, comme pour lui être fidèle. Elle essaie de se justifier : « Tu sais, elle aurait duré longtemps, elle est chère, mais indémodable. » Même cet acte interdit a un rapport avec cette mère. Les deux femmes se rabibochent : « On a toujours eu du caractère dans la famille ! » dit la mère, comme si la scène qui venait de se dérouler était anodine, une scène de la vie quotidienne entre deux personnes un peu « sanguines ».

Habituée à recevoir des coups, à avoir mal et à faire mal, totalement privée de douceur, Érica n'a pas pu grandir. Autre situation caricaturale, on a du mal à le croire : elles couchent dans le même lit ! Difficile à soutenir, le désarroi de cette femme incapable d'aimer, qui fait pourtant une déclaration d'amour charnelle, la seule véritable, à sa mère, en plaquant son corps sur le sien, comme elle le ferait sur celui d'un homme, ou comme le petit enfant qui s'allonge sur le ventre de sa mère. Mais voilà, elle l'embrasse sur la bouche, alors qu'elle n'a plus l'âge et que ce comportement est incestueux... La mère, que cela déroute, d'ailleurs, prononce alors sa seule phrase sensée de tout le film : « Tu es folle ? »

Oui, et la faute à qui ? a-t-on envie de lui crier. La scène est d'une rare violence. La fille dit : « J'ai vu les poils de ton sexe ! » et se serre à nouveau contre elle, par besoin d'être rassurée, cherchant ce réconfort qu'elle n'a jamais obtenu de cette mère, et qui l'empêche depuis toujours de poser sa tête sur l'épaule d'un homme. Ce trou sans fond. La mère a donc un sexe, puisqu'elle l'a vu : elle ne peut pas le nier, même si elle nie la sexualité.

Pourtant, immédiatement après, la vieille dame, rompant la prise de conscience qui s'amorçait, reprend le cours de sa névrose, comme si de rien n'était. « Rassemble tes énergies pour demain, ma fille, tu joues, il faut que tu sois bonne. » Que sa fille soit la meilleure, voilà ce qui compte depuis toujours, qu'importe qu'elle soit folle. La mère poursuit ses ambitions et n'existe qu'à travers elle.

Au concert privé du début du film, elle trône fièrement, comme une reine-mère. Quand arrive le concert final, on lui demande : « Vous devez être fière de votre fille ? » Surprise, elle répond : « Pourquoi ? Ce n'est qu'une démonstration : elle remplace une élève. » Là voilà qui se contredit par rapport à la veille, où elle exhortait sa fille à bien jouer. En réalité, cette représentation est importante mais elle minimise l'événement, mère jamais satisfaite, impossible à satisfaire. Elle dit : « Ne touchez pas ma fille ! » Tout est clair : aucun homme ne doit toucher sa fille ; elle les trouve « collants ».

On voit comment la fille qui s'oppose verbalement à sa mère suit, malgré tout, plus ou moins consciemment, ses ordres à la lettre, ne reculant même pas devant la violence. Comme elle le fait en éliminant sa concurrente, une jeune fille qui a beaucoup de talent. « Personne ne doit être meilleur que toi, tu dois y veiller », a dit la mère. Terrifiant. Elle détruit pour obéir à maman.

L'amour d'un de ses jeunes élèves, Walter, ne parvient pas à sauver la pianiste. Lorsqu'il lui dit qu'il est amoureux, qu'il l'aime, elle ne s'oppose pas. Elle lui signifie qu'il recevra des instructions, un protocole : l'amour et la sexualité seront codifiés. La mère fait partie de ses fantasmes sexuels dans la lettre où elle a consigné méticuleusement ses instructions sur le déroulement de leur relation sexuelle. Elle doit être enfermée dans la chambre par le jeune homme. Elle lui fait alors revivre la culpabilité que sa mère lui a fait vivre, l'interdiction du sexe et de la sexualité. La sexualité ne peut être qu'interdite, clandestine, elle n'est pas liée à l'amour. Elle ne s'abandonne pas davantage aux sentiments : « Je ne vais pas laisser les sentiments gouverner mon intelligence », dit-elle.

Le jeune homme va rentrer dans le jeu, mais, malgré cela, Érica restera sans réaction lors de la pénétration. Cette expérience accentue sa folie, la fait basculer définitivement dans la démence. Avec Walter, elle a reproduit la relation maternelle: beaucoup d'humiliations, d'autoritarisme. Il est rejeté, et doit passer par là où elle veut. Puis c'est elle qui s'humilie quand il lui signifie qu'il ne veut plus la voir. Soit elle humilie, soit elle s'humilie. Elle ne connaît que ces deux modes de fonctionnement. Elle finit par lui dire qu'elle l'aime, mais elle ne peut pas s'empêcher de vomir lors de la fellation. «Je suis propre, maintenant», dit-elle après s'être rincé la bouche. Pour elle, le sexe est sale. Il lui répond: «Tu devrais te laver, tu pues, même quand tu ne vomis pas!» C'est cela qu'elle attend, être maltraitée, elle ne connaît que cela. Lui devient à son tour pervers dans ses propos, par contagion, et, lorsqu'il la bat, il résume la situation: «On ne peut pas fouiller dans les gens comme ça, et puis s'en aller!»

Érica a réveillé la part d'ombre de ce jeune homme, si plein de fraîcheur et de fougue, qui lui a avoué sa flamme avec simplicité lors d'un cours de musique. Elle ne sait qu'humilier, comme sa mère qui lui dit, après qu'elle s'est mutilée dans la salle de bain, que le sang qui coule le long de sa jambe est dégoûtant. La mère rejette ainsi les signes de la féminité, comme le sang des règles. Elle humilie aussi ses élèves, constamment. Cela va bien au-delà de la discipline en vigueur au conservatoire. Pourtant, Érica avait fait un effort de séduction envers Walter. Elle avait libéré ses cheveux, s'était maquillée pour lui. À la fin, elle refait son chignon: c'est fini.

Quand Walter apporte du réconfort à la jeune élève que sa mère a érigée au rang de concurrente d'Érica, cette dernière est jalouse. En même temps, on voit que l'élève va jouer très bien parce qu'elle obtient enfin du réconfort, celui que son professeur lui refuse, comme sa propre mère qui, elle aussi, est une mère perverse. Décidément, dans ce film, les mères sont stigmatisées! Cette mère qui dit à Érica: «Vous vous rendez compte! Elle aura une cicatrice! Pour une pianiste! Déjà qu'elle est laide, elle n'a que son talent et tous les sacrifices que j'ai faits.» Là, Érica réplique: «Les sacrifices qu'*elle* a faits. C'est elle qui a fait les sacrifices.» À ce moment-là, elle pense à elle et à sa mère.

Lors de la rencontre avec Walter, Érica a évoqué la folie de Schubert, ce «crépuscule de l'esprit»: cet instant qui précède la folie et dont le malade est conscient. Elle sait qu'elle finira ainsi.

Le crépuscule de l'esprit arrive et c'est Walter qui est à l'origine de cela, il est le révélateur. L'amour n'a pu la sauver, il l'a rendue folle. Jusque-là, elle avait conservé au moins une ligne de conduite professionnelle. À la fin du film, elle est défaillante. Elle quitte sa mère et son art. On ignore ce qu'elle va devenir. Le spectateur est libre d'imaginer la suite.

Ces filles qui n'ont pas eu d'enfance, quelles mères sont-elles?

Ce sont, par exemple, ces mères qui ne veulent rien donner parce qu'elles se disent qu'elles n'ont rien reçu. Elles démontrent ainsi que ce ne sont pas des résilientes. Il est possible qu'à leur tour elles ne reçoivent rien, parce qu'elles n'auront rien donné non plus, ou qu'elles reçoivent malgré tout, de la part de leur fille, des marques de sollicitude parce que cette dernière a accompli, elle, sa résilience et qu'elle est capable de donner à sa propre fille, et à sa mère, ce qu'elle n'a pas reçu. Mais là encore, la priorité doit rester la fille et non la mère.

Néanmoins, la peur les tenaille parfois, une peur lucide, celle de reproduire avec leur fille ce qu'elles ont elles-mêmes vécu. Allons-nous leur transmettre ce boulet noir et piquant ou allons-nous interrompre la série noire? Quand on a en face de soi une mère extrême, on craint parfois de finir par lui ressembler un jour. J'ai si souvent entendu ces mots: «Inconsciemment, je crois que je reproduis avec ma fille la même chose que ce qui se passait entre ma mère et moi. Je m'en rends très bien compte!» Celles qui m'ont parlé ainsi sont plutôt des mères qui reproduisent avec leur fille une relation très fusionnelle, très dépendante. Nous savons qu'il s'agit là aussi d'un extrême, qui peut conduire à l'abus narcissique.

On ne peut pas dire: «Telle mère, telle fille!» sous peine de s'enfermer dans un déterminisme qui nous condamnerait à reproduire à l'infini la relation que l'on aurait eue avec une mère défaillante.

Quand la question nous taraude de savoir ce qu'ont vécu ces mères pour être devenues ce qu'elles sont – peut-être une enfance de Cosette avec une mère Thénardier –, il n'y a qu'à penser à toutes celles qui ont eu des vies à tirer des larmes à Mao Tsé-toung et qui sont des mères extraordinaires. Elles donneraient ce qu'elles n'ont pas et plus encore.

Défaut d'amour reçu ne signifie pas défaut d'amour à donner.

Il n'empêche, une terrible idée effleure certaines d'entre nous, au vu de ce qu'elles vivent avec leurs mères : seraient-elles un jour capables d'opposer à leur fille ce mur auquel elles se heurtent, ce jusqu'au-boutisme dans la haine et le ravage ? Elles s'interrogent lorsque la tête de leur petite fille repose sur leur cœur : auront-elles un jour la cruauté de la laisser dans le désarroi, sans courir vers elle pour mettre un terme à son chagrin ?

Est-ce que je me transforme, moi aussi, en vilaine sorcière, par moments ? La réponse est : « Oui, bien sûr. » Est-ce qu'un jour je pourrais me comporter comme une très, très vilaine sorcière, comme maman ? N'est-ce qu'une question de temps et, peut-être, de circonstance ? Parfois, je serais tentée de dire : je ne sais pas… Alors je préviens mon entourage : « Si un jour je suis comme ça… promettez-moi de me piquer ! »

Si notre mère a souffert d'un problème d'identité et de place, si elle n'a jamais été ni femme, ni fille, ni épouse, ni mère tout au long de sa vie, serait-il possible qu'il y ait une fatalité là-dessous, et risquons-nous, nous, sa fille, d'être frappée par cette même fatalité ? Serons-nous, nous aussi, une âme errante ? Et notre fille le sera-t-elle après nous ? Non, je réponds non, trois fois non. Mais il va falloir se battre pour la faire, cette place.

Il n'y a aucune fatalité à reproduire en boucle les comportements destructeurs, sans quoi l'humanité serait condamnée d'avance. Chaque être est unique.

On en revient à la même question : par quel mystère une mère qui n'a rien reçu donne beaucoup à son enfant, alors qu'une autre femme qui s'est trouvée dans le même cas ne donne rien au sien ?

La plupart des enfants maltraités deviennent de très bons parents. Quelques chiffres à l'appui: les statistiques sont plutôt encourageantes, qui révèlent que 5 % seulement de ces enfants négligés deviennent des parents abusifs. En revanche, la grande majorité des parents abusifs ont été eux-mêmes victimes de mauvais traitements durant l'enfance.

La prise de conscience constitue un point de départ nécessaire pour interrompre le processus de répétition – nécessaire mais insuffisant. «Je blesse parce que je suis blessée comme ma mère», me dit cette fille avec lucidité. Hélas, la lucidité ne suffit pas à guérir les blessures. Il est important d'accéder à son histoire pour ne pas la reproduire avec sa fille et d'y accéder en profondeur.

Une autre fille explique:

J'ai pris conscience que ma mère se vit, se voit comme une petite fille mal aimée. Je sais que cela entravera toujours notre relation. Mais surtout, elle m'a transmis cela. Je me vois aussi comme une petite fille mal aimée. Mais à la différence de ma mère, j'en ai conscience, et chaque fois que je vois apparaître dans le miroir cette petite fille mal aimée, abandonnée, je lui dis: « Viens avec moi, je vais prendre soin de toi, je vais te protéger, ne t'inquiète pas, je t'aime, chasse tes idées noires. » Après avoir prononcé ces paroles, je peux donner à ma fille ce qui lui revient et croire en l'amour de l'homme de ma vie. Mais je fais un effort, je l'avoue, pour croire en continu en l'amour de l'homme de ma vie.

Quand la mère n'a pas réglé son problème avec sa propre mère, cela entrave la relation qu'elle a avec sa fille, surtout si elle n'a pas renoncé à ses attentes de petit enfant, qu'elle est restée bloquée à ce stade.

Il arrive que la fille mette en maux les problèmes relationnels de sa mère avec sa propre mère. C'est parfois le cas de certaines petites filles hyperactives qui sont montrées du doigt parce qu'elles tyrannisent leur mère, mais dont ce comportement anormal cesse dès lors que cette dernière a identifié son propre problème avec sa mère, soit la grand-mère. Il n'y a pas de fumée sans feu, et le comportement d'un enfant a toujours une raison d'être.

Filles non maternées très maternelles

Une fille explique: «Livrée à elle-même, ma mère, non maternée, n'a pas su me materner.» On dit que les mères qui n'ont pas été maternées ne materneront pas leur fille parce qu'elles ne savent pas ce que c'est que de recevoir des soins et des attentions maternelles. Dans certains cas, c'est vrai, mais il n'y a pas de fatalité incontournable. Il y a des mères, on l'a vu, qui n'ont pas eu de mère et qui sont pourtant des mères admirables. Elles ont réussi leur résilience.

Ce terme de résilience, que nous avons déjà évoqué à plusieurs reprises, est utilisé dans le domaine de la physique pour parler de la résistance de matériaux à la pression, et de leur capacité de reprendre leur structure après un choc. Le terme a été étendu à la théorie du développement psychologique et humain.

Apparu aux États-Unis durant les années 1970, le concept a été implanté en France plus tardivement, notamment grâce à un pionnier célèbre, l'éthologue et neuropsychiatre Boris Cyrulnik, qui définit la résilience comme étant «la capacité à se développer quand même, dans des environnements qui auraient dû être délabrants. [...] C'est la capacité de reprendre une vie humaine malgré la blessure, sans se fixer sur cette blessure.»

La résilience «se tricote» grâce à un «entremaillage» serré entre les capacités internes de la personne de l'enfant et son entourage. Elle s'appuie sur la capacité à tricoter des relations saines avec d'autres membres de la famille ou du réseau social.

Ainsi, les filles résilientes ont fait face à un traumatisme de la petite enfance provoqué par le fait d'avoir eu une mère psychiquement perturbante. Pour ce faire, elles ont puisé dans leur propre potentiel de créativité et d'adaptation, ainsi que dans leur capacité à trouver du soutien dans leur environnement. Elles agissent alors différemment de leur mère. L'une d'entre elles me dit: «Je suis une femme non maternée très maternelle, et pas seulement avec les enfants.» Donc, une femme non maternée peut, paradoxalement, être très mère avec les hommes.

Coupables

Néanmoins, certaines de ces filles peuvent se sentir coupables. Et au premier chef, coupables d'exister. Michèle Manceaux exprime la difficulté, pour l'enfant non désiré, de transmettre la vie à ses propres enfants dans ces conditions:

Je ne me sens pas leur mère parce que je n'ai jamais été enfant moi-même [...]. Pour cela, il faut que j'apprenne à vivre pour moi, à ne pas m'excuser d'être là. Alors, seulement, ils pourront être mes enfants[60]. »

Là encore, c'est le regard d'acceptation, l'autorisation d'exister, qui a manqué à ces filles.

Une femme explique ainsi son sentiment de culpabilité: «J'ai toujours eu peur du châtiment parce que j'ai eu une mère qui menaçait toujours de cela.» C'est la peur du châtiment du petit enfant. Les sources des émotions doivent rester cachées, car elle craint de fâcher maman, ou son substitut (mari ou employeur, par exemple).

Parce que je ne le vaux pas

Défaut d'amour maternel, défaut d'amour-propre. Quand les baisers ont manqué, quand l'enfance a été humiliée, la fille peut intégrer l'opinion de sa mère comme faisant partie de sa propre identité.

> **Avant que nous puissions voler de nos propres ailes, il faut que quelqu'un nous ait suffisamment aimé pour nous donner une identité.**

Une fille l'exprime si bien:

Quand vous n'êtes pas la préférée de cette mère adorée, vous ne savez que faire de vous-même, vous ne savez plus ce que vous valez. En fait, vous pensez profondément que vous ne valez pas grand-chose. Parce qu'enfant, puis adolescente et adulte, consciemment ou inconsciemment, vous avez utilisé tous les stratagèmes possibles pour attirer son attention, pour lui plaire encore et encore, et parce que son rejet vous revient à chaque fois comme un boomerang, malgré les années qui passent, malgré une conscientisation du

60. Michèle Manceaux, *Grand reportage, op. cit.*, p. 48.

rejet et de ses raisons. À chaque coup, le même sentiment de colère, d'incompréhension, d'injustice provoque le même déséquilibre, la même vulnérabilité, le même sentiment de vide intérieur…

Ces filles n'ont pas la conviction profonde que leur vie a du prix, malgré les apparences, malgré ce qu'elles ont prouvé par leurs accomplissements. Ces femmes à qui leur mère n'a pas inculqué le prix de leur vie peuvent, on le sait, adopter inconsciemment des conduites suicidaires. Elles peuvent être aussi des adeptes du rejet, qu'elles provoquent par des comportements compulsifs. Vient toujours le moment où elles se séparent de leurs alliés les plus précieux. Elles les « lâchent », les quittent ; elles accablent de tous les défauts possibles ceux qui, hier encore, les aidaient à vivre. C'est comme si elles pensaient : « Après tout, ils disent qu'ils m'aiment, ils le disent, mais ils ne m'aiment sûrement pas autant qu'ils le disent… »

En quête de cet amour absolu, impossible, insaisissable qu'une mère ne leur a pas donné, elles ne croient pas à celui des autres, à leur fidélité. Si elles y croyaient, ce serait trop d'amour. Elles n'ont pas l'habitude : trop d'amour, c'est lénifiant, c'est trop facile.

D'ailleurs, elles ne voient pas quand un homme les aime, mais seulement quand il ne les aime plus. Elles ne savent pas reconnaître les marques d'amour, elles sont trop blessées pour cela. Si une mère ne les a pas aimées, accepter l'amour des autres serait l'accuser davantage. Le veulent-elles ? Elles peuvent être jolies, belles même, mais elles ne le savent pas. Elles se voient laides et sans valeur. Dès lors, à quoi pourraient-elles prétendre ? À l'amour d'un homme généreux ? Pour elles, cela n'existe pas !

> **L'image que l'on a de soi-même en amour est essentielle. Difficile de se sentir aimée si l'on ne se voit pas soi-même comme un être aimable.**

Comment comprendre pourquoi un homme nous aime – et le croire – alors que nous ne savons ni ce que nous sommes, ni ce que nous valons ?

Sur la défensive à vie, ces filles ne croient pas à l'amour, et en même temps lui en demandent trop. Elles craignent surtout l'abandon, en permanence. Et l'autre n'y peut rien, qui peut s'escrimer à les couvrir d'attentions. Elles se sentiront toujours inaptes à susciter un beau sentiment désintéressé, ou bien elles attendront toujours plus de leur partenaire, tant leur soif d'amour est inextinguible. C'est un peu le tout ou rien: elles veulent tout d'un homme, c'est-à-dire beaucoup trop. Qu'il leur fournisse tout. Comme l'amour inconditionnel d'une mère, c'est-à-dire l'impossible. De sorte qu'elles finissent par ne plus rien lui demander et par se passer du nécessaire.

Il arrive même que le succès ne soit pas vécu comme une résilience, parce qu'il ne touche pas en profondeur. La réussite laisse un sentiment de creux, de vide. Comme si c'était la réussite d'une autre. Elle est vite oubliée. Ces filles oublient toutes les bonnes choses, ne s'y amarrent pas durablement. Le bonheur n'étant pas, par définition, fait pour elles, le conquérir exige d'elles un âpre combat, et le frôler leur suffit parfois. Une fois ce bonheur gagné de haute lutte, elles sont incapables de le savourer en profondeur. Elles ne jouissent jamais de l'instant. C'est comme s'il leur fallait payer, toujours, pour la vie et ses bons moments, comme si elles étaient toujours en dette, comme s'il leur fallait mériter tout ce qu'elles ont, continuellement, sans répit. Elles croient qu'elles n'en font jamais assez. C'est l'insécurité et, surtout, l'« intranquillité ».

Pour les filles sans mère, se convaincre que l'on mérite ce qu'il y a de meilleur est un combat quotidien, un ouvrage à remettre chaque jour sur le métier.

Une loyauté qui interdit d'être heureuse

Les filles qui ont eu une mère douloureuse qui leur a donné d'elle-même une image éternellement souffrante ont tendance à penser: « Si je suis plus heureuse que maman, je vais lui faire de la peine. » Voilà une fausse croyance qui a la vie dure.

Par loyauté, elles peuvent être tentées de prendre sur elles les blessures, les désirs non assouvis de leur mère. Elles veulent la

« réparer ». Il arrive, en sens inverse, que certaines mères se déchargent sur leur fille de leurs blessures, pour ne pas les ressentir. Une fille peut aussi, par exemple, choisir le métier que cette dernière aurait voulu faire.

Je me souviens de cette fille dont la mère était enseignante sans titre, et qui s'est retrouvée professeur titré. Pour cela, elle a pris un chemin détourné qui a fini, à sa grande surprise, par lui permettre de réaliser le rêve de sa mère. Je ne sais pas si elle continuera dans cette voie, si c'est vraiment la sienne, mais en tout cas elle y est parvenue.

FATALITÉ OU HÉRITAGE ? COMMENT S'EN SORTIR ? LA RÉPARATION DE SOI

Résilience de mère

La résilience, qui a été définie précédemment est un processus différent de la réparation/négociation avec la mère. C'est la réparation de soi.

Quand « l'étoile majeure d'une constellation affective s'éteint », selon l'expression de Boris Cyrulnik – et c'est le cas quand la mère est défaillante pour une raison ou une autre –, « l'enfant s'accroche à toute étoile qui brille encore, mais il apprend un style affectif particulier[61] ».

Quand on n'a pas eu de mère suffisamment bonne, on développe soi-même des défenses, des compensations, des étais, et l'on cherche autour de soi des tuteurs de développement pour reprendre sa croissance, comme un arbrisseau.

La résilience, c'est aussi éprouver de l'amour et de l'attachement pour sa fille, bien qu'on ait eu une mère agressive ou abusive. C'est faire l'inverse, c'est se construire contre. C'est lutter contre le déterminisme qui voudrait que l'on soit condamnée à reproduire les mauvais traitements. Cette idée de « faire contre » germe peu à peu dans l'esprit. Elle se développe et évolue avec le temps.

Mais pour cela, il faut que les filles aient rencontré des êtres ou des choses qui les ont aidées. On ne peut rien toute seule. Mais le

61. Boris Cyrulnik, *Parler d'amour au bord du gouffre, op. cit*, p. 81.

fait d'avoir su se saisir et profiter des rencontres, et de ce que la vie leur a offert pour « se réparer », est la caractéristique de celles qui ont l'étoffe des résilientes.

« L'expérience n'est pas ce qui nous arrive, c'est ce que nous faisons de ce qui nous arrive », dit Aldous Huxley. Je dirais, à une nuance près : peu importe ce qui nous arrive, c'est ce que nous en faisons qui compte, et ce que nous en faisons est propre à chacune et à chacun de nous.

Quand elle est une résiliente dans l'âme, la fille s'en sortira quoi qu'il arrive !

Les anges tutélaires ou qu'est-ce qui a empêché ces petites filles de mourir ?

L'amour est un besoin biologique. Il y a toujours un étai qui a permis à la petite fille sans amour de pousser, de survivre, de ne pas mourir, ou de contrecarrer la trop grande influence de la mère. C'est cet étai qui lui a fourni l'amour de substitution.

Les êtres : une grand-mère, un frère, une nounou, un animal

> **Il suffit de quelques îlots de tendresse pour créer un océan.**

Une jeune femme raconte :

Il y a plusieurs photographies de moi, commençant à marcher, ou debout sur un muret où je suis tenue, soutenue fermement par deux mains appartenant à deux personnes différentes. J'ai cherché à qui pouvaient bien appartenir ces mains. Ce sont celles de ma grand-mère et de mon grand frère… mes soutiens, mes tuteurs. Ce sont eux qui m'ont élevée, qui m'ont fait m'élever, qui m'ont faite pousser, et qui m'ont tenue debout.

L'ange tutélaire, ce peut être une grand-mère vénérée.

On remarquera que, lorsque la mère a été défaillante, la fille vénère véritablement la grand-mère qui lui a apporté ses soins. Elle éprouve beaucoup de reconnaissance envers elle, comme le noyé pour son sauveteur. Écoutons des ex-petites-filles parler de leur grand-mère.

L'ange tutélaire, ce peut être une tendre nounou.

Et puis, sans chercher très loin, le père aussi a pu sauver sa fille par son regard. Combien de photos de petites filles dans les bras de leur papa, couvées par ces yeux émerveillés, différents de ceux d'une bonne maman, indéfinissables... Le regard d'une petite fille dans les bras de son papa est bien celui d'une reine, la reine du monde, prête à partir à sa conquête, assurée, rassurée dans ces bras-là. (Excusez-moi, mais on ne peut pas parler des mères sans parler des pères!)

Une fille me raconte:

J'ai un souvenir de ma toute petite enfance, un de mes premiers souvenirs, ou plutôt une association. Je vois l'appareil photo de papa dans son étui marron glacé et lisse au toucher, rond à l'emplacement de l'objectif. Le mot «beauté» y est associé. Un objet, un mot. Il aimait beaucoup faire des photos et il me disait toujours: «Viens, ma beauté, papa va te prendre en photo.»

Lorsque la mère est défaillante, le père est le tiers indispensable. Certains hommes sont de merveilleuses mères.

Il y a donc plusieurs personnes qui peuvent assurer le maternage: grand-mère, nounou, père.

Les dégâts occasionnés durant la petite enfance peuvent aussi être réparés par la rencontre, à l'adolescence, de personnes significatives, des tuteurs de résilience. Une institutrice ou un instituteur qui pose un regard bienveillant sur la petite fille peut lui ouvrir les portes de la culture, de la connaissance, si gratifiantes et réparatrices. Un animal, une ménagerie d'animaux peuvent apporter de la douceur et un dérivatif à la petite fille solitaire.

Plein de petites mamans partout!

Les «filles sans mère» sont très souvent entourées de *femmes qui savent,* qui ont des oreilles pour entendre, des yeux pour voir, des femmes perspicaces qui ne plaisantent pas avec la vie qui leur a livré ses principes essentiels, les «fondamentaux» (comme on dit au rugby!). Pour le reste, elles ont l'instinct. Elles sont généreuses, d'une infinie gentillesse, et elles veillent. Dans la mesure où elles ont compris combien sont vaines les rivalités, elles font germer chaque jour les graines de l'entraide dans le terreau de la solidarité.

Au-delà de la relation mère-fille, l'identification est une manie typiquement féminine... Entre amies, entre copines, par le biais des vêtements, des bijoux, dans les bureaux. Faire pareil, porter les mêmes vêtements, le même parfum.

Comment retrouver le féminin qui est en soi si l'on n'a pas eu d'exemple? Comment oser être une femme? Je me rappelle cette fille qui était restée un «petit gamin» parce que sa mère travaillait tout le temps et ne pensait qu'aux affaires. C'est comme si elle avait été arrêtée dans son développement. Elle avait quarante ans, on aurait juré qu'elle en avait vingt! Elle ne voulait pas être une femme, c'était une évidence.

L'inverse existe aussi. Certaines filles sont très coquettes, se maquillent alors que leur mère n'a jamais mis un grain de poudre sur ses joues. Elles sont allées chercher ailleurs leur modèle. En pareil cas, les autres femmes sont là pour servir de figures d'identification, de modèles de rôle.

Et puis, avoir plein de petites mamans partout, ça permet d'avoir des mamans différentes, des douces, des encourageantes, des tranquilles, ou qui vous secouent un peu de temps en temps... des initiatrices. Avec elles, pas de rivalité, pas d'embrouille, pas d'enjeux, puisqu'elles ne sont pas nos mères. C'est comme avec les filles adoptives! Chercher inconsciemment une maman dans toutes ces mamans et être considérée comme une petite fille, comme une enfant, par ces mamans qui devinent nos besoins...

Puis vient le moment où l'on n'a plus autant besoin des «femmes qui savent». On a grandi. Elles ont accompli leur mission de maternage tardif.

D'une manière générale, même si c'est le sexe, et donc les hommes, qui nous séparent de maman, ce sont souvent les femmes qui sauvent les femmes. Nous avons donc intérêt à nous serrer les coudes – ce qui ne nous empêche pas d'être sexuée!

Les autres filles sont là, présentes, parfois même envahissantes. Nous nous occupons ensemble de nos petits soucis, de nos petits bobos physiques. C'est le réseau, le réseau à haut débit. Nous parlons de nos petites misères, et des grandes. C'est comme retrouver, retisser le lien avec maman, mais c'est beaucoup moins dangereux. Les autres filles ne cherchent pas à nous étouffer, à nous reprendre, elles viennent à nous sans exiger de contrepartie. Avec certaines mères, tout ce qu'on demande a un coût, et elles cherchent constamment à nous récupérer. Là, c'est, à l'âge adulte, un retour à l'adolescence, comme avant l'homme. Sauf que maintenant, c'est après l'homme. Entre les deux, nous avons chassé. Nous avons rivalisé. Nous avons trouvé l'homme. Nous nous sommes perdues de vue. Nous nous sommes immergées dans les couches et les biberons. Nous avons divorcé, ou nous avons eu des amants. Nous avons lutté. Nous nous sommes ennuyées. Et maintenant, nous nous retrouvons!

Le petit pull noir

Ah, ces substituts maternels qu'on trouve un peu partout, comme cela met du baume au cœur! Quand on n'a pas de maman, qu'elle soit loin, occupée ailleurs (donnant ses soins à quelqu'un d'autre: un père, un chien!) ou partie irrémédiablement, il y a moyen de trouver des compensations. Tiens, cette amie plus âgée, par exemple, qui dans sa garde-robe vient de vous dénicher un joli petit pull noir. C'est le petit pull qui tient chaud, c'est la seconde peau qui protège. Il est doux, en laine de soie, ce petit pull qui sauve des petits matins frileux. C'est l'équivalent de l'attention d'une mère. À ce geste, il faut attribuer toute sa valeur symbolique pour qu'il acquière sa valeur de réparation.

Pour s'en sortir, il existe des refuges… ou des échappées

Cette fois, ce sont les choses, la nature, une terre, la mer (celle qu'on voit danser le long des golfs pas toujours très clairs!), des livres, le sport, la réussite, la fuite dans l'imaginaire…

Une fille précise:

Le seul endroit où j'avais ma place, c'était à l'école ou avec mes amis les livres. Dans cette famille désintégrée, pulvérisée, je me suis immergée dans l'étude. Je me suis tournée vers les joies de l'esprit. C'étaient les seules qui m'étaient accessibles.

Une terre, un pays peut servir de mère, en son absence. Les racines, une terre de sang. «Je la porte en moi, écrivait Marie Cardinal, comme un enfant porte dans ses veines le sang de ses parents[62].»

Moi, c'était la Haute-Provence qui me servait de mère, ces trois mois d'été que je passais loin de la mienne, et sans lui non plus, mon père. Trois mois à scruter la montagne, ses couleurs et ses ombres, en mâchant une herbe à la sève acidulée, en me demandant ce que je pourrais faire maintenant que j'avais épuisé tous les jeux pendant ces trois mois, ces trop longs mois, dans cette terre aride et violente, brûlante et purificatrice, à subir ses colères vespérales. Trois mois à voir des personnages comiques devenir tragiques, à écouter s'écouler les heures chaudes au méridien, quand plus rien ne bouge sauf l'eau glacée du lavoir. Trois mois à lire. Cette terre m'a tout donné, elle a tout rempli, comme une mère.

La mer, élément aqueux: par les grands fonds, je m'immerge dans cette mer vertigineuse comme dans le liquide amniotique. J'ai toujours aimé nager longtemps vers le large. Je ne suis pas une excellente nageuse et je ne suis pas à l'abri d'une crampe. Cet infini, droit devant et tout autour, cette immersion dans ce tout, comme dans un grand ventre, l'extrême sérénité, la tranquillité, le retour à l'origine, l'oubli de soi, fondue, l'oubli des autres. La nage au loin me lave de tout.

Le symbolisme de la mère se rattache à celui de la mer comme à celui de la terre, en ce sens qu'elles sont les unes et les autres réceptacles et matrices de la vie. La mer et la terre sont des symboles du corps maternel[63].»

Une fille et ses sœurs racontent: «Nous étions trois filles. Nous avons fui chacune à notre façon: Jeanne dans la nature, Michelle dans la peinture, moi dans l'écriture.»

La petite fille fuit dans un monde imaginaire, un monde plus beau qui l'aide à vivre. Un monde plein de couleurs. Pour réussir sa résilience, chacune dispose de ses propres matériaux.

62. Marie Cardinal, *Les mots pour le dire, op. cit.,* p. 92.
63. Jean Chevalier et Alain Gheerbrant, *Dictionnaire des symboles,* Paris, Robert Laffont/Jupiter, Coll. Bouquins, 2004, p. 625.

Dans le cas de Marguerite Duras, ce fut l'écriture. Celle-ci déclarait à la télévision française, dans une interview du 28 septembre 1984 à l'émission *Apostrophes,* de Bernard Pivot, que « [...] l'écriture est la seule chose qui ait été plus forte que ma mère elle-même», une mère déboussolante dans son héroïsme maternel frisant la folie, et que si «le livre fait ce miracle, c'est que très vite ce qui a été écrit a été vécu. Ce qui est écrit a remplacé ce qui a été vécu[64].» Et «tous les chagrins sont supportables si on en fait un récit[65],» dit Boris Cyrulnik.

L'écriture, c'est, pour certaines filles, le salut! Ces mères-là engendrent des écrivains. Bon nombre d'écrivaines ont eu des mères difficiles ou extrêmes.

Pourquoi l'écriture est-elle un formidable facteur de résilience? Parce que l'écriture, comme l'humour, est le signe du recul, de la distanciation. Une fille qui écrit témoigne: «Si je n'avais pas eu ce recul qui permet d'écrire, ou si l'écriture ne m'avait pas apporté ce recul, je n'aurais pas tenu le coup.» C'est la dialectique de l'écriture. Écrire est à la fois le signe de la capacité de prendre du recul, tout en favorisant ce recul. C'est un outil de clarification qui permet de comprendre et d'analyser, mais aussi d'exprimer, au sens d'ex-pression, c'est-à-dire de faire sortir la pression intérieure hors de soi, cette pression qui peut être à l'origine de tant de désordres d'ordre somatique.

L'écriture est aussi, avant tout, un acte de réconciliation avec soi-même. Elle est structurante dans la mesure où elle donne sens à ce qu'on vit. Consigner les événements de notre vie – je recommande les journaux intimes, dans lesquels on n'est pas obligée d'écrire chaque jour, mais où l'on raconte les moments particulièrement significatifs de notre existence –, c'est comme tracer l'électrocardiogramme, le sismographe de notre existence, de nos émotions.

Cette boîte noire (ou rose), ce greffier de nos émotions, nous démontre, lorsqu'on se relit des mois plus tard, la continuité de tout ce qui nous arrive, alors que notre mémoire, elle, peut nous lâcher.

64. Propos rapportés dans le livre de Marie-Magdeleine Lessana, *Entre mère et fille: un ravage, op. cit.*, p. 292.
65. Boris Cyrulnik, *Un merveilleux malheur,* Paris, Odile Jacob, 1999, 2002, p. 105.

C'est un fil conducteur. « Ah, tiens, il y a quelques mois déjà cette situation portait en elle les prémices de ce que je vis aujourd'hui. » Pour celui ou celle dont elle est la compagne quotidienne, l'écriture donne un sens à la vie. Elle peut représenter le sens même de sa vie.

Parce que l'écriture est aussi témoignage, elle est façon de se rendre utile, de partager avec les autres sa condition humaine. Ainsi que le disait Montaigne dans *Les Essais*[66] : « Quand je parle de moi, je parle de l'humaine condition ». Voilà pourquoi l'écriture soulage. Comme toute activité créatrice, artistique, c'est une manière de sublimer la blessure, de faire sortir du terreau de la douleur une fleur… qu'on garde pour soi… ou qu'on offre au monde.

Si on l'offre au monde et que le monde en veut, et que par bonheur il apprécie cette production, l'art devient alors le moyen privilégié d'accéder à la reconnaissance qui a tant fait défaut. Quand l'écriture est offrande, elle devient acte d'amour. Jean Cocteau le formule si bien dans *La difficulté d'être,* paru en 1930[67] : « Écrire est un acte d'amour. S'il ne l'est pas, il n'est qu'écriture. »

Le fait que ses écrits atteignent son public peut apporter énormément à l'auteur. Une « fille écrivain » explique : « Ce livre m'a gratifié, il m'a permis de me considérer enfin comme une grande personne qui mérite des égards et qui a droit à la parole, une parole entendue. »

Néanmoins, l'écriture ex-pression, comme tout art, ne suffit pas si elle n'est pas assortie d'un travail d'exploration, de conscientisation des causes de la souffrance qui a pris naissance au cours de l'enfance. C'est la théorie très intéressante développée par la psychanalyste allemande Alice Miller dans son ouvrage *Notre corps ne ment jamais*[68], où elle démontre, en prenant pour exemple des écrivains célèbres, que leur révolte contre les institutions et le pouvoir, et leur regard aiguisé sur le monde et la société sont en fait le résultat d'une révolte déguisée contre leur mère, contre son manque d'amour, ou son contrôle. Leur a manqué, explique Alice Miller,

66. « Ainsi, lecteur, je suis moi-même la matière de mon livre […] », Michel de Montaigne, *Les Essais,* Paris, Arléa, 2002, p. 13.
67. Jean Cocteau, *La difficulté d'être,* Paris, Du Rocher, 2003, p. 183.
68. Alice Miller, *Notre corps ne ment jamais,* Paris, Flammarion, 2004.

l'aide d'un « témoin lucide[69] », thérapeute, enseignant, pour leur faire prendre conscience que ce qu'ils ou elles avaient vécu durant l'enfance n'était pas de l'ordre du « normal », de l'acceptable, et se trouvait à la source de leur sentiment de peur et d'impuissance. Un témoin lucide qui offre de l'empathie et aide à mieux comprendre. L'écriture, si elle a assuré la survie de ces auteurs, n'a pas « suffi à délivrer complètement l'enfant enfoui en eux, à lui rendre sa vitalité, sa sensibilité et un sentiment de sécurité ». Beaucoup sont morts prématurément, atteints de maladies précoces, de maux divers : migraines et maux de tête, rhumatismes, dépression...

Parfois, à l'instar de Virginia Woolf, ils ou elles ont mis fin à leurs jours.

Outre l'engagement artistique, l'engagement social ou politique peut être, lui aussi, un admirable tuteur de résilience : servir une cause, servir à quelque chose, être reconnue...

Quand c'est l'amour d'un homme qui nous répare

Beaucoup de filles ont témoigné en ce sens : c'est l'amour d'un homme qui les a sauvées. Un grand amour, un amour merveilleux, qui les a sublimées et a fait d'elles des femmes. Femme dans le regard d'un homme émerveillé, quand celui de la mère a manqué ou ne témoignait aucune sollicitude. Cet amour les a portées, les a soulevées de la terre où leurs pieds étaient englués dans la glaise du non-amour. Alors le vilain petit canard, soudain gratifié, et tout étonné de lui-même, a vu se déployer ses ailes de cygne.

Quand les hommes réparent les dégâts faits par une mère...

Les fausses résiliences

Il arrive souvent que les résilientes soient atteintes d'hyperactivité. Parfois, cette hyperactivité, par son excès même, flirte avec la névrose. Ces femmes travaillent avec désespérance ; elles sont prises dans une course au succès, à la reconnaissance.

À ce propos, je voudrais évoquer le cas des fausses résiliences. L'enfant « ravagé » tient debout parce qu'il semble avoir édifié des

69. Alice Miller, *Notre corps ne ment jamais, op. cit.*, p. 202.

défenses, puis, un jour, celles-ci s'effondrent brutalement. Je me souviens de cette petite fille, à l'école primaire, qui était très forte et qui travaillait beaucoup. Elle était toujours la première. Un jour, elle s'est effondrée, elle n'a plus rien fait. Ses professeurs n'ont pas compris. Le refuge dans le travail peut constituer un dernier rempart, mais il peut aussi devenir une prison. Le petit enfant est coupé de ses émotions. Il a pris l'habitude de les occulter.

Parfois, l'effondrement intervient plus tard, aux alentours de la quarantaine. À l'occasion d'un problème mineur, par exemple, ou plus important, comme une séparation. La femme, l'ex-petite fille, sombre alors dans la dépression. L'accident fait craquer le maillage mal tricoté. En vieillissant, le fardeau de l'enfance s'alourdit, et vient le moment où il faut retourner aux origines des émotions refoulées pour éviter dépression ou maladie. Nous reparlerons de cela plus loin. Car «le corps ne tolère pas toute la vie que l'on reste étranger à soi-même», dit Alice Miller[70] et moi je rajouterais: ainsi qu'à son vécu.

«Il n'est jamais trop tard pour avoir eu une enfance heureuse» (Christiane Singer)

J'ajoute: une fois que l'on a accédé à sa vérité, et que l'on a regardé en face, avec le plus de lucidité possible, la réalité de son enfance.

Dans le film *Les sœurs fâchées*, d'Alexandra Leclère, sorti en 2004, le rapport à la mère est très prégnant – bien que le sujet soit la relation entre deux sœurs. L'une des sœurs s'est «réinventé» une mère. Une mère qui est un beau spécimen de mère extrême. Elle a écrit à ses filles une lettre où elle leur dit qu'elles sont nulles, qu'elle aurait préféré avoir des petits chats à la place de filles, parce qu'ils sont plus aimants, et qu'elles, par surcroît, elles sont laides, et que d'ailleurs elle ne veut plus jamais les voir. «Signé: maman.» Elle aurait mieux fait d'écrire: «Signé: Furax.» On pourrait soutenir que l'une des filles a accompli sa résilience et que l'autre n'y est pas parvenue. Louise est gentille, pleine de vivacité et d'amour de la vie. Martine, bourgeoise bien nantie, est désabusée et cruelle. Elle n'aime personne, pas plus son mari que son enfant. Elle prétend qu'elle aimerait être douce,

70. Alice Miller, *Notre corps ne ment jamais, op. cit.*, p. 134.

mais qu'elle n'y parvient pas. Elle qui a pourtant tout est jalouse et violente. La niaiserie et la gentillesse de sa sœur la mettent en rage. Les gens qu'elle fréquente sont hypocrites. La « gentille », elle, a gardé de la compassion pour sa mère alcoolique, qui vit seule au Mans. Quant à Martine, la seule évocation du mot « maman » la rend hystérique. Lorsque son mari réclame de l'amour, cet amour qu'elle ne sait pas donner, elle le traite de porc. L'enfant est rudoyé aussi. Elle a gardé la terrible lettre de sa mère dans un coffre: la preuve de la haine, de la cruauté. Elle la relit à Louise qui ne veut pas l'entendre, qui se bouche les oreilles. Cette dernière vit encore dans son rêve de candeur, de fraîcheur, c'est sa défense. Un peu de « niaiserie » la protège, comme dit Martine qui, elle, est trop lucide et redoute de ressembler à sa mère: « J'ai peur d'être cruelle comme elle, la mère. » La plus lucide est la plus dure parce qu'elle n'a pas trouvé le chemin pour accéder à ses émotions. Il lui faudra tout perdre, se rendre compte que son mari et sa meilleure amie couchent ensemble pour prendre conscience de la présence de deux amours authentiques: son fils et sa sœur. Louise écrit, ce n'est pas un hasard. Elle se laisse aussi aller à ses émotions. Elle raconte comment elle a quitté un compagnon pour un homme rencontré dans la rue, à l'école de son fils, à qui elle a donné son adresse. Elle s'autorise à être heureuse. La vie de Louise va changer, son premier roman va être édité chez Grasset. Pour autant, elle ne veut pas déménager à Paris. Elle veut rester près de sa mère, au Mans. Elle dit à l'éditeur: « J'ai ma mère au Mans, enfin… *notre* mère, mais il y a le TGV, et puis j'ai *ma* sœur à Paris. » Elle tient à ses repères familiaux, contre vents et marées, peu importe le comportement des membres de sa famille, elle entretient le lien… C'est sa façon à elle de réagir.

Chacune réagit selon sa structure psychique.

La lucidité exige force et courage. Tout le monde ne les a pas, cette force et ce courage. Il y a parfois un coût à payer dans son corps, dans son âme. C'est pourquoi plusieurs préfèrent ne pas voir, ou se réinventer une histoire. Il n'y a pas de jugement à porter sur cette attitude. Chacun fait comme il peut. Le critère, c'est la bonne santé du corps et de l'esprit. Trop de lucidité tue… parfois…

La revanche: «Là où elle a échoué, je réussirai!»

Il y a, pour ces filles-là, une revanche à prendre sur la vie.

Une fille qui travaille beaucoup me dit:

Moi, je ne serai pas comme ma mère, une femme frustrée qui fait payer aux autres de n'avoir pas atteint ses objectifs. Je n'empoisonnerai pas ma fille au nom d'un pseudo sacrifice que j'aurais fait pour elle. Je ne veux pas être dans la victimisation comme elle.

Nous avons vu à quel point les conséquences et l'impact sur le psychisme des filles qui ont eu une mère difficile, voire extrême, pouvaient être graves. Nous avons énuméré des traits de caractère, des comportements possibles, des failles, des points forts. Nous avons observé comment certaines filles avaient réussi leur résilience et s'en étaient bien tirées. Si bien que l'on peut avancer, sans risque d'erreur, qu'il n'existe en la matière ni déterminisme absolu, ni fatalité tragique.

Ainsi, il existe des mères plus ou moins perturbantes et des filles plus ou moins perturbées. Tout dépend de la structure psychique de ces dernières.

Ce qui compte, au-delà de la question de l'amour – qui n'est pas la question pertinente, nous l'avons vu, l'amour étant une énigme –, ce sont les messages transmis par la mère.

Or, de la meilleure mère qui soit, on reçoit du bon et du mauvais. Au travers de la relation à sa mère passent des messages positifs et des messages négatifs pour la fille, et cela, quelle que soit l'intention de la mère. Nous sommes, nous les filles, les récepteurs de ces messages, et à notre «extrémité» de cette relation mère-fille, nous sommes responsables de ce que nous recevons, et de ce que nous en faisons, comme la mère est responsable de ce qu'elle envoie. C'est pourquoi, en fonction de leur structure psychique propre, deux filles peuvent avoir «vécu» leur mère différemment: l'une a souffert et l'autre moins, voire pas du tout. Il importe de préciser cela pour relativiser tout ce que nous venons de dire et pour attirer l'attention sur l'importance, entre mère et fille, de la qualité de relation. Comment peut-on améliorer cette dernière? C'est ce que nous allons développer dans le chapitre qui suit.

CHAPITRE 5

Réparations

Au-delà du bien et du mal, il y a une prairie où je t'attends.
RŪMĪ

Le cœur seul concilie les choses contraires et admet les incompatibilités.
LA BRUYÈRE

Quand on met l'accent sur l'horreur, on est injuste avec ce monde.
CHRISTIANE SINGER

La vie est une histoire de trou. Le trou dont on sort et celui où on finira.
PROVERBE… PERSONNEL

Le but de ce chapitre est de donner des pistes pour « réparer » la relation à sa mère, ou tout au moins essayer de (re)créer les conditions d'une relation acceptable. À cet égard, il faut garder à l'esprit cet indispensable préalable au pouvoir clarificateur et apaisant : il ne faut pas confondre sentiment et relation. Une mère peut avoir beaucoup d'amour pour son enfant et ne pas le manifester dans la relation. Inversement, une fille peut éprouver aussi beaucoup d'amour pour sa mère tout en étant incapable de nouer avec elle une relation satisfaisante.

QUESTIONNAIRE

— Faut-il cesser de voir une mère difficile ?

NON

— Faut-il tenter à tout prix de garder un lien avec elle, même très espacé, et cela même si elle nous a usée ?

OUI

— Faut-il faire son devoir lorsqu'elle est vieillissante ?

OUI

— Faut-il rechercher, de quelque manière que ce soit, le pardon qui nous apaisera ?

OUI

— Est-il déconseillé de dire à maman ses quatre vérités, parce que cela va détériorer la relation davantage et que, pour elle, le passé est le passé, ou faut-il tout dire pour se libérer ?

OUI, mais il faut prendre des précautions.

— Faut-il écrire à sa mère pour lui dire ce que l'on a sur le cœur ?

OUI, mais toujours avec des précautions.

— Faut-il essayer de connaître l'histoire de sa mère en l'invitant à en parler et à décrire sa relation avec sa propre mère ?

OUI

— Vaut-il mieux avoir une mère difficile que pas de mère du tout ?

OUI

— Faut-il tenter de se réconcilier avec sa mère avant sa mort si on a cessé de la voir ?

OUI

— Peut-on espérer voir sa mère changer ?

OUI, dans certains cas.

— Peut-on garder l'espoir que la relation avec la mère va s'améliorer ?

OUI

— Arrive-t-on à cesser de souffrir de la relation avec sa mère ?

OUI

Voilà les réponses – pour certaines, encourageantes –, qui ont été, dans la majorité des cas, apportées à ces questions par les « filles consultées». Dans l'absolu, car il y a des exceptions et des nuances. Chaque situation étant particulière, les relations humaines sont difficiles à encarter, à modéliser. C'est pourquoi les phrases qui suivent commencent très fréquemment par «parfois», «souvent»...

On peut divorcer d'un époux difficile, c'est plus dur de divorcer d'une mère difficile. «Nous n'avons qu'une mère et il faut s'en souvenir, même si les rapports sont difficiles», me disait une fille. Et elle ajoutait: «Heureusement, parce qu'avec deux comme ça, je passerais l'arme à gauche!»

POURQUOI IL EST INDISPENSABLE DE MAINTENIR UNE RELATION OU UN LIEN AVEC MAMAN

C'est indispensable et inévitable.

Toute notre vie, nous avons besoin d'une maman

Même si on est maman soi-même, on n'en ressent pas moins le besoin d'en avoir une à soi. Même vieilles, même adultes, nous avons besoin d'une maman. Pour lui parler de nos grands bonheurs et de nos petits malheurs. C'est le «Allô maman bobo», qui n'a pas d'âge, tant que maman est en mesure de l'entendre, ou au moins de l'écouter. L'écoute d'une mère reste essentielle à tout âge. Et surtout, on a besoin de retourner régulièrement à la borne de son amour et de sa sollicitude pour recharger le petit accumulateur de tendresse.

D'ailleurs, à l'âge adulte, c'est bien d'une «maman» dont nous avons besoin, et non plus d'une «mère» qui fixe des limites, des interdits, et nous adresse des injonctions. Une mère a deux fonctions: la fonction mère et la fonction maman. Nous avons encore besoin d'une maman qui donne, reçoit, et qui dit oui.

Il y a eu le besoin de maman de la petite fille. Il y a désormais le besoin de maman de l'adulte. On le voit, par exemple, à la naissance des enfants, et cela dure jusqu'à la fin de la vie.

Même si nous avons des petites mamans partout, nous avons besoin de la nôtre. C'est pourquoi, à défaut de pouvoir satisfaire ce besoin, le fait de le symboliser par un objet peut être une démarche utile, voire nécessaire. Une démarche qui est de toute façon apaisante.

Se séparer d'une trop bonne mère âgée est difficile quand elle nous a entretenue dans la dépendance

Aujourd'hui, celles qui sont devenues de vieilles dames n'ont sur nous que le pouvoir que nous voulons bien leur donner, mais il reste parfois très puissant.

Nous avons vu, dans le chapitre 2, qu'en raison de la survenue inévitable du ravage entre la mère et la fille, notamment à l'adolescence, maman n'est pas toujours à la fête. Et nous nous sommes exclamées : « Quel malheur d'être une bonne mère ! » De même, on peut s'écrier : « Quel malheur d'avoir eu une trop bonne mère ! », car alors comment s'en défaire ? C'est souvent mission impossible !

En effet, il n'est pas facile de prendre la bonne distance par rapport à ce type de mère, avec qui nous sommes si merveilleusement complice – complicité enviée par celles qui en sont les témoins.

Le cas de Mathilde :

Elle venait à tout moment chez moi, comme si elle était chez elle, parce qu'elle nous avait offert l'appartement. Elle a tout contrôlé et, aujourd'hui qu'elle est vieille, je suis dépendante d'elle, mais elle a tout fait pour ça ! Tous mes week-ends, je les passe à la maison de retraite. Au début, je croyais que c'était par gratitude, je pense maintenant que c'est par dépendance par rapport à elle. Enfin, je lui dois bien ça, elle s'est tellement sacrifiée !

Un cas d'école, pourrait-on dire. La fille fait une analyse lucide de sa relation à sa mère : elle explique que cette dernière l'a réduite en dépendance, puis revient à la notion de gratitude, de sacrifice. C'est toute la contradiction des filles et toute l'imposture des mères : la mère sacrificielle ! C'est la fille qui se scarifie (pardon, lapsus de mon traitement de texte !), qui se sacrifie !

Le lien de dépendance est toujours là, même quand nous nous posons en protectrice de notre mère. Ce n'est pas celle qu'on croit qui est la plus dépendante !

Impossible d'être une fille sans mère ou quand la haine fait lien

Il est dur d'être une fille sans mère. Rompre avec une mère est assez intenable. Pourtant, maintenir une relation, même minime, avec certaines mères est tout aussi intenable. La situation est cornélienne. Le tout est d'évaluer ce qui est le plus destructeur : rester en relation avec une mère ogre ou fermer la porte ? Avec maman, c'est parfois « tout contre elle ou contre elle ». Impossible pour la fille de rester tout contre une mère ogre, bien sûr ! Dans les deux cas, il n'y a pas d'alternative : c'est souffrance et… souffrance. Alors, si la relation est inexistante, reste le lien, indestructible lui, indéniable parce qu'on ne peut le nier. C'est parfois, alors, la haine qui fait lien. C'est la haine ou rien ! Et c'est mieux que rien !

Il n'y a pas de choix satisfaisant, seulement celui de la survie pour la fille. Survie insatisfaisante, parce que la vie, la nature déteste qu'on haïsse sa mère. *Parce que si le conflit structure, la haine tue.* La situation haineuse est destructrice pour l'une comme pour l'autre. D'ailleurs, arrive-t-on vraiment à haïr sa mère ? Nous avons du mal à nous le permettre. Jamais sans culpabilité, en tout cas. La haine, au moins, sépare dans un premier temps, quand la séparation n'a pas eu lieu. Elle a cette fonction. C'est là son paradoxe : elle fait lien et sépare. Mais elle n'apaise pas. En ce sens, elle ne peut être qu'un préalable.

Il faut exercer un lâcher prise vis-à-vis de cette haine qui constitue un lien, même s'il est illusoire de penser pouvoir la remplacer par de l'indifférence. L'indifférence n'est pas un sentiment présent dans le registre de la relation mère-fille. Elle peut survenir au terme d'une relation amoureuse. Mais si l'on peut faire le deuil d'une relation amoureuse, difficile de faire le deuil d'une mère de son vivant. Nous portons toujours un « petit morceau » d'elle en nous, comme nous sommes un petit morceau d'elle.

Néanmoins, on peut se libérer de la haine lorsqu'on s'est libérée de la dépendance, des attentes puériles qui ne seront jamais satisfaites, qu'on en a fait son deuil et qu'on a ainsi reconnu l'amour déçu derrière la haine.

La colère, comme la haine, est un lien. Il faut bien prendre conscience que cette colère contre la mère, elle aussi, est destructrice et qu'il faut s'en débarrasser. Nous verrons comment plus tard. Il faut s'en débarrasser, surtout si on n'a pas compris que c'était elle, la destinataire de notre colère. Si nous ne le faisons pas, elle se retournera contre notre fille ou contre notre mari, pour des riens.

Mieux vaut entretenir le lien (à défaut de relation) par une carte postale – c'est suffisant – que par de la haine ou de la colère.

Le cas de la rupture momentanée

Une fille me disait: «Maman, c'est le contraire de "loin des yeux, loin du cœur". Quand je suis loin, je lui manque, quand je suis trop près, elle me massacre!»

Ne plus voir maman est parfois le seul moyen de lui faire comprendre qu'elle a dépassé les bornes.

Une autre fille explique:

Le seul moyen d'action que j'ai sur elle, pour qu'elle comprenne et pour me protéger, c'est de ne plus la voir, même si c'est vrai que c'est la priver de «la normalité», qui est de voir sa fille. Quand j'annonce que je suis en froid avec maman, tout le monde me fustige : « Voilà qui n'est pas bien ! » Ne comprennent-ils pas que c'est une mesure nécessaire pour moi, au moins momentanément ?

Ce temps de silence peut être bénéfique pour les deux protagonistes. Un temps pour réfléchir, pour laisser retomber la pression, calmer les émotions, faire retour sur soi-même, envisager les événements ayant marqué la relation «à froid», interrompre un processus d'escalade… Cela marche bien avec une mère autoritaire, qui peut ainsi se rendre compte qu'elle n'a plus affaire à une petite fille qui est dépendante d'elle et vit sous son toit, mais à une adulte qui a sa vie et peut la vivre sans elle, et qui ne doit plus se soumettre à ses caprices. Elle se rend compte qu'il lui faut mettre de l'eau dans son vin, et qu'elle doit respecter sa fille.

De la culpabilité des filles

Il reste que la culpabilité des filles, du fait de la rupture, est monumentale. Et chaque année, à la même date, arrive cette échéance qui va entériner le mauvais état de la relation, lorsque la rupture perdure: cela s'appelle la «fête des Mères».

Ne pas fêter la fête des Mères, même si on a ses raisons, est culpabilisant, surtout lorsqu'on est soi-même maman et que l'on mesure l'impact d'un tel silence. Dommage qu'il n'existe pas de « fête des Enfants », de « fête des Filles » ou de « fête des Fils », à l'occasion desquelles, une fois par an, les mères pourraient honorer leur progéniture. En cas de difficulté relationnelle, elles devraient elles aussi se positionner, et la culpabilité ainsi serait partagée.

Il y a des mères qui culpabilisent de tout, et d'autres qui culpabilisent tout le monde.

Le rôle traditionnel des filles : faire du lien

Pour une fille, ne pas entretenir la relation avec maman est contre-nature. Par tradition, la mission qui lui est dévolue et qui pèse sur elle, c'est de constituer le lien entre les composantes de la famille, voire de la fratrie.

Une fille rapporte ces paroles de son père : « C'est toi qui dois faire le premier pas en famille, c'est toi la plus intelligente ! » Il voulait dire la plus « relationnelle ». Celle qui comprend depuis toujours, qui a cette étiquette collée sur le front, qui doit donc faire tous les sacrifices. Celle à qui, pour cette raison, on a volé son enfance, et pour qui ça risque de continuer : on va aussi lui voler, maintenant qu'elle est grande, ses ressentis !

De même, par définition, la fille est celle qui va assister ses parents durant leur vieillesse. À noter que les garçons, les fils, se débinent en général allègrement. Pardon, messieurs, mais c'est la vérité ! C'est sur la fille que repose le plus souvent la mission de s'occuper de maman.

Où s'arrête le devoir d'une fille ? Y a-t-il une limite ? Et qu'en est-il dans le cas particulier des mères difficiles ?...

POURQUOI IL EST DIFFICILE DE MAINTENIR LA RELATION AVEC SA MÈRE LORSQU'ELLE EST, OU A ÉTÉ, UNE MÈRE DIFFICILE

Le plus souvent, c'est autour de la quarantaine qu'il devient urgent de travailler sur la relation à sa mère, surtout lorsqu'elle est difficile, parce que c'est l'âge où la fille se trouve face au problème d'une mère vieillissante dont il faut maintenant s'occuper.

Pas facile de voir vieillir sa mère, pas plus facile lorsqu'elle a été défaillante

Il n'est jamais simple d'accepter la déchéance physique d'un de ses parents, surtout quand il s'agit de ce double, la mère. C'est comme assister à sa propre déchéance, par anticipation. On a parfois envie de prendre ses jupes à son cou. « Maman, c'est mon miroir ; alors, maintenant que maman est devenue une vieille peau, c'est moi que je vois… », explique une fille.

Vieille, notre mère nous renvoie l'image déchue de nous-même, de ce que nous pourrions être ou devenir, tout comme, petite, nous lui renvoyions l'image embellie d'elle-même au travers de notre regard d'enfant fascinée. C'est maintenant à la fille d'éprouver pour sa mère de la compassion devant sa détresse face à la course du temps.

Mais quand la mère a été difficile, la compassion a parfois plus de mal à être au rendez-vous, surtout lorsque maman ne veut pas voir la réalité, lorsqu'elle est en proie à un mélange d'inconscience et de refus poignant du temps qui passe, et qu'elle se donne en spectacle en prenant des airs de clown grotesque.

Une vieille dame, appuyée au chambranle de la porte, prend la pose (la même que sur une photo prise le jour de ses dix-huit ans), comme une pin-up des années cinquante. Ses longs cheveux sont défaits, à moitié blancs, à moitié roux. Elle dit : « Tu as vu, je suis belle, comme ça ! Ton père ne voulait pas que je laisse mes cheveux dénoués ! » Autrefois, cette mère a écrasé sa fille de sa superbe. C'était une mère narcissique, une mère étoile. Aujourd'hui, lorsque sa fille lui parle d'une de ses conquêtes, elle soulève sa jupe et dit : « Regarde, les belles jambes que j'ai pour mon âge ! »

La gestion du vieillissement de la mère est difficile quand la mère a été difficile, car, à ce moment de sa vie, il faudrait la materner.

Devenir la mère de sa mère

> **Il y a toujours un moment où l'on devient la mère de sa mère, quand le recul est suffisant. C'est un chemin d'alternance : fille de sa mère, puis mère de sa mère.**

Une fille de cinquante-cinq ans qui dit avoir une relation très éprouvante avec sa mère de quatre-vingts ans me raconte comment celle-ci, au moment où elle l'a déposée à l'aéroport (elle partait passer trois semaines chez son fils à l'étranger), lui avait jeté un regard de noyée. C'est le retour, plus que jamais, à ce lien inconscient, ce lien primaire mère-fille.

Hormis le cas du veuvage, les personnes âgées sont fragilisées. Les hommes souvent plus que les femmes, mais ces dernières éprouvent aussi le besoin d'être maternées. Elles redeviennent enfants. Leur passé, leur enfance remontent à la surface. Il arrive de même qu'elles ne soient plus mères à compter du moment où le père n'est plus, où le couple parental a été dissous par la mort. Elles sont seules. Nous devons donc nous occuper d'elles, car elles sont redevenues des petites filles. C'est pourquoi, très souvent, à compter de cet instant, il est difficile de se positionner en tant que fille face à sa mère. À ce moment, nous devenons réellement la mère de notre mère. Notre mère a besoin de stimulation pour continuer à vivre, comme l'enfant en a eu besoin pour grandir.

C'est ce maternage que certaines filles ont du mal à assurer avec leur mère âgée, non sans culpabilité, encore une fois, quand « leur histoire » a été trop lourde…

Alors, comment s'occuper de ces mères âgées qui nous ont usées ?

Comment prendre soin de ces chipies quand elles sont vieilles ? Les filles se sentent « flouées » d'avoir à materner cette mère qui, elle, n'a pas apporté d'attention à l'enfant fragile qu'elles étaient, ou ne l'a pas épargné. Tant de douleur infligée (souvent de part et d'autre) dans la relation fait que certaines filles estiment « avoir eu leur compte ». Elles en ont assez vu. Elles ressentent la nécessité de se protéger.

Quand il n'y a pas eu assez de bon grain engrangé avec la mère, et que trop de blessures restent ouvertes, l'assister dans ses vieux jours est une opération qui coûte, d'autant plus que cette maman difficile ne l'est pas moins, une fois le père disparu, et qu'elle continue ses tours et ses manipulations.

C'est parfois une découverte surprenante, et une source de désarroi, alors qu'on pensait malgré tout pouvoir remplir son rôle auprès de sa mère, de se rendre compte que cela nous est impossible, parce que tout notre corps dit « non ! ».

Pas fréquentable si c'était pas maman ?

Il y a des personnes qu'on ne fréquenterait pas si elles n'étaient pas de notre famille. Mais peut-être que si elles n'étaient pas de notre famille, elles nous paraîtraient plus fréquentables…

Certaines filles de mères difficiles pourraient se poser cette question : « Est-ce que je fréquenterais maman si elle n'était pas ma mère ? » La réponse est moins évidente qu'il y paraît, car « si ce n'était pas ma mère mais celle d'une autre, peut-être envierais-je sa fille ». C'est ça le paradoxe !

Humour noir

Cela me rappelle le titre d'un film qui m'avait beaucoup amusée à l'époque, *À notre regrettable épouse*. Je pense que certaines (nouvelles) orphelines pourraient commettre ce lapsus et faire graver sur la tombe de leur maman : « À notre regrettable mère » !

À titre d'exemple, un dialogue de la folie ordinaire entre mère et fille :

RÉFLEXION DE LA FILLE EXCÉDÉE (ET MALHEUREUSE) À SA MÈRE. — De deux choses l'une, maman, ou tu es bête, ou tu es un monstre… !!!

RÉPONSE DE LA MÈRE. — Si je suis un monstre, alors pourquoi continues-tu à me fréquenter ?

— Parce que tu es ma mère.

La mère a elle-même choisi la perversion plutôt que la bêtise, et elle a eu sa réponse, comme la fille a eu la sienne. Que faire en pareil cas ? Pour la fille, prendre du recul et s'écarter.

LES ÉCUEILS RENCONTRÉS DANS LA COMMUNICATION MÈRE-FILLE

Examinons ici les raisons pour lesquelles il est si difficile de « dire », de « se dire », face à sa mère, alors qu'il est indispensable de mettre des mots sur son vécu ancien et présent avec elle, pour le bien de la relation.

Les mots pour le dire : le droit de réponse, le droit de manif

> **Pour fumer le calumet de la paix, il faut d'abord avoir déterré la hache de guerre.**

On a parlé de la légitimité de la plainte des filles. Parlons maintenant du *droit à la plainte pour toutes.* Ce n'est pas parce qu'on n'a pas connu les coups ou l'inceste qu'on a eu une enfance heureuse.

Ainsi, il ne faut pas minimiser les traumatismes subis durant l'enfance. Souvent, on ne prend pas en compte les blessures émotionnelles, en se disant qu'il y a des histoires qui sont bien pires que la sienne. Si l'on ne prend pas conscience de la blessure qui nous a été infligée par notre mère, on n'est guère en mesure d'acquérir la *lucidité* nécessaire pour éviter les conflits dans les cadres conjugal et professionnel. Ainsi, nous avons toutes les chances de ne pas choisir le mari qui nous convient…

Il n'est jamais trop tard pour bien faire. Il faut « mettre » des mots sur la réalité, sinon la relation est faussée, frustrante. Et la situation reste inachevée.

Un des principaux obstacles – et il y en a d'autres – à cette mise en mots est le principe moral selon lequel on doit le respect à ses parents, hérité lui-même du quatrième commandement de la Bible qui veut que l'on honore son père et sa mère. C'est comme si, en disant la vérité de son ressenti à sa mère, nous devrions avoir mauvaise conscience parce que nous lui manquons de respect.

Or, respect ne signifie pas soumission.

La vérité, toujours bonne à dire ? Oui… Mais comment ?

Comment négocier avec une mère difficile. Méthode frontale, ou non ?

Une fille répond :

Ma méthode infaillible (j'aurais pu travailler dans la diplomatie), c'est ne pas rentrer dans (le lard de) mon interlocuteur, et de prêcher le positif.

Mais dans le domaine des sentiments et, surtout s'il s'agit de maman, difficile de rester centrée, de ne pas être dans la réaction émotionnelle. Alors, quand j'ai épuisé le positif, à un moment donné, invariablement je crache: « Tu ne veux pas? C'est que tu ne m'aimes pas! » Comme quand j'étais petite. Il n'y a qu'avec maman que ça ne marche pas, ma méthode!

Pourtant, il faut prendre le risque des mots pour éviter les maux. Prendre le risque de dire, pour la fille, et prendre celui d'accepter d'écouter et d'entendre, pour la mère – ce qui est, pour certaines, les coulisses de l'exploit! La mère doit entendre qu'elle a commis des erreurs, qu'elle a eu des manques ou des manquements, et elle doit, par certains aspects du moins, accepter le qualificatif, sous-entendu, de « mauvaise » mère – qui est relatif, nous l'avons vu. Car les mères ont toujours l'impression d'avoir fait ce qu'elles ont pu, et c'est vrai.

La vérité, toujours bonne à dire? Oui... Mais à qui?

Parfois, c'est maman qui a de la peine quand je parle à la vilaine sorcière. Le message n'est pas reçu par le bon destinataire, un « qui » est pris pour un « quo », et c'est le quiproquo. La mère n'a pas conscience de ce que lui reproche sa fille. Est-il utile de dire à maman ses quatre vérités? Oui, mais en prenant des précautions, en faisant attention à sa « maman », comme le dit Patricia.

Voici son point de vue:

Un jour d'orage, un jour de panique, la petite fille a piqué une colère, et elle a crié à l'injustice, à la vilaine sorcière, celle qui pique, celle qui engendre les tourments, qui exclut, qui classe, qui divise froidement. Mais ce n'est pas la vilaine sorcière qui a entendu la petite fille en colère, c'est la maman protectrice, qui a toujours tout fait pour ses enfants, qui les a fait passer avant elle, les a soignés, les a instruits, éduqués le mieux possible, et cette maman, ma maman, a été peinée des pleurs de cette petite fille, elle n'a pas compris, elle n'a pas reconnu le « bourreau » de la petite fille...

S'ajoute à cela le fait que nous n'avons pas la même mémoire des événements. La mémoire est subjective et sélective. Les enfants retiennent et attachent de l'importance à des faits qui, pour leur mère, sont insignifiants. Dans un registre plus léger, une petite fille de dix ans dit à sa maman:

Oui tu es une gentille maman… mais y a des fois, non ! Tu te souviens le Jour de l'An 2000, tu ne m'as pas réveillée pour le feu d'artifice alors que je dormais dans la salle des fêtes, sur un lit de camp, en attendant ! Tu n'as pas été gentille cette fois-là !

La maman ne se souvient plus de cet épisode, mais elle se demande si elle n'a pas dû penser, à l'époque, que sa fille dormait trop bien et qu'il ne fallait surtout pas la réveiller. Mais très honnêtement, elle n'en donnerait pas sa main à couper!

Les enfants nous ressortent de ces vieilleries! Et c'est ce qui se passe de la part d'ex-petites filles devenues adultes, avec leur mère vieillissante. C'est encore moins évident si l'on a affaire à une «révisionniste» ou une «négationniste». En général, les mères oublient comment elles ont été, mais certaines sont particulièrement douées pour refaire l'histoire et en changer le cours. Avec elles, on a un peu l'impression de parler à ces gens qui nient l'existence des camps de concentration, si vous voyez ce que je veux dire… Elles ne reconnaissent jamais leurs torts, comme si elles étaient amnésiques – une amnésie qui est souvent de circonstance et qui s'apparente plus à de la mauvaise foi qu'à de la subjectivité.

Ainsi, une fille nous explique:

De mon point de vue, ce qui est le plus terrible dans mon histoire, c'est le silence auquel ma mère m'a contrainte à l'âge adulte sur ce qui s'était passé quand j'étais petite fille. Aujourd'hui elle continue à tout nier avec force, ou alors elle donne sa version, qui pour moi est entièrement fausse !

Ce déni de la réalité des faits est grave pour la fille, parce qu'il l'a déjà conduite à nier elle-même les souffrances du petit enfant. Le petit enfant qu'elle était est ainsi doublement bafoué, par les faits, et par le déni des faits. Retrouvons la mémoire. La mémoire n'est pas synonyme de rancune.

Quoi qu'il en soit, ce n'est pas quand elle sera six pieds sous terre que l'on pourra dire à la vieille dame ce que l'on a ressenti.

Mais même si l'on recherche pour soi la vertu thérapeutique qui consiste à lever les non-dits, on craint de se heurter à un mur ou à des réprimandes, comparables à celles que nous avons subies petite fille, et de provoquer un durcissement. On a peur que notre mère se raidisse, qu'elle nous mette à la porte, ou qu'elle nous la claque au nez, ou qu'elle raccroche le téléphone.

Nous nous disons que le fait de lui avouer nos rancœurs et nos souffrances va lui faire du mal. Pis encore, que cela pourrait lui être fatal si elle est âgée et de santé fragile. C'est l'effet inhibiteur de cette répression imaginaire, pur produit de notre mental, dont nous avons déjà parlé. C'est la raison pour laquelle certaines filles pensent qu'il est inutile de parler à des mères qui, de toute façon, ne comprendront rien.

Ce n'est pas la position d'Éléonore, qui fait partie de celles qui tiennent à ce que la vérité sorte à tout prix du trou, quitte à débusquer maman… comme une vieille bête. Mais qu'est-ce que la vérité, et n'est-elle pas de toute façon relative et valable à un moment donné ? Écoutons Éléonore :

La question est de savoir pourquoi je demande à maman ce que je sais qu'elle ne peut pas me donner. C'est ma folie, qui consiste à vouloir qu'elle soit autre, qu'elle change, qu'elle soit comme les mamans des autres. C'est aussi la volonté inconsciente de l'acculer et, ce faisant, de nous acculer à la rupture, au moins momentanée. C'est ma sale manie de vouloir que la vérité sorte du puits, quitte à en crever… A-t-on besoin de cette vérité-là ? Le prix de la lucidité est parfois si élevé. Qui sait si ce n'est pas au-dessus de mes moyens ?

Quand la fille et la mère sont jusqu'au-boutistes, c'est la politique de la terre brûlée, c'est l'escalade. Il s'agit de mettre bas les masques, et maman s'entête.

Éléonore, encore :

Nous communiquons d'inconscient à inconscient. Elle souffre de mon absence, mais elle s'entête comme une vieille folle. Elle est au pied du mur, je ne lui laisse plus l'occasion d'être mère sur des détails, parce qu'elle ne l'est pas sur l'essentiel. Elle ne peut plus jouer le jeu de l'hypocrisie maternelle, la voilà découverte, je ne lui laisse plus la possibilité de me gratifier de petits bénéfices secondaires qui lui permettent habituellement de sauver les apparences, à ses yeux et à ceux des autres. Je ne lui laisse qu'un rôle à jouer, le vrai, le sien, autant dire le mauvais. Je n'arrondis plus les angles sous prétexte qu'il s'agit de maman. Toutes les deux, nous sommes face à la vérité toute nue et je crois que cela ne nous épargne ni l'une ni l'autre!

Mort, où est ta victoire? Une mère acculée n'est pas un beau spectacle à voir, ni une source de grande satisfaction pour la fille. Quand les mères ne veulent pas entendre, les attaquer de manière frontale ou sous le coup de la colère est pire que ne rien dire.

Nous avons vu combien la communication mère-fille est difficile. On pourrait même, dans certains cas, parler d'incommunicabilité. Apprendre à communiquer est donc pour elles, impérativement, un passage obligé pour que les nuages le cèdent à l'éclaircie.

COMMENT RÉPARER SA RELATION À SA MÈRE

Première démarche nécessaire mais insuffisante: connaître et comprendre l'histoire de sa mère

Une fille de soixante-cinq ans témoigne: «Quand on a compris ce qui a mené notre mère à nous faire du mal, on est apaisée.»

La voir comme une femme et non comme sa mère

Il faut comprendre le chemin de vie de sa mère, ses combats. Il faut, pour dédramatiser la relation à sa mère, la regarder non plus comme une mère, mais comme une femme, ce qui est plus aisé quand nous sommes adultes. Il faut se poser en observateur extérieur de son parcours de femme, de combattante, ce que l'on appelle sa «carrière de femme» pour, en parvenant à plus de compréhension, acquérir un plus grand détachement. Ce qui ne dispensera pas de faire un travail sur les émotions, que nous évoquerons plus loin.

En fait, la vie de notre mère se résume à un combat de femme (on dira parfois qu'elle s'est débattue comme elle a pu!), à une quête du bonheur plus ou moins réussie, dont les contingences et les aléas ont eu des répercussions sur nous.

Voilà pourquoi bon nombre de mères ne se reconnaissent pas dans cette femme du passé décrite par leur fille adulte. Elles traversaient peut-être alors une période difficile, et elles ne pouvaient faire mieux. Elles étaient femmes avant d'être mères, peut-être déstabilisées dans leur féminité et affectivement par un divorce, et elles ressentaient le besoin de s'éloigner un peu de l'enfant pour refaire leur vie.

Lorsqu'elles ont gagné en équilibre, en sérénité et en sécurité, et que le manque de soin, d'intérêt et de sollicitude pour leur fille persiste, il s'agit alors d'une caractéristique de la relation, un état d'être de la mère. C'est pourquoi il y a tant de mères qui se «rattrapent», qui tentent de rattraper le temps perdu. «Une mère entourée affectivement et soutenue socialement offre de meilleurs bras[71]», dit Boris Cyrulnik.

Quelle fille devenue femme, exposée elle-même aux difficultés du féminin dans ses rôles multiples ne peut pas entendre, au sens de comprendre, les raisons de ces maladresses, de ces carences, ou même de ces abus? À condition bien sûr que les dégâts n'aient pas été irréparables, qu'il n'y ait pas eu d'atteinte vitale.

La recherche psychogénéalogique ou est-ce que grand-mère faisait du vélo?

Einstein disait qu'un problème ne se résout jamais là où il se pose. Christiane Singer dit que l'«on est debout sur sa famille comme on l'est sur sa tombe.» Et Henri Gougaud, dans *Les Sept plumes de l'aigle*, déclare:

Chacun [...] devrait faire tout ce qui est en son pouvoir pour se débarrasser de ses propres fardeaux et malédictions [...]. Nos peines ne s'effacent pas avec nos existences [...] et nos enfants en héritent aussi naturellement que l'on hérite d'un terrain ou d'un âne[72]. »

Chaque génération devrait traiter ses dysfonctionnements dans l'intérêt de la génération suivante. C'est pourquoi une mère, elle-même fille, doit faire ce travail pour elle, mais aussi pour sa fille.

Avec les années, le fardeau s'alourdit, bien avant et jusqu'à notre mort. Je me souviens de ce membre de ma famille qui m'a confié: «Tu

71. Boris Cyrulnik, *Les vilains petits canards, op. cit.*, p. 86.
72. Henry Gougaud, *Les sept plumes de l'aigle*, Paris, Seuil, 2000 (1995), p. 250.

sais, c'est dur, il ne fait pas bon vieillir.» Bien sûr, mais je ne peux m'empêcher de penser que c'est bien plus dur encore si l'on n'a pas travaillé sur son histoire et tenté d'accomplir cette réconciliation avec soi-même, sans laquelle le processus de vieillissement ne peut être accompli avec sérénité. Et l'on en voit tant, de ces vieillards près du terme, chez qui tout remonte en surface comme autant de blessures douloureuses!

Si elle ne guérit pas la blessure, la connaissance de l'histoire de la mère peut aider à la cicatriser. À cet égard, une démarche en psychogénéalogie, véritable exploration de l'histoire familiale, ouvre des portes et fournit des fils conducteurs. Il ne s'agit pas de tout excuser. Le fait qu'une famille n'ait pas été structurante ne saurait se justifier par son histoire. Encore une fois, il n'y a pas de fatalité. Cependant, il faut essayer de savoir et de comprendre, car la compréhension est source d'apaisement et de libération.

La psychogénéalogie est une approche psychothérapeutique systémique qui s'aide de données généalogiques ou de la mémoire familiale pour repérer les répétitions au niveau des désordres psychiques et physiques. Ceux-ci semblent parfois se reproduire à des moments particuliers. C'est le syndrome de l'anniversaire.

La psychogénéalogie met dès lors l'accent sur le roman familial. Elle s'appuie sur la réalisation d'un arbre généalogique qui peut couvrir quatre, voire cinq générations. Vient alors l'analyse des communications qui existent entre les membres de la famille. Cette discipline est intéressante, notamment au plan des maladies, où elle peut être avantageusement associée à une autre approche thérapeutique issue des découvertes faites au cours des années 1980 par un médecin allemand, le docteur Hammer: le décodage biologique.

Il s'agit de déprogrammer, dans les cellules de notre corps, ce qui y est inscrit profondément sur le plan émotionnel par héritage génétique – le chagrin de maman à la mort de son père, par exemple – et qui se serait cristallisé sur un organe ou aurait déclenché une maladie: ce qui constitue la réponse biologique à cette émotion négative.

Comme l'écrit Christian Flèche dans *Le décodage biologique*

L'émotion transite, comme les dates, et tout le vécu individuel, de génération en génération, [...] ce qui a été notre vécu, notre ressenti, tous les problèmes auxquels nous n'avons pas trouvé de solution... tout cela va devenir l'inné de nos enfants, afin qu'ils en trouvent la solution[73] ».

Nos enfants, à défaut, les transmettront à leurs enfants.

Les retentissements sur le corps de l'histoire familiale sont considérables. Il est possible, notamment, de repérer des concordances quant aux dates où se déclenchent certaines maladies; similitude de dates mais aussi de symptômes: calculs rénaux comme la mère; migraine comme la grand-mère; similitudes de dates aussi où surviennent des accidents.

Il existe malheureusement de véritables traditions familiales. Une famille m'a révélé qu'il survient fréquemment chez ses membres des chocs à la tête ainsi que des tumeurs au cerveau. On y voit aussi des morts violentes par traumatisme crânien. Le grand-père était un officier qui avait «laissé un os de sa tête sur le champ de bataille, en 1914, à Verdun», comme disait la grand-mère, qui percevait une pension pour ce fait de guerre et conservait la médaille militaire dans une petite boîte.

Dans le même ordre d'idées, une fille ou une petite-fille peut, à la génération suivante, révéler par un symptôme (ou un accident) ce qui est arrivé à sa mère ou à sa grand-mère, ou répéter un des symptômes subis par l'une des deux femmes, qu'elle s'est appropriée.

Le symptôme est parole, il parle de lui-même (et de vous), il est imagé, il est métaphore. Jacques Salomé a évoqué à maintes reprises dans ses ouvrages le langage métaphorique des maladies.

Une fille de quarante ans, par exemple, qui souffre du rein gauche (tout ce qui est à gauche, c'est la mère, dit-on), nous livre les résultats de ses recherches du côté maternel:

Je fabrique des calculs rénaux comme maman, qui a subi l'ablation d'un rein des suites de cette dysfonction rénale. Les calculs, cela veut peut-être dire que maman a fait des calculs pour moi, des calculs sur moi, et que pour être une bonne petite fille sage, moi aussi j'ai calculé, j'ai établi, défini ma vie... mais que je ne l'ai pas vécue... Je suis devenue comptable alors que j'aurais voulu être comédienne. C'est un métier sûr et sérieux,

73. Christian Flèche, *Le décodage biologique,* Paris, Bernet-Danilo, 2005, p. 46.

donc risque calculé. *Je dois aussi travailler sur le chagrin ressenti par maman quand elle a perdu son père. Ce chagrin, je le porte en moi. Elle a fantasmé son chagrin, et elle a bloqué son rein. Le rein, c'est aussi la rancune, les choses non réglées, les choses non acceptées. Voilà deux pistes de travail pour moi : en finir avec ce personnage que je ne suis pas, calculé pour moi, et déposer le chagrin de ma mère. Alors, peut-être ne produirai-je plus de calculs et peut-être garderai-je mon rein…*

La fille peut, par fidélité, prendre tout le chagrin de sa mère sur ses épaules, le chagrin de sa mère lorsque, enfant, elle a perdu son père. Ou toute sa résignation, si c'est une mère qui a subi la vie, qui a été trompée par son mari, qui a été maltraitée par ses enfants et qui a finalement développé la maladie d'Alzheimer. Dans cette maladie, ce sont les synapses du cerveau qui sont coupés : la mère n'est rien, elle est résignée. Tout cela, bien sûr, n'est constitué que d'interprétations. Il ne s'agit pas d'une science exacte, comme du reste tout ce qui a trait à la psychologie.

Il y a ainsi des correspondances de chiffres, de dates de naissance, de mois de conception. Et, par voie de conséquence, il y a un travail de *reliances* à faire. La question à se poser fréquemment est : « Quel âge a ma fille ? »

Quand ma fille a atteint l'âge que j'avais à l'époque où j'ai vécu un événement traumatique, j'ai développé un symptôme que j'avais stocké dans ma mémoire.

Une femme de trente-huit ans raconte :

Quand ma fille a eu onze ans, l'âge que j'avais lorsque la grand-mère qui m'a élevée est décédée d'une tumeur au cerveau, soit l'année de mon entrée en sixième, j'ai ressenti de violents maux de tête : ma fille entrait en sixième elle aussi.

Nous pouvons développer un symptôme à un organe alors que nous ignorons que notre mère a eu, dans cette même région du corps, une agression. C'est le cas d'une femme dont l'arrière-grand-mère, qui était servante à l'époque, a été violée par le fils de la famille dans laquelle elle travaillait. Sa grand-mère est l'enfant de ce viol. La petite-fille fait du vaginisme lorsqu'elle a des rapports sexuels avec son mari, qu'elle aime. Elle ignore cette histoire, mais son corps, lui, ne l'ignore pas.

La petite fille qui a « vu »

On comprend mieux sa mère quand on connaît son histoire.

Une fille raconte :

Ma mère a vécu une scène traumatisante. Elle a assisté à l'amputation de son père. On avait laissé la petite fille de six ans sans surveillance. Ce faisant, on ne l'avait pas épargnée. Elle était « planquée » sous la table du salon sur laquelle les médecins amputaient son père d'une jambe gangrenée.

Aussi, devenue mère, cette femme disait, lorsque sa propre fille ne lui donnait pas satisfaction : « Je n'ai pas d'état d'âme, je peux rompre définitivement avec elle, c'est comme si je me coupais un membre ! » Ce membre qui correspondait à la perte du père. Devenue mère, elle pratiquait l'amputation affective.

La Constellation Familiale de Bert Hellinger[74] ou à chacun sa place et chacun à sa place

Pour Christiane Singer, « chaque famille est un radeau de naufragés ». Autrement dit, chaque famille essuie des tempêtes et connaît des naufrages. Malgré tout, il faut tenter de hisser tous les membres sur un radeau, sans en perdre aucun.

La technique de la Constellation Familiale, mise au point par le thérapeute Bert Hellinger durant les années 1980, connaît un large retentissement. C'est une technique qui se situe aux frontières des émotions et de la compréhension. Elle fait appel au psychodrame et à la visualisation.

L'objectif de la Constellation Familiale est de redonner sa place à chacun, de permettre à chacun de prendre conscience de ce qu'il ou elle porte en soi et de ce qui lui vient d'autres membres de sa famille. Il ou elle doit ensuite mettre des mots sur ces réalités afin d'arrêter toute transmission générationnelle négative.

74. Bert Hellinger, Gabriel Ian Hövel, *Constellations familiales*, Barret-Sur-Méouge, Le Souffle d'Or, coll. Parole, 2001.

Pour illustrer cette approche de façon plus imagée, disons qu'il s'agit de ramener les valises à la consigne et de ne pas prendre en charge ce qui ne nous concerne pas.

Le clan familial est comparé à un mobile, avec des personnages au bout de chaque fil. Lorsque l'un d'entre eux est exclu, l'ensemble s'en trouve déséquilibré. C'est ce qui se passe quand un enfant mort est oublié (ou un bébé avorté); quand on ne parle plus d'une personne au destin difficile; quand un membre est exclu à cause de son comportement; et quand quelqu'un n'assume pas ses torts. Chacun doit avoir sa place. Le lien familial doit exister. À défaut, quelqu'un de plus jeune, un des derniers arrivés dans la famille (enfant, partenaire) s'identifie à la personne refoulée en prenant sa place, en vivant son destin et ses émotions. Ce faisant, il ou elle sacrifie sa vie, en adoptant, par exemple, le comportement alcoolique de l'exclu ou en se suicidant…

La personne qui agit de la sorte cherche inconsciemment et de façon inappropriée à rétablir l'équilibre du clan, du système, en renonçant à son propre destin. Elle est mue par un sentiment de loyauté, certes noble, mais vain, car au lieu de rétablir l'équilibre elle accentue, en se chargeant d'une telle mission, le désordre et la souffrance du clan – et se nuit à elle-même par la même occasion. On dit qu'elle est prise dans une *intrication*, c'est-à-dire un enchevêtrement de complexités, d'identités qui ne lui appartiennent pas.

Lorsqu'une fille a une relation difficile avec sa mère, elle peut clarifier une partie de son histoire familiale au moyen de cette technique. Concrètement, le praticien lui pose quelques questions afin de cerner les événements importants qui se sont déroulés dans la famille (avortement, séparation, enfant mort en bas âge, etc.).

Seuls comptent les événements. Le comportement et les traits de caractère de la mère ne sont pas examinés. La fille ne doit pas se plaindre du tempérament impossible de maman: cela ne favoriserait en rien la recherche d'une solution et pourrait influencer les participants.

Dans cette optique de la Constellation Familiale, accepter des critiques concernant le comportement d'une personne est une forme d'exclusion. La constellation répond au principe de totalité. C'est une approche très positive, tournée vers la réconciliation, selon Bert Hellinger. Pour que l'individu se sente entier, il faut que tous ceux qui appartiennent à son système aient une grande place dans son cœur.

En outre, à la différence de la psychogénéalogie, il n'est pas nécessaire, avec cette technique, de connaître les dates de naissance et de décès des individus de la constellation, ni celle des événements perturbants.

À partir des informations recueillies, le praticien invite la personne à choisir dans l'assistance des participants destinés à représenter les membres de sa famille. En fonction de ses perceptions, cette personne donne à chaque participant une place et une orientation en le conduisant à un endroit précis. Ce faisant, elle extériorise l'image de sa famille, qu'elle porte en elle de manière inconsciente. Les représentants vont alors permettre à des émotions, à des attitudes, à des sensations et à des mouvements en eux de remonter à la surface.

Une fois une place attribuée et une orientation donnée à chacun des participants, les réactions que le praticien va recueillir vont indiquer les intrications, et qui est concerné par elles. Dans cette première phase, on prend conscience de ce qui ne va pas. La fille, par exemple, peut comprendre pourquoi elle adopte certains comportements.

Ainsi, on peut faire dire de manière forte et symbolique à une fille qui s'identifie à sa mère morte prématurément: «Maman, je te suis dans la mort.» Ces paroles peuvent faire l'effet d'un électrochoc.

L'animateur va ensuite modifier peu à peu la place de chacun pour faire évoluer toutes les parties vers la solution. Les représentants expriment leur vécu au fur et à mesure de l'évolution de la constellation, et il leur est demandé de prononcer des phrases libératrices qui vont permettre de dénouer les identifications, de restituer les responsabilités, de reconnaître l'identité et la place de chacun et de rendre hommage à ceux qui semblaient oubliés.

La constellation ne sera interrompue que lorsque chacun se sentira bien, et à sa place. La personne qui a mis sa constellation en place repartira alors avec une solution, une image mentale affective harmonieuse, où chacun est à sa place – et qui va agir d'elle-même pendant une période allant de deux à trois ans.

Le processus agit non seulement sur la personne qui a mis sa constellation en place, mais sur ceux qui l'entourent, sans qu'ils aient nécessairement été informés du travail. D'un point de vue énergétique, la technique a des répercussions sur ceux qui ne sont pas là. On peut la rapprocher de la loi des «synchronicités» de Jung, où l'on constate cette correspondance imprévisible de la réalité avec notre intention profonde.

Pour une fille, la relation à sa mère peut devenir plus fluide, elle-même devenant plus stable, plus sereine, plus énergique. Elle devient actrice de sa vie au lieu de la subir. Néanmoins, elle doit être prête à accepter la solution.

Une fille qui sacrifie sa propre existence depuis cinquante ans pour sauver sa mère peut avoir du mal à briser ce conditionnement. Cette démarche exige un changement radical en profondeur, auquel une fille n'est pas forcément prête. Prendre en main son propre destin peut aussi donner mauvaise conscience, le sentiment de trahir les siens...

La technique de la Constellation Familiale met l'accent sur le besoin irrépressible de l'enfant d'appartenir à une famille afin de survivre. Ce besoin guide nos actions à notre insu. En effet, la satisfaction d'appartenir au clan nous donne bonne conscience, et elle nous procure un sentiment d'innocence. Pour cela, nous sommes prêts à sacrifier notre propre destin, notre propre bonheur. Or, pour grandir et devenir adulte, nous devons sortir des limites et des croyances de notre famille. Mais encore faut-il, pour s'en libérer, avoir conscience que l'on obéit sans le savoir à cette espèce d'inconscient collectif de la famille.

Là encore, il faut préciser que toute difficulté ou drame n'engendre pas systématiquement une intrication, une interpénétration. Il y a des personnes qui savent gérer leur vie et trouver des solutions par elles-mêmes.

Recréer la scène initiale jusqu'à ce qu'elle se déchire...

La Constellation Familiale veut aussi faire sortir l'émotion négative enfouie en soi pour s'en libérer et pardonner, pour en arriver, par exemple, à dire de sa mère: «Elle ne savait pas qu'on pouvait faire autrement.»

Lorsqu'on rejoue la scène initiale, des phrases sont prononcées, nous l'avons vu. Ce ne sont pas des formules magiques, mais elles sont libératrices, au sens où elles peuvent délivrer du poids du destin familial. À titre d'exemple, on peut dire au participant qui joue le rôle de sa mère, pour signifier que l'on refuse de prendre en charge ce qui est de sa responsabilité: «Je suis venue te dire que je ne prends pas tes bagages, ni ta haine pour ta mère, ni tes frustrations, ni tes désillusions.»

Inversement, on peut, tout comme notre mère nous a mise au monde - la *délivrance* –, la mettre au monde elle aussi (enfin!), en lui disant: «Je te délivre du poids parental.» Ce qui sera pour elle aussi une délivrance. La mère est ainsi réhabilitée, repositionnée.

Ou encore: «Je prends de toi la vie, je peux être une femme, et tout jugement a cessé.»

Ou bien: «Je viens t'embrasser avant d'aller mon chemin.»

La mère, en retour, peut répondre à sa fille: «Va vers ta vie» ou «Je te transmets la vie».

Pour interrompre la malédiction d'une lignée de femmes, on peut prononcer ces mots: «Ce n'est pas la fatalité, c'est l'héritage.»

Des paroles peuvent aussi être prononcées pour soi, comme: «J'ai compris avec toutes mes cellules que je suis appelée à vivre.»

Ou: «Je cesse de perdre mon énergie dans la déploration de mon sort.»

Quand la mort a été donnée en héritage, on peut dire: «Je dis oui à la vie: il est autorisé de vivre et d'aimer.»

Il y a également des gestes à faire. Quand une mère ne cesse de pleurer une fille, un père ou un frère morts, ce qui l'empêche de donner sa place à l'enfant vivante, on peut, de manière symbolique, rompre, couper les liens entre les morts et les vivants… Ainsi le travail de deuil transgénérationnel va pouvoir se faire.

Le triangle des Bermudes où la bonne mère a disparu: le père mort, la mère marâtre, le fils préféré

Une fille qui a fait sa constellation témoigne:

Quand j'ai positionné les membres de ma famille, les raisons de mes difficultés relationnelles avec maman me sont apparues avec une évidence saisissante. Il y avait deux groupes: maman tournée vers son père décédé prématurément, et sa mère tournée vers son fils. Maman était restée avec le mort.

Quand il y a éviction d'un membre de la famille, nous avons vu qu'un enfant de l'autre génération peut le prendre en charge, par loyauté. C'est un enfant éponge. Les enfants captent les non-dits, les souffrances cachées des générations précédentes. C'est souvent un poète, un *visionnaire*...

L'enfant magique ou «Il faut tuer le poète»

On dit que le troisième enfant est l'enfant magique, l'enfant miracle, celui qui s'efforce de changer le système dans une famille, de rétablir l'ordre dans la constellation familiale. À défaut, il va se charger de mettre à jour les non-dits, les secrets, et il va sans doute payer de sa vie cette mise à jour, cette mise au clair.

C'est ce qui est décrit dans le film *Les heures,* tiré du roman de Michael Cunningham, déjà cité, où l'on voit Virginia Woolf en train d'écrire *Mrs. Dalloway.* Tandis qu'elle cherche la fin de son roman et s'interroge, elle prononce cette phrase: «Il faut tuer quelqu'un... mais qui? Oui... je sais, il faut tuer le poète, le visionnaire.»

Celui qui voit, qui sent, celui qui dérange, parfois, l'artiste...

«Le rôle du romancier est de capter les paroles sous-entendues, de représenter les choses impensables, de converser avec les êtres disparus. L'écrivain est le secrétaire des choses invisibles[75]», dit J. M. Coetzee dans *Elizabeth Costello.* Tout comme le poète.

Dans *Les heures,* le fils de cette mère qui a quitté sa famille se suicide en basculant par la fenêtre d'un building. Il vient de recevoir le prix de l'Académie de Poésie pour l'ensemble de son œuvre... Sa mère voulait aussi, quarante ans plus tôt, mettre fin à ses jours parce qu'elle était homosexuelle... comme lui. Elle a finalement choisi de quitter son foyer, son mari et son fils. Ce fils qui accomplit le destin de sa mère: l'homosexualité et le suicide. Il lui

75. J. M. Coetzee, *Elizabeth Costello,* Paris, Seuil, 2004, p. 270.

redonne ainsi tragiquement (par le suicide) sa place, alors qu'elle a disparu de sa vie et qu'il n'en parle jamais, même dans son dernier roman, pourtant autobiographique.

Une lignée de femmes : la mère de ma mère

Interrompre la malédiction, c'est possible ! Il y a des paroles à prononcer, on l'a vu, si l'on fait sa constellation.

Notre mère étant la fille de quelqu'un, il est crucial de retrouver sa lignée féminine pour se libérer du destin de cette lignée.

Il y a parfois une telle similitude de destins que l'on peut parler d'une lignée de femmes bien souvent tragique. On retrouve, au travers des générations, d'étranges (qui ne le sont en réalité pas du tout) répétitions et similitudes. Par exemple, une succession de femmes sans mari qui mettent au monde des filles sans père, d'enfants abandonnés à l'assistance publique, de veuves à répétition (compulsives !), au point qu'on a l'impression, comme le dit métaphoriquement Christiane Singer que « le féminin s'est noyé ».

C'est dur de ne pas payer le tribut en bout de chaîne lorsqu'il y a ainsi une lignée de femmes de la même veine. C'est souvent la troisième qui paie, encore une fois. Mais ce n'est pas une fatalité, et l'on peut toujours interrompre le processus.

Une fille explique : « Moi, je n'ai pas voulu payer jusqu'au bout, car j'ai déjà eu mon compte, mais je crois qu'inconsciemment je fais payer à ma mère la dureté avec laquelle je l'ai vue traiter ma grand-mère. »

La fille, ex-petit enfant, peut, par fidélité à sa grand-mère, vouloir « la réparer » au travers de la relation à sa mère. Celle qui porte cette fidélité-là doit la déposer, au risque que cela pèse sur sa propre vie. Ce n'est ni sa relation ni son histoire.

Une fille témoigne :

J'ai voulu au moins interrompre la chaîne de la violence, de toutes mes forces, et j'y ai réussi. J'ai connu une mordeuse. Je sais ce que cela peut faire dans la chair, même si je n'ai jamais douté que cette mordeuse était malheureuse. Ma fille, au moins, ne me fera pas ce reproche-là. Je préfère que ce soit elle qui me morde plutôt que l'inverse. Non, j'ai depuis toujours décidé de ne pas mordre mon enfant.

Moi, j'ai compris qu'entre nous trois, ma grand-mère, maman et moi, il y avait une chaîne invisible d'amour et d'insatisfaction.

Prendre sa mère pour ce qu'elle est et telle qu'elle est

Il faut accepter sa mère telle qu'elle est (oui, mais pas trop!) et cesser de lui demander ce qu'elle ne peut donner. Il faut la voir telle qu'elle est, les yeux grands ouverts, décollés.

Ne pas s'obstiner à vouloir changer sa mère est une attitude adulte, une preuve de maturité. C'est sortir de la toute-puissance infantile qui veut que l'on dise: «Je l'amènerai à être telle que je voudrais qu'elle soit, à faire ce que dans mon imaginaire à moi une bonne mère doit faire.» Eh bien non, il faut faire avec, si cela est possible, ou sans, si cela ne l'est pas.

Une fille explique:

Il faut parfois savoir reconnaître que sa mère n'a pas compris. La mienne a bien reconnu que ma grand-mère n'était pas suffisamment intelligente pour la comprendre, et moi, aujourd'hui, je trouve que ma mère est limitée… Oui, mais dans quoi? La question reste ouverte: dans sa générosité sûrement, parce que, pour le reste, c'est une femme remarquablement intelligente quand elle décide de comprendre!

Si maman n'a pas compris, c'est souvent parce qu'elle n'a pas appris à communiquer et à entendre.

De toute façon, en ce domaine, et pour une fois, il faut faire preuve d'un peu de fatalisme: les mères, c'est comme ça!

Une fille s'écrie: «Combien de fois ai-je dit: "Elle est terrible, c'est ma mère." Comme pour dire: "Qu'y pouvons-nous?" Quoi qu'elle fasse et quoi que je fasse, c'est ma mère, la matrice…»

Ces mères qui ne sont pas «reconverties»

Il faut comprendre aussi qu'il y a des mères qui n'ont pas appris à lâcher prise, ni à travailler sur elles-mêmes. Une fille déclare: «Trente ans plus tard, rien n'a changé. Je suis toujours son psy et sa confidente, et je le suis plus que jamais.» Il y a un moment où ces mères ne se sont pas «ouvertes», où elles n'ont pas fait table rase, où elles n'ont pas baissé les armes. Elles ne se sont pas laissées couler pour remonter. Il n'y a pas eu de leur part de lâcher-prise. Ce lâcher-prise, c'est donc la fille qui doit le faire.

En vieillissant, les hommes et les femmes sont ainsi faits que s'ils ne travaillent pas sur leurs blessures, leurs peurs et leurs manies, s'ils n'en prennent pas soin, au sens de « les soigner », ou s'ils ne leur trouvent pas des dérivatifs, les blessures s'ouvrent encore plus, et les peurs et les manies s'accentuent. Ainsi, par exemple, des mères ayant la peur de manquer peuvent devenir de plus en plus compulsivement avares.

Il y a des mères qui auraient eu besoin d'une thérapie pour le plus grand bien de leur fille. Mais c'est leur fille qui la fera !

Ainsi va la vie…

Lâcher prise et prendre ce qu'il y a d'« aimable » en maman

La nature est quand même bien faite : rares sont les mères qui ne sont pas aimables sous certains aspects. En fait, elles ont chacune leur spécialité, et il faut alors prendre ce qu'il y a de bon, d'aimable en chacune d'elles, même si ce n'est pas ce qu'on aurait souhaité. Principe de réalité ! (C'est pareil avec les hommes !)

C'est peut-être ce que la sagesse populaire, dont certaines filles se font le relais, veut nous faire comprendre lorsqu'elle nous livre cette maxime : « Mieux vaut une mauvaise mère que pas de mère du tout. » Il y a toujours un héritage positif, venant d'une mère, ne serait-ce que cette force que nous avons dû développer pour survivre lorsqu'elle a été défaillante ou abusive.

L'héritage positif des mères ou la loi des compensations

Il arrive que le vieux coffre du grenier, contre toute attente, soit rempli de merveilles. Si aucune mère ne peut combler tous nos besoins, il est rare que la plus défaillante n'ait pas quelque chose de positif à nous livrer.

Partons du postulat réconfortant voulant qu'une mère puisse toujours apporter quelque chose. Ce n'est pas ce qu'on attendait d'elle, mais c'est mieux que rien, et c'est beaucoup mieux que la rupture pour être en paix avec soi-même.

Telle mère a, par exemple, une manière bien à elle de stimuler sa fille, de l'encourager quand elle traverse une épreuve. Elle possède une vitalité jamais en défaut, une énergie qui l'empêche de verser dans la déprime ; c'est une abeille qui se gorge d'activités jusqu'à l'ivresse. Toujours dans le faire, qu'il s'agisse tout simplement de préparer le repas ou de nettoyer la maison… C'est sa manière à elle de lutter contre l'abattement. Cela peut être un peu frustrant pour la fille, mais la petite abeille a de bons côtés !

Une fille me racontait qu'elle s'était levée un matin le ventre noué par les contrariétés de la veille, et qu'elle avait aussitôt pensé à sa mère. Elle s'était rappelé son : « Secoue-toi ! Allez ! Lève-toi ! Ne reste pas au fond de ton lit ! » Elle s'est souvenue qu'en d'autres occasions, bien plus graves, cela avait fonctionné. Alors elle s'est douchée, elle a entrepris le rangement de la maison, puis elle s'est occupée de papiers en cours. Elle a passé l'aspirateur, nettoyé la cuisine. Peu à peu, son estomac s'est dénoué, tandis que son environnement s'ordonnait. Pas folichon, mais utile ! Et au moins, le soulagement ne s'est pas fait attendre. Pourtant, elle sait qu'en cette mère il y avait beaucoup de choses à ne pas « prendre », mais cette attitude-là, elle la garde comme un cadeau (eh oui !), un legs précieux, puisque (dans l'extrême !) elle y a recours. Les jours où tout va bien, ces tâches lui paraissent des corvées. Les jours où tout va mal, ce sont des bouées de sauvetage.

Avec certaines mères, c'est le contraire de la boîte de Pandore, cette boîte de belle apparence à la séduction trompeuse, où se cachent des vices secrets. Avec ces mères-là, il faut fouiller dans un vieux coffre avachi qui semble ne rien contenir d'attrayant, rien d'approprié, et faire le tri. Et l'on finit toujours par y trouver un trésor caché.

Il ne faut jamais désespérer !

Ni tout à fait une autre, ni tout à fait la même

Maman, c'est à la fois la même et plus la même femme que celle que j'ai connue petite. Le plus souvent, en vieillissant, nos mères deviennent plus avisées, plus sereines. Il arrive même (oui, oui, je vous assure !) que certaines éprouvent des regrets. Des regrets quand elles sont au bout du voyage… Parfois, malheureusement, c'est la maladie qui rapproche la mère et la fille. L'amour réconcilié sur le tard, cela peut aussi être la réparation.

Une fille de trente-huit ans me dit:

Ma mère était une très belle femme très occupée: je vivais avec papa. À l'époque, j'en voulais à ma mère. Maintenant, nous avons une relation vraiment extra, je n'aurais jamais cru que cela soit un jour possible…

Happy End!

Il faut faire confiance au temps qui passe, ainsi qu'aux événements et aléas de la vie, qui procurent des possibilités de réconciliation, de partage, de rapprochement entre mère et fille. Événements heureux, comme les naissances, ou plus malheureux, comme les divorces, la mort du père, etc.

Inversement, en vieillissant, certaines mères deviennent tyranniques. Quant aux filles de mères extrêmes, elles constatent souvent que le temps ne fait rien à l'affaire, qu'elles ont toujours en face d'elles la même personne. Des femmes qui ne changent pas. Deux divorces, trois mariages et quatre enterrements: rien n'y fait!

Maman, une grand-mère formidable

Est-ce qu'une femme qui est une si bonne grand-mère peut avoir été une si mauvaise mère? Oui. Elle a pu être une mère occupée, une mère démunie, une mère dépassée parce que seule à élever ses enfants, etc.

Il peut y avoir un tel changement de comportement entre la femme mère et la femme grand-mère qu'on a parfois l'impression de ne pas avoir affaire à la même personne. En tout cas, beaucoup de filles témoignent que c'est pour elles une source d'apaisement de voir leur mère, devenue grand-mère, s'occuper si bien de sa petite-fille. Bien sûr, cela ne leur donne pas ce dont elles ont manqué, ni ne remplace ce qu'elles n'ont pas eu, mais cet apaisement retentit sur leur relation. C'est en ce sens que le comportement de la mère peut être réparateur. Il s'agit d'une réparation indirecte de la relation à sa fille, via la petite-fille.

Deuxième démarche pour réparer sa relation à sa mère : écouter ses émotions

Il faut écouter sa douleur, écouter le petit enfant qui pleure. C'est une manière de se soulager. L'adulte en nous assure alors le rôle parental envers l'enfant maltraité que notre corps abrite, et lui accorde sa protection pour l'avenir.

Il est bien sûr douloureux de prendre conscience de ce qui nous est arrivé. Nous préférons souvent masquer les messages de notre corps avec des médicaments ou autres substances qui calment et engourdissent la douleur. Il n'est pas toujours aisé non plus d'établir des *reliances* entre les événements de notre passé, de notre histoire d'enfant, et nos souffrances actuelles, dans la mesure où cela nous semble du passé, justement, ou parce que cela nous paraît hors contexte, parfois régressif, voire puéril, tant que l'on n'a pas compris que cette histoire est le fondement même de notre construction.

Le mental, quant à lui, élabore une pléthore de dérivatifs, de déviations ou, au contraire, de courts-circuits pour nous empêcher de voir notre vérité en face. C'est alors à notre corps, notre meilleur allié, qu'il faut se fier, car il nous dit, lui, la vérité par le truchement des émotions qui nous traversent plus ou moins durablement – émotions qui à leur tour nous parlent de nos besoins. Ainsi, en laissant ressurgir les émotions anciennes, nous pouvons prendre conscience de nos besoins d'enfants non satisfaits. Il est ensuite plus facile de prendre en compte nos besoins d'aujourd'hui, dans la mesure où ils ne sont plus intriqués dans notre inconscient avec les besoins non assouvis du petit enfant.

Les émotions ne sont jamais négatives, car elles traduisent un ressenti juste chez celui qui les vit. C'est un acte d'amour et de respect envers soi-même que de les écouter et de les vivre, le seul acte qui permette ensuite d'être plus ouverte à l'égard de sa mère… et d'éviter les somatisations.

Pour avancer sur le chemin de la réparation, la démarche personnelle décrite ci-après est indispensable.

Cesser d'enfouir, surmonter la honte, accepter l'aide extérieure

Dans un premier temps, l'émotion peut affleurer par la parole. C'est ce qui arrive au cours d'une thérapie individuelle ou dans un groupe de parole. Une relation difficile avec la mère est le premier motif de consultation dans les cabinets de thérapeutes.

Une fille témoigne :

J'ai gardé, pendant toutes ces années, le passé caché en moi, refoulé. C'est en le faisant remonter avec mon thérapeute que j'ai cessé d'en avoir honte, que j'ai compris l'origine de cette tristesse qui me submergeait souvent. Elle aussi, je l'ai laissée remonter.

Il y a la honte, mais aussi les interdits qui empêchent de se laisser aller à ses émotions.

Une fille raconte :

Ma mère n'aimait pas quand je pleurais, c'était pour elle un signe de faiblesse, de fragilité, de sensiblerie. Elle se moquait de moi : « Pleure, pleure, ma fille, tu pisseras moins ! » disait-elle. Aujourd'hui, je souffre du dos, mais aucun ostéopathe, aucun médecin ne peut me toucher parce que mon corps réagit trop violemment. Ce qu'ils touchent, ce qu'ils massent, ce sont les émotions refoulées dessous, qui constituent une gangue de tensions cristallisées. Mon corps réagit violemment en se contractant encore plus fort. Aujourd'hui, j'ai entrepris une thérapie pour faire sortir tout ce qu'il y a en moi de refoulé.

Cette petite fille a dû réprimer ses émotions et ses sentiments avant même d'avoir pu les prendre au sérieux et les comprendre.

Outre la thérapie individuelle, les groupes de parole sont d'une grande aide pour exprimer ce qui n'a jamais été dit. Le groupe fait caisse de résonance. Il amplifie les ressentis et exprime une empathie particulière. Lorsqu'il s'agit, par exemple, du sentiment de honte lié au regard de l'autre, on a plus de chance de s'en délivrer si on l'exprime devant un groupe que devant une seule personne. Dans le groupe, celui qui « se dit » sort de son isolement, mais il s'aperçoit en même temps que son vécu n'est pas unique.

Exprimer ses émotions

Comme les émotions récentes, les émotions anciennes doivent être vécues. Trois étapes sont nécessaires pour y parvenir. C'est le cycle des émotions :

- Repérer l'émotion.

Dans un premier temps, il faut repérer quel est le type d'émotion que l'on ressent : tristesse, colère, déception ou autre. Cela n'est pas toujours facile, car l'émotion est parfois maquillée. Ainsi, l'agressivité peut cacher la tristesse. Et un état dépressif peut masquer la colère.

- Ressentir l'émotion.

Il faut ensuite s'autoriser à ressentir les émotions comme la rage, la colère, la déception, la tristesse, sans céder aux croyances qui nous en empêchent, du genre : « Je ne dois pas éprouver de la colère vis-à-vis de maman parce qu'elle (a) fait ce qu'elle peut (a pu). » Les émotions doivent être ressenties dans toute leur intensité, même si elles sont anciennes. Il faut s'autoriser à ressentir ses chagrins d'enfant.

Il existe plusieurs méthodes. Ainsi, comme le préconise le Dr Daniel Dufour dans son ouvrage *Les barrages inutiles*[76], on peut, après une séance de relaxation à l'issue de laquelle on a mis fin aux ruminations du mental en se reconnectant avec son corps physique et sensoriel, laisser remonter une scène où maman nous a, par exemple, rudoyée ou humiliée verbalement. On se positionne alors non en observatrice, mais en actrice impliquée, et on laisse se dérouler la scène jusqu'au moment le plus douloureux, où l'on pratique une sorte d'« arrêt sur image ». Cet arrêt permet de laisser « résonner en soi » les paroles mortifères, afin de bien ressentir la colère qui est logée dans le ventre. Ce ressenti peut être très violent – et quasi effrayant. C'est le cas, fréquemment, lorsque la colère est dirigée contre les personnes significatives de notre existence, celles qu'on aime le plus – comme maman. Même s'il est difficile de s'autoriser à avoir des envies de meurtre sur une mère, s'interdire ce ressenti, c'est risquer que la tension subsiste en nous et continue à bloquer nos énergies, puis dégénère en somatisation.

76. Daniel Dufour, *Les barrages inutiles,* Montréal, Éditions de l'Homme, 2005, p. 26.

- Exprimer l'émotion.

La troisième phase consiste à vivre l'émotion. Si c'est de la tristesse, il faut laisser couler les larmes, longuement et sans témoin. Cet épanchement doit se faire dans un endroit isolé, où l'on se sent à l'aise.

Le cas de la colère est à examiner avec une attention particulière. La colère, ou plutôt l'expression de la colère et ses conséquences parfois désastreuses ont mauvaise presse dans nos sociétés policées. Il faut exprimer la colère dans toute sa violence, mais il faut le faire pour soi-même, hors de la présence de sa mère, afin de revenir ensuite vers elle avec une plus grande volonté d'ouverture et d'échange. Il est impossible de communiquer sous le coup de la colère. Ce qui n'empêche pas, lorsqu'on est face à sa mère, de s'exprimer en ces termes: «J'ai ressenti de la colère et j'en ressens encore [à la suite de telle situation, de tel comportement].» Chaque fille doit trouver la façon qui lui convient, qui «lui parle», pour exprimer sa colère. L'essentiel est d'aller jusqu'au bout de l'émotion. Pour employer une expression plus imagée, il faut la gratter jusqu'au fond de la cuve. Cette expression doit être physique et non détournée, indirecte comme celle que représente l'engagement politique ou le fait de s'adonner à un art. On peut aller hurler en forêt, taper sur des objets choisis à cet effet, coussins, tronc d'arbre, etc. Il faut le faire avec force, et bruyamment. Crier devant son analyste ne fait pas le même effet!

Faire l'expérience du *rebirth*, ou j'ai pris un coup à la naissance

Une autre méthode possible, plus encadrée, est le *rebirth*. Cette technique de respiration consciente et dirigée permet aux pratiquants de revivre des événements, des émotions directement liés à la naissance ou à la phase intra-utérine.

Au cours des séances, des émotions qui ont été refoulées tout au long de notre vie remontent à la surface. Ce sont:

- des peurs généralement liées à des événements au cours desquels nous avons senti que notre vie était en danger: accidents, opérations chirurgicales, agression, viol. Ce peut être aussi l'expérience de la naissance;

- des tristesses, des désespoirs liés à des sentiments intenses d'abandon;
- des colères qui peuvent remonter à l'âge du nourrisson et qui s'expriment par des cris, des gestes, une envie de donner des coups de poing et des coups de pied;
- des fous rires qui vont relâcher les tensions au niveau du ventre.

Le participant doit accueillir ces émotions et les exprimer dans toute leur intensité, puis revenir au souffle qui va lui permettre de retourner au présent après avoir traversé les souffrances anciennes.

N. B.: Le *rebirth*, technique intense susceptible de faire resurgir des expériences traumatisantes profondément enfouies, peut se révéler «trop éprouvant» pour certaines personnes. Dans tous les cas, il faut s'assurer que l'intervenant est un professionnel expérimenté, capable d'intervenir adéquatement, quoi qu'il advienne.

Le pardon, une affaire intime

Quand les dommages subis et ressentis par la fille ont été importants se pose la question du pardon, un pardon qui est parfois considéré comme une alternative à la colère - soit un moyen d'éviter de la ressentir et de l'exprimer. C'est pourquoi nous l'évoquons ici.

Dans *L'ABC des émotions*, Claude Steiner écrit: «Si vous avez été blessé, vous devez apprendre la façon la plus appropriée d'accorder, de différer ou de refuser votre pardon[77].»

J'ai, personnellement, une position un peu agacée face au pardon. C'est une notion judéo-chrétienne qui n'a de valeur et de réalité que si elle est vécue de l'intérieur, ce qui bien souvent n'est pas le cas. On nous dit qu'il est préférable, pour notre santé, de pardonner, on croit qu'on pardonne, et l'on se rend compte que l'on n'a pas pardonné en profondeur.

Le pardon est en nous ou il ne l'est pas, quelles que soient les excuses que l'on puisse recevoir. Mais elles sont une des conditions du pardon. Le pardon n'est donc pas la panacée. Il ne doit surtout pas être évoqué à la légère ou prématurément. Une fille m'a dit très

77. Claude Steiner, *L'A.B.C. des émotions*, Paris, InterÉditions, 1998, p. 180.

justement: « Pardonner, c'est se priver de la colère. » Elle avait raison, on manque soudain de quelque chose.

Le pardon n'est pas là pour nous éviter la colère. Dans un premier temps, celle-ci doit absolument être ressentie et exprimée. Voilà pourquoi il faut savoir différer le pardon.

Parfois, le pardon déculpabilise le violent tout en laissant la violence chez celui qui l'a reçue. Chez l'offensé, il peut permettre de faire cesser les ruminations. Celui-ci ne ressasse plus. Il est mieux positionné dans l'ici et maintenant une fois qu'il a accordé le pardon, à condition, encore là, qu'il y soit parvenu réellement. Dans le mot « accorder », il y a la notion de don, de consentement. Je dirais que tout le corps de celui qui pardonne doit être consentant, et toutes ses cellules.

Une fille confesse

Je m'aperçois aujourd'hui, à trente-neuf ans, qu'il n'y a pas de photographie de ma mère dans ma maison, aucune, et qu'il n'y en a jamais eu, alors qu'il y en a de mon père. Inconsciemment, je crois que je l'ai écartée. C'est là que je vois que j'ai toujours nourri une rancœur, sans le savoir, en croyant pourtant avoir pardonné.

Les conditions du pardon

On ne peut pas pardonner à une mère qui ne présente pas des excuses, des excuses sincères. Claude Steiner explique qu'il est « difficile de demander pardon pour des dommages émotionnels que nous ne comprenons pas ». Il faut avoir développé l'empathie avant de pouvoir se rendre compte de la douleur que nous occasionnons. Les mères égocentriques et tournées sur elles-mêmes manquent d'empathie et n'ont pas toujours conscience d'avoir fait des dégâts. Claude Steiner ajoute : « Le processus de présenter des excuses et de pardonner est extrêmement important dans une vie émotionnellement alphabétisée, et il mérite parfois d'être poussé à des extrêmes atroces[78]. »

Nous savons que nous assumons tantôt le rôle de sauveteur, tantôt celui de persécuteur, tantôt celui de victime. Cette conscience

78. Claude Steiner, *L'A.B.C. des émotions, op. cit.*, p. 177-178.

nous aide à comprendre qu'il nous arrive de blesser l'autre, que nous commettons des erreurs, y compris des erreurs émotionnelles.

Steiner définit ainsi les conditions du pardon :

- s'avouer qu'on a commis une erreur ;
- admettre son erreur devant l'autre ;
- ressentir du regret et le transmettre à la personne blessée – avoir le cœur ouvert nous permet de nous rendre compte que nos actions peuvent blesser l'autre ;
- faire amende honorable, soit changer notre comportement, et aller jusqu'à faire des actes de réparation.

Les aides au pardon

Une fille de cinquante-trois ans raconte :

J'ai pardonné à maman, mais j'ai dû la tuer d'abord, la laisser raide morte, là, sur le carreau. [*Elle montre le sol du plat de la main.*] *Ce fut le travail d'une longue thérapie. Ensuite, je lui ai pardonné. Oui, aujourd'hui, je peux dire que je lui ai pardonné. Mais il y a eu tout de même un événement déclencheur. Cela s'est passé comme ceci : ma mère ne m'a jamais touchée de sa vie. Elle ne m'a jamais embrassée. Ce jour-là, j'ai mis mes pieds sur ses jambes et je lui ai caressé la nuque. Alors, soudain, elle s'est mise à parler. Elle m'a dit : « J'ai élevé mes frères et sœurs, et toi, je t'ai eue très jeune, alors je t'ai prise comme la continuité d'eux, de cette charge, de ce fardeau. » C'est à compter de ce moment que je lui ai pardonné.*

La fille avait son explication et, surtout, sa mère avait reconnu son « malheur » de fille : le résultat de son propre « malheur » de femme.

Une aide efficace au pardon : à défaut d'excuses, la conscientisation.

Le processus du pardon (le déclic) est différent selon chaque fille. Néanmoins, il semble qu'une aide efficace au pardon soit le fait que la mère ait fini par conscientiser la relation. Nous ne lui demandons pas beaucoup plus. En tout cas, nous ne lui demandons pas de changer l'histoire, de faire comme si ce qui a existé n'avait pas existé, ni de changer elle-même, mais de manifester un début de commencement de compréhension de ce que nous avons souffert, et des difficultés que nous avons éprouvées. C'est déjà énorme. Et si elle dit: «Tu as raison», alors c'est un cadeau. C'est la cerise sur le gâteau.

«Ma mère a reconnu qu'elle avait manqué d'attention à mon égard et j'ai retrouvé un équilibre», dit une fille. Cette conscientisation ne se fait pas sur commande, souvent la mère devra faire la démarche d'un retour sur elle-même, chercher dans son histoire, suivre une thérapie. Cela s'appelle se remettre en cause.

Vers l'apaisement par défaut...

Lorsque le pardon, pour une raison ou une autre, n'a pu être accordé, c'est une perte de vie que de continuer à haïr les tortionnaires, même si ma conviction est qu'on ne peut faire l'économie de cette haine dans un premier temps, pour s'en écarter, pour s'en séparer et qu'il nous faut, au minimum, aller jusqu'au bout de cette colère incontournable. Ensuite, un thérapeute peut nous aider à gérer la douleur transformée en haine. C'est comme s'il fallait mettre sa mère au banc des accusées avant de pouvoir passer à autre chose.

Parfois, on confond haine et colère, cette colère qui, on l'a vu, peut être à l'origine de ressentis très violents. Une fille de trente-cinq ans témoigne: «Moi, je n'éprouve pas de haine à l'encontre de ma mère, je ne crois pas que ce soit dans ma nature, mais j'éprouve une grande colère à son égard.»

Une fois cette colère exprimée, «nettoyée», on peut passer au stade suivant, dans lequel on éprouve enfin de la compassion pour sa mère. Ravageante, certes, cette mère, mais malheureuse! Tant qu'elle n'a pas achevé sa réconciliation avec elle-même, la fille peut osciller en permanence entre deux sentiments contradictoires: une énorme compassion et le rejet. Se réconcilier avec soi permet d'éprouver à nouveau de la compassion pour la mère, et c'est essentiel, car le fait d'avoir perdu la compassion vis-à-vis de sa propre mère est un état dont on ne sort pas indemne. Il ne s'agit nullement de s'écrier: «Maman, je t'aime!» Il ne faut pas non plus s'apitoyer, ni éprouver des sentiments que l'on n'a pas vécus. Et cela n'empêche pas de condamner le comportement déploré.

Alors qu'elle est dangereuse lorsqu'elle est éprouvée trop tôt par un enfant, qu'elle empêche de grandir, la compassion apaise l'adulte. Éprouver de la compassion ne signifie pas culpabiliser. Nous ne sommes pas responsables de ce que notre mère a fait des traumatismes de son enfance, ni de la manière dont elle a réussi ou non à les intégrer psychiquement.

À chacune son enfance.

Les lettres qui soulagent, les lettres mortes

Pour exprimer ses émotions plus directement à celle qui en est à l'origine, est-il souhaitable d'écrire à sa mère? L'écrit est préférable à la confrontation directe, en ce sens qu'il favorise le recul, la réflexion. Il permet de peser, de soupeser les mots. Mais il ne permet pas de voir la réaction du destinataire. Et surtout, les phrases écrites sont définitives. Alors, oui, il est bon d'écrire, mais avec beaucoup de précautions, afin de ne pas envenimer le conflit et d'exprimer de façon précise ce qu'il est bon pour nous d'exprimer.

C'est pourquoi les lettres écrites sous le coup de la colère et de l'émotion ne devraient jamais êtres envoyées. Les termes en sont trop véhéments, trop durs, trop définitifs. C'est ce que j'appelle *les lettres mortes.*

Pourtant, les filles disent que le simple fait de les avoir écrites leur a apporté un grand soulagement; elles leur ont permis d'exprimer ce qu'elles avaient sur le cœur. C'est un peu comme se défouler en tapant sur une souche d'arbre! Lorsque, par malchance, ces lettres parviennent à leur destinataire, le choc se solde souvent par une rupture des relations, qui peut s'étendre sur plusieurs mois. Puis la mère ou la fille renoue le lien endommagé, parce qu'il ne peut en être autrement. Dans ce cas de figure, il y a fort à parier que rien n'aura changé. Les mêmes causes produisent les mêmes effets dès lors que la démarche décrite précédemment – qui consiste à prendre conscience des besoins infantiles non assouvis, des blessures et des manques subis durant l'enfance –, surtout si celle-ci a été traumatique, n'a pas été menée à bien. Rien n'est réglé en profondeur: le problème perdure. Quelques mois plus tard, l'insupportable se reproduit et c'est à nouveau la rupture. Et ainsi de suite: ruptures et réconciliations se succèdent, et personne n'évoque jamais le véritable problème. Tout reste figé. La lettre n'a pas fait évoluer la relation.

Ces ruptures-là ne peuvent contribuer véritablement au processus menant à l'indispensable séparation. Comprendre son histoire ainsi que celle de sa mère et être à l'écoute de ses émotions sont des étapes indispensables sur le chemin de la réparation de la relation. Mais reste une autre étape incontournable, qui va permettre, au-delà de la réparation, d'entretenir dans l'avenir une relation satisfaisante ou acceptable avec la mère, une relation débarrassée de toute violence. Cette étape, c'est celle de l'apprentissage d'une communication qui tisse des liens au lieu de les détruire.

Troisième démarche: la communication relationnelle

Comment mères et filles pourraient-elles réparer leur relation si elles ne savent pas communiquer entre elles? Il n'est jamais trop tard pour apprendre. Il ne faut pas croire qu'il est impossible d'adopter des principes de communication relationnelle avec sa mère en raison du lien de l'affect. Les enfants comprennent bien ce langage et nous donnent très tôt la réplique. C'est le cas de ma petite fille de douze ans, qui m'a dit l'autre jour, tout à fait spontanément: «Tu peux bien comprendre ce que je *ressens,* maman, toi qui m'as dit que quand tu étais petite, dans la même situation, tu te sentais malheureuse toi aussi!» Si on prend le risque de parler à sa mère, ce durcissement tant redouté évoqué précédemment peut être évité, à condition de mettre en pratique les principes de la communication relationnelle.

Les principes de la communication relationnelle

La communication relationnelle est une communication non violente qui prend soin de la relation, la répare et la rend plus vivante et plus créative. Elle s'apprend, au sens où elle n'est pas spontanée. En effet, ce n'est pas celle que nous avons apprise depuis l'enfance, nous comme notre mère – et je serais tentée de dire : encore moins notre mère. Je n'évoquerai ici que quelques principes essentiels, quelques outils « d'hygiène relationnelle », en m'appuyant sur la méthode E.S.P.E.R.E de Jacques Salomé[79].

Ces principes, mères et filles pourront les appliquer en réciprocité, autour d'un postulat évident mais pas si simple à mettre en œuvre : communiquer, c'est pouvoir se dire et être entendu. En voici l'énoncé :

CHOISIR LA CONFRONTATION PLUTÔT QUE L'AFFRONTEMENT

Lorsque je suis tentée de basculer dans la soumission ou l'opposition vis-à-vis de ma mère ou de ma fille, cela suppose que :

- j'accepte de me positionner, de me définir, que je me situe face à elle en « apposant » mon point de vue à côté du sien, et non en l'opposant ;
- je me prépare à la confrontation en me différenciant :
  - comme demandant : chaque fois que je fais une demande, je prends le risque d'une réponse qui diffère de mon attente. Dans le cas contraire, je ne pourrais imposer qu'une relation d'exigences implicites ou explicites ;
  - comme répondant : chaque fois que je réponds à partir de mon ressenti intime, je prends le risque de décevoir, d'irriter ou de déstabiliser l'autre dans ses attentes. Dans le cas contraire, je reste dans la dépendance.

CHOISIR DE SE POSITIONNER, DE S'AFFIRMER

La confrontation me conduit à me *positionner*, ce qui permet à l'autre de savoir où je me situe. De même, si l'autre est tenté de me définir en fonction de ses désirs ou de ses peurs, je peux *m'affirmer* dans mes propres désirs, dans mes limites, ou exprimer mes propres peurs. J'accepte ainsi de renoncer à l'approbation au profit de l'affirmation.

---

78. Cette méthode est exposée dans son ouvrage *Pour ne plus vivre sur la planète TAIRE : une méthode pour mieux communiquer, op. cit.*

Par exemple :

Maman veut que je sois fonctionnaire par peur du lendemain, moi, je me positionne en lui disant que je désire être journaliste.

Une relation est équilibrée lorsque chacune des deux, mère et fille, se sent suffisamment en sécurité pour oser demander, donner, recevoir et refuser. Refuser signifie alors non pas s'opposer, mais s'affirmer et se définir : *J'ai un point de vue différent du tien, maman.*

Choisir d'employer le « je » et d'exprimer « ses » ressentis

J'exprime ce qui m'habite, mes besoins, mes désirs, mes ressentis. Je cesse de parler *sur* l'autre. Je supprime les jugements de valeur sur ma mère, sur ma fille. De cette manière, je me responsabilise, ce qui est le propre d'une relation de non-dépendance, et une règle de base d'une communication saine. Je sors de la victimisation.

Par exemple :

Maman, quand tu t'adresses à moi comme ça, je ne me sens pas respectée en tant que femme adulte ; quand tu me critiques sans connaître le cheminement qui m'a conduite à prendre une décision, je me sens humiliée, dévalorisée, nulle.

Je me responsabilise à mon bout de la relation, la relation étant comme une écharpe dont chacun est responsable à son bout.

Utiliser la confirmation

Je confirme l'autre dans ce qu'il ressent, dit ou fait, sans lui laisser croire que je l'approuve ou que je cautionne ce qu'il dit ou fait.

Par exemple :

Oui, maman, je vois bien que ton désir serait que je passe tout mon temps disponible avec toi, mais je suis une femme qui souhaite se sentir respectée dans son rythme de vie et dans son besoin de disposer de temps pour elle, et je ne souhaite pas être au service de tes besoins.

De même que la souffrance des mères est prise en compte, les filles ont besoin de témoigner de leur souffrance et de leur besoin d'être entendues. Mais elles ne demandent pas à leur mère de se disculper.

Par exemple :

Ma mère, lorsque je lui ai fait part de mes souffrances de petit enfant, a tout de suite voulu se disculper en rejetant la faute de ses comportements sur les autres.

Ce qu'elles demandent, c'est une confirmation du genre : *Oui, j'entends bien que, enfant, tu as souffert de cela.*

Ne pas confondre la personne avec son comportement

J'éprouve de la colère à l'égard du comportement que ma mère a eu envers moi pendant mon enfance et qui est (peut-être) le même aujourd'hui, mais cela ne m'empêche pas de l'aimer.

Pratiquer l'actualisation-contextualisation

Très utile par rapport aux événements du passé, l'actualisation-contextualisation consiste à préciser à la mère, lorsqu'on s'adresse à elle, que c'est la personne d'aujourd'hui qui parle au nom d'une personne passée, tout comme on la différencie de la femme d'autrefois, cela afin de ne pas l'enfermer dans une image, un souvenir du passé, et de constater l'évolution qui a pu intervenir.

Par exemple :

Maman, c'est la petite fille de dix ans que j'ai été qui, aujourd'hui, à quarante ans, met des mots sur ce que j'ai vécu quand tu me battais.

Ou :

Maman, je m'adresse aujourd'hui à une femme qui est une grand-mère attentive pour lui dire combien j'ai manqué de sa présence et de ses soins il y a plus de trente-cinq ans.

C'est ainsi qu'une fille doit procéder lorsqu'elle hésite à évoquer des faits trop anciens et pense qu'il y a prescription. La prescription étant une notion juridique, elle ne joue pas pour la mémoire affective. Nous avons vu que toutes les émotions s'inscrivent dans notre corps, qu'il s'agisse d'événements récents ou datant de trente ans. Le travail qui n'a pas été fait reste à faire : un travail de réconciliation, avant tout avec soi-même, avec les différentes parties de soi, dans le but de se réunifier. Dans ce domaine, les restitutions symboliques décrites ci-après sont d'une grande efficacité.

Pratiquer les restitutions symboliques ou rendre à maman ce qui est à maman

Pour se débarrasser d'un sentiment négatif, rien de tel que de l'exprimer le plus « relationnellement » possible. Pour se débarrasser d'une violence reçue, rien de tel que de la restituer symboliquement.

Pour l'avoir expérimenté, j'ai pu constater l'effet thérapeutique et bénéfique, pour la relation, de la lettre symbolique, par laquelle on restitue les violences qui nous ont été faites par notre génitrice.

On est alors au cœur d'un processus de réparation à double titre :

- Réparation de sa relation à sa mère : on modifie ce qui peut l'être de notre côté. Du « possible » s'ouvre alors, qui peut améliorer les rapports.
- Réparation de la relation à soi : nettoyer tout ce qu'on traîne derrière soi et qui pèse sur notre quotidien. Donc, réparation de soi.

Parlons maintenant, de façon plus générale, de restitutions. Prendre conscience et restituer ce qui a été mauvais pour soi peut améliorer la relation à la mère. Le passé ne peut être changé, mais le regard sur ce passé, et donc le regard sur la relation à la mère, peut l'être. Il s'agit de restituer, dans le symbolique, quelque chose qui nous a été fait dans le réel, quelque chose qui a été mauvais pour nous et qui continue à agir en nous. Que l'on ait affaire à une mère violente ou à une emberlificoteuse qui vous englue dans ses plaintes et ses « chérie ! », il est difficile d'exprimer la souffrance du petit enfant. La symbolisation permet de le faire. Les restitutions se font au moyen d'objets et par écrit. Là encore, le but est de se dégager, soi, de se soulager, et ne pas entrer à nouveau dans un conflit. Le symbole est le langage de l'inconscient. C'est ce que nous disent Freud et Jung[80] à propos de l'interprétation des rêves dans lesquels l'inconscient s'exprime par l'intermédiaire des symboles. Parallèlement, nous pouvons envoyer un message à notre inconscient en utilisant ce langage symbolique.

La visualisation, le symbole, parle à l'inconscient. Il en ouvre les portes et met en jeu les émotions. Le fait peut être dit comme un fait,

80. Sigmund Freud, *Sur le rêve,* Paris, Gallimard, coll. Folio, 1990 et Carl Gustav Jung, *Sur l'interprétation des rêves,* Paris, Albin Michel, 1998.

mais tant que cela n'est pas travaillé émotionnellement, cela ne suffit pas. L'atout du symbolique, c'est qu'on peut y avoir recours chaque fois que la situation vécue est bloquée. C'est le cas lorsque la relation à sa mère est difficile. Les paroles négatives, «empoisonnées», sont comme des graines semées dans l'inconscient de celui qui les reçoit, qui finissent par germer pour donner de mauvaises herbes.

Je restitue *les paroles reçues* de ma mère, qui sont mauvaises pour moi:

- Ses injonctions: «Tu dois», «Tu ne dois pas».
- Ses phrases de menace, de chantage: «Si tu…, tu…».
- Ses dévalorisations: «Tu es trop…, tu es…, tu n'as pas…», «Tu es trop maigre», «Tu es trop grosse» (ou si elle a dévalorisé mes réussites).
- Ses culpabilisations: «Tu me fais de la peine» (lorsqu'elle voulait me faire porter la responsabilité du malaise ressenti).
- Ses croyances sur la vie, sur la mort, ses superstitions: «Méfie-toi des hommes» (lorsque j'ai conscience de me les être appropriées).

Pour restituer une parole, il faut la matérialiser, l'écrire en gros sur un papier ou la graver dans du bois, en y mettant de l'énergie, comme dans un objet, puis la restituer avec un mot d'accompagnement.

Je restitue les *violences physiques*. Par exemple, si ma mère m'a menacée d'un couteau, je peux dessiner le couteau en prenant soin de mentionner sous le dessin: «Ceci est symbolique et non réaliste», parce que si maman est un brin parano, elle va filer à la gendarmerie se plaindre qu'elle a reçu des menaces de mort!

Si elle m'a donné une gifle à laquelle je pense toujours, je peux *visualiser* la gifle à l'aide d'un gant, ou la dessiner, et y ajouter une lettre d'accompagnement. La gifle va parler à son inconscient et limiter le réactionnel qui serait éveillé par une accusation directe. Dans ce but, il est important d'utiliser le «Je» et de ne pas la mettre en cause.

Par exemple:

- «Je te rends tes cris, ton timbre de voix, ta menace avec un couteau, tes manifestations de colère, tes coups, ta gifle, ton regard, ton silence, ton expression butée.»

- « Je te restitue la violence qui m'a été faite quand tu provoquais des disputes terribles avec papa. Dans ces moments-là, je n'existais pas et j'éprouvais un grand sentiment d'insécurité. »

Je ne restitue pas ce que j'interprète, produis, pense, mais ce que j'ai reçu. Ainsi, je ne peux pas rendre mes manques, ma peur, mon désir, puisque c'est « chez moi », mais je peux restituer à maman :
- son envie d'avoir un fils ;
- sa déception que je ne sois pas normalienne ;
- sa souffrance en accouchant, qui est différente de la mienne en naissant ;
- sa peur que je meure ;
- son désir que je fasse un beau mariage avec un haut fonctionnaire, alors que je n'aime que les artistes ;
- sa blessure d'injustice, qui est peut-être celle de sa propre mère.

Ce doit être une mise en mots et une restitution la plus relationnelle possible. On envoie la lettre avec l'objet. Il est préférable de prévenir la mère avant l'envoi…

Dans le cas extrême où il y a retour à l'envoyeur, on ne se démonte pas, on lui renvoie la lettre avec la mention : « Assume la responsabilité de ton geste. »

Une forte résistance intervient chez l'envoyeur (chez nous) en raison de la manière dont nous imaginons la réaction de la mère au reçu de l'envoi – l'objet accompagné d'une lettre. Ce sont, encore une fois, les conséquences désastreuses de la répression imaginaire, définie précédemment : « Elle va avoir une crise cardiaque, elle va mourir quand elle va recevoir ça ! » Quand on craint de réveiller de la culpabilité chez la mère, on s'autoculpabilise en raison de ce que maman va ressentir. C'est l'infantiliser et la protéger à tort. Si elle se blesse avec l'objet le plus relationnel possible, c'est sa responsabilité et non la nôtre. À la fin de chaque lettre, il faut prendre soin de préciser : « C'est pas contre toi maman, c'est pour moi. » Cela ne signifie pas que je sois indifférente à ce qu'elle va faire de mes restitutions. Je ne dis pas : « C'est ton problème ! », mais je n'en suis pas responsable, même si je l'écoute.

Il n'y a généralement aucune difficulté lorsque les restitutions sont mûries, et non le produit d'un passage à l'acte. La restitution peut soulager le parent qui est mal à l'aise avec le passé, mais ce n'est pas le but. C'est le cas, très répandu heureusement, lorsque la mère est consciente de ses torts. C'est, pour elle aussi, une manière de s'ôter d'un poids.

Ce que je restitue encombre mon présent. Ce passé peut être agissant dans ma relation avec mon mari lorsque je fais un déplacement sur lui de ce que j'éprouve dans ma relation à ma mère.

Se dégager du passé modifie la souffrance.

Cette restitution peut se faire même si la personne est décédée. Elle peut alors se faire sur une tombe. S'il n'y a pas de tombe, il faut créer une tombe symbolique. Si l'on ne peut se rendre soi-même sur les lieux, on peut faire déposer l'objet et la lettre par quelqu'un (faire déposer son sentiment d'insécurité). Chaque fois que cela est possible, il faut effectuer la restitution sur la tombe réelle. Et se demander, quand on ne le fait pas: qu'est-ce qui fait que je ne veux pas prendre un moyen de transport, que je ne veux pas me déplacer pour faire cette démarche? La résistance à se faire du bien peut empêcher la restitution.

La restitution peut s'accomplir dans la minute qui suit, ou le lendemain, ou vingt ans après...

La restitution n'est pas réservée à la fille. La mère peut aussi inviter sa fille à lui restituer ce qu'elle a déposé de mauvais sur elle: paroles, comportements, manifestations de colère, cris, violences. On peut ainsi entreprendre un travail global d'assainissement avec sa mère, puis avec sa fille, mais progressivement et en respectant le rythme de chacune.

Les restitutions interviennent dans des situations inachevées. En ce sens, elles permettent à la fille dont la mère est morte de terminer son travail de deuil. Ce deuil est fait quand la fille accepte la mort de sa mère avec sérénité et quand elle éprouve un sentiment de douceur au moment de penser à elle. En cela, symboliser la violence reçue par le fait de sa mort (et non par le fait de la mère), violence qu'il ne faut pas minimiser, constitue la première étape du deuil.

À cet égard, il est indispensable de:

- faire le point sur ses sentiments à l'égard de sa mère, positifs comme négatifs: amour, admiration, colère, abandon. Quand quelqu'un meurt, la première émotion exprimée est la colère. Les pleurs sont le masque de la colère, ils signifient: «Tu m'as abandonnée.» Cette émotion est étouffée, mais il n'y a pas de deuil possible sans colère;
- faire le point sur la qualité de la relation, le bon que j'ai reçu, le mauvais, et ensuite restituer, par une démarche symbolique, la violence, les mauvais traitements;
- prendre soin de cet amour inemployé maintenant que maman n'est plus, en le symbolisant par un objet: une plante, par exemple.

La restitution symbolique est une manière d'apporter un dénouement, au sens de dé-nouer, à une situation pour laquelle cela paraît impossible; quand les mots ne peuvent pas exprimer, que le dialogue ne peut se faire à cause d'un vécu trop brûlant, trop blessé et blessant.

Ce que la fille fait en restituant, elle le fait pour elle. Elle s'autoresponsabilise. Symboliser est un acte de libération. Comme le dit Jacques Salomé: «Les enfants battus deviennent des enfants battants.» C'est un acte d'amour. Bien souvent la relation mère-fille peut repartir sur des bases assainies et sincères.

Une fille qui a pratiqué la restitution symbolique explique:

J'ai commencé ma lettre en disant à maman qu'elle m'avait apporté beaucoup de bon en tant que maman. C'était être juste avec elle. Et ainsi tout ce que j'avais à lui restituer, qui n'avait pas été bon pour moi, prenait d'autant plus sens.

Rendre visite à maman à dose homéopathique

Une fois les principes de la communication relationnelle mis en pratique et les restitutions symboliques accomplies, nous ressentons un grand soulagement, un apaisement certain. Par voie de conséquence, notre relation à l'autre se porte mieux. Mais celle-ci n'en est pas forcément devenue idyllique.

Si ma relation avec ma mère ou avec ma fille continue à être meurtrie, et qu'elle est essentielle pour moi, ce qui est souvent le cas puisqu'il s'agit d'une relation significative (qui a du sens pour moi), il est alors de ma responsabilité de l'entretenir, voire de l'améliorer, quels que soient les efforts de l'autre pour la saboter ou la maltraiter. Le lien doit alors être entretenu grâce à une stimulation, une valorisation et une reconnaissance constantes, et ce, quoi qu'il se passe à l'autre bout de la relation. Il faut aussi trouver la bonne distance dans cette relation.

Entre mères et filles, c'est comme avec le reste de la population : mieux vaut un mauvais accord qu'un long conflit !

Beaucoup de filles font ainsi le (bon) choix de continuer à voir leur mère plus ou moins souvent – et même parfois à dose franchement homéopathique (rappelons que l'homéopathie, c'est traiter le mal par le mal). Mais toutes les filles de mères difficiles savent qu'inévitablement le conflit est là, qui couve, et qu'il reprendra vigueur au moindre relâchement de la vigilance, comme un vieux serpent de mère, pardon… de mer. Elles en ont pris leur parti, comme une fatalité. « Voir » sa mère ou « l'entrevoir » reste encore préférable à ne plus la voir du tout.

Pour ne pas nous charger à nouveau de comportements sur lesquels nous n'avons aucun pouvoir, ni être le dépotoir de toutes les frustrations, de toutes les peurs de maman, il est important de mettre tout de suite des mots sur ce qui nous vient d'elle et n'est pas bon pour nous et de le restituer sur-le-champ.

Une fille témoigne :

Parce que je suis son enfant, elle veut que j'accepte ses principes, qui sont autant de régressions pour moi. J'ai mis des années à en sortir, ce n'est pas pour replonger aujourd'hui ! Pour cela, je n'ai qu'une solution, la voir de manière très espacée.

Une autre fille explique :

Je la vois à dose homéopathique, pour ma conscience. Je pourrais aussi bien ne plus la voir du tout, si je n'avais pas ce reste de conscience judéo-chrétienne. Et surtout, le but est d'enlever à ces rapports leur violence, car la violence est mortelle pour moi. C'est une relation lucide, il n'y a plus d'attente. Je sais aujourd'hui ce que je ne peux pas attendre d'elle, les attentes du petit enfant. Ce que je ressens maintenant à son égard ? De la compassion ? Oui. De la pitié ? Un zeste. De l'affection, de la tendresse ? Pas en ce moment. Je ne peux rien faire contre mes ressentis, ni me forcer à avoir des sentiments que je n'éprouve pas. Parfois, la relation me semble un peu vaine, mais c'est ma mère, je ne peux pas la changer. C'est ma mère, je ne peux ni l'aimer ni la haïr. Avec l'amour en plus, ce serait bien, mais à l'impossible nul n'est tenu : c'est comme ça ! »

On ne peut aller contre ses sentiments, ni s'en inventer.

Le cas extrême : quand se séparer est une mesure sanitaire

Malgré toutes les solutions de rechange à la rupture, il arrive, et cela nous ne pouvons pas l'écarter, que celle-ci soit la seule solution. C'est alors la rupture pour vivre.

C'est le cas lorsque les mères sont extratoxiques, extradangereuses.

Faire la sourde oreille à ses ressentis, vouloir la paix et la réconciliation à tout prix est alors dangereux. Une fille déclare : « Je ne peux tout de même pas me faire démolir ! C'est pourtant ce qui va arriver si j'y retourne ! »

Il faut cesser de se contraindre à une relation qui nous fait reculer moralement ou psychiquement – surtout si on a entrepris un travail thérapeutique.

À moins d'être une fille extrême, le comportement de repli total que l'on adopte face à sa mère relève toujours d'une nécessité vitale. La fille le fait après avoir senti plus ou moins consciemment qu'elle ne peut, sans courir un danger plus grand, adopter une autre attitude, soit que la mère fait partie des mères extrêmes décrites plus haut, soit qu'il n'y a pas d'autre solution que la fuite pour s'affranchir d'une relation trop fusionnelle.

Lorsque la relation est impossible, l'une des deux protagonistes doit l'interrompre. À défaut, l'une et l'autre vont sombrer dans la folie. C'est le cas lorsque les exigences de la mère sont exorbitantes, abusives.

Ce n'est pas non plus le rôle d'une fille d'être le psy de sa mère. À plus forte raison, il est impossible de soigner sa mère malade psychologiquement ou mentalement, comme c'est le cas lorsque cette dernière est délirante ou psychotique. Quand le délire est trop profond, il y a lieu de s'éloigner, le risque de contagion étant trop grand en raison de l'identité mère-fille, et de la force du lien.

Une fille dit:

Ça devait finir comme ça ! Elle a toute la force, la puissance de la maternité, de sa position, de celle qui est à l'origine. Moi, je porte tout le poids. Tout le poids de sa folie, simplement parce que je suis sa fille. C'est au-dessus de mes forces, j'en mourrais. Il me faut m'écarter.

Une autre me raconte qu'après son divorce et les années difficiles qui l'ont fragilisée elle a très vite compris que le fait de voir sa mère proche de l'état psychotique la faisait reculer moralement, même si elle ne lui rendait visite que dix minutes à la fois pour tenter d'épauler sa sœur qui s'occupait d'elle au quotidien.

Elle ajoute*:*

J'ai d'ailleurs remercié ma sœur de m'avoir protégée, car c'était un choix de sa part d'être avec notre mère. Mais la tyrannie et les manipulations permanentes de cette dernière ont fait que ma sœur est décédée avant elle d'un cancer qui n'a pas été pris à temps.

Il arrive que les mères extrêmes enterrent leur fille.

L'instinct de survie oblige à se protéger, soi et sa propre descendance, sa propre fille, lorsque la violence subsiste à un âge avancé. De physique, elle peut être devenue morale. C'est ce qui se passe avec certaines mères qui se sont adonnées à des violences physiques sur leur fille ou qui, par exemple, ne lui ont apporté aucun soutien ni assistance lorsqu'elle a été abusée sexuellement par son père ou par d'autres hommes de la famille.

Lorsqu'il y a des cadavres dans le placard et du sang sur la clé, il faut fermer la porte, parfois pour toujours, mais pas avant d'avoir fait émerger ces lourds secrets qui entachent certaines familles: inceste, crimes, infanticides…

Il y a parfois, chez la fille, une résistance à ce que sa mémoire lui dit. Dans le cas des victimes d'inceste sans assistance, le refoulement leur permet de continuer à idéaliser la mère, mais le déni de la réalité des violences subies a un coût, que le corps paie très cher.

Il est alors très important de verbaliser le secret pour s'en délivrer soi-même, ainsi que les générations suivantes, car celui-ci finira par filtrer. Ce secret cherche d'ailleurs à s'échapper, par tous les moyens, par exemple sous forme de réactions somatiques atteignant des membres de la famille qui l'ignorent pourtant consciemment : maux physiques, crises de larmes inexpliquées lors d'événements mineurs. La fille s'épuise à entretenir ce secret, à le refouler, qu'il s'agisse de sa propre histoire ou de celle de sa mère, et elle se coupe ainsi de ceux qui pourraient l'aider.

Rupture définitive ou rupture momentanée, il est important de se préoccuper de savoir si la mère n'est pas dans le besoin, ou si, dans le cas d'une mère dépendante, physiquement et mentalement, elle dispose de l'assistance nécessaire. Si c'est le cas, il faut, quand c'est au-dessus de nos forces, déléguer et laisser à d'autres, des professionnels par exemple, le soin de s'en occuper.

Notons que le sacrifice d'une fille pour sa vieille maman est beaucoup plus admis et valorisé socialement que l'attitude de celle qui se respecterait en la voyant le moins souvent possible. C'est un peu l'équivalent de la « trop bonne » mère abusive qui détruit sa fille mais qui donne l'apparence d'un entier dévouement, si admirable aux yeux de tous !

L'ultime rendez-vous

Comment une mère et une fille pourraient-elles décréter un jour : « Entre elle et moi c'est fini, je ne la reverrai jamais » ? C'est, d'un point de vue viscéral, extrêmement difficile, et c'est, concrètement, impossible. Car se pose alors la question de ce moment ultime où il faudra bien aller la voir.

Une fille de trente-neuf ans témoigne :

Ma mère et ma grand-mère étaient fâchées quand cette dernière est tombée malade. Tombée, c'est le mot. Elle a chuté dans la rue. Elle a perdu connaissance et n'est jamais revenue à elle. Une tumeur cancéreuse a soudainement pris toute la place dans sa tête. Les deux femmes ne se sont revues qu'à l'hôpital. Autant dire très peu, parce que la fin de ma grand-mère a été fulgurante. Et moi, la petite-fille, je suis allée la voir avec mon frère, alors que sa propre fille ne l'avait pas encore fait. Elle a mis le temps, ma mère, avant de se pencher au chevet de sa mère, je ne sais pourquoi… Indifférence? Incrédulité? Culpabilité? Colère? Peur? Aujourd'hui, l'histoire se répète avec maman: nous sommes… «fâchées». Alors je me dis: «Et si elle tombait elle aussi?»

Inutile de préciser qu'il vaut mieux communiquer avec sa mère avant cet ultime rendez-vous, surtout s'il y a des malentendus qui doivent être éclaircis. Attendre le moment ultime pour tenter la réconciliation n'est pas souhaitable.

Mais si le rendez-vous ne peut avoir lieu parce que la fille se sent incapable, psychologiquement, d'affronter sa mère, il lui faudra alors apprendre à gérer sa propre culpabilité et son image de «mauvaise» fille vis-à-vis de son entourage, de la famille… Dans ce cas, un soutien thérapeutique sera particulièrement utile.

Parfois, le rendez-vous a lieu physiquement, mais la fille est déçue. L'ex-petit enfant s'attendait, en ce moment ultime, que lui soit donné (enfin) ce qu'elle n'a jamais reçu. Mais voilà, cela n'est pas arrivé. Ce qu'Alice Miller appelle une «sensation de communion et d'accord avec soi-même», que la fille n'a jamais ressenti en présence de sa mère, ne s'est hélas pas produit.

Survivre à sa mère

Quel que soit l'état de la relation à la mère, il reste une épreuve à passer. L'ultime épreuve.

Personne n'est jamais totalement séparé de sa mère. C'est un processus inachevé. Pour cette raison, perdre sa mère est une épreuve dont on ignore, avant de l'avoir vécue, les retentissements sur le psychisme et sur la vie. Une partie de soi est irrémédiablement disparue. Éprouve-t-on un sentiment de libération, de culpabilité de ne pas avoir dit ou fait certaines choses, sachant que la relation ne pourra plus désormais «bouger», évoluer dans un sens comme dans un autre, amélioration ou aggravation? Les réactions peuvent être très diverses, comme le sont les relations entre mère et fille.

Dans *Une mort très douce*, Simone de Beauvoir écrit: «Nous assistons à la répétition générale de notre enterrement[81]. Le jour où notre mère disparaît de manière irrémédiable, elle emporte avec elle une partie de nous.

Une fille raconte:

J'ai longtemps pensé que la mort de ma mère me tuerait. Je voyais cela comme un trou vertigineux qui allait s'inscrire en moi dans mon corps, un précipice, une béance insurmontable, inimaginable. J'étais submergée par la tristesse rien qu'à l'évocation de cette idée. En fait, c'est le petit enfant que je pleurais, tout ce passé avec ses moments merveilleux de symbiose où elle s'était occupée de moi. Puis, je me suis mariée et parfois je pensais que si mon mari venait à mourir, je mourrais aussi, comme pour maman. Il n'est pas mort, Dieu merci, mais il est parti... avec une autre. J'ai cru que j'allais mourir. Je ne suis pas morte. Depuis ce jour-là, j'ai compris que je ne mourrais jamais d'amour. Je pouvais dépérir un peu, oui... La séparation d'avec mon mari, en interrompant cette fusion qui nous soudait l'un à l'autre, m'a fait grandir. Je pense être aujourd'hui un peu plus séparée de maman, et je crois que, lorsqu'elle s'en ira, je n'en mourrai pas, pas plus qu'au départ de mon mari, contrairement à ce que j'imaginais.

La blessure d'abandon que peut ressentir une fille à la mort de sa mère est une douleur profonde, mais elle ne détruit pas. Commencent alors le travail de deuil et les restitutions décrites plus haut, qui vont l'aider.

J'ai envie de citer ici le livre autobiographique très poignant de l'écrivain philosophe Noëlle Châtelet, *La dernière leçon*, qui retrace une expérience à part mais significative – soit trois mois d'échanges entre une fille et sa mère qui a décidé de mettre fin à ses jours. Militante pour le droit à mourir dans la dignité, cette ancienne sage-femme a choisi cette fin en toute conscience, pour rester fidèle à une certaine vision de la vie et de la mort. Trois mois avant son geste,

81. Simone de Beauvoir, *Une mort très douce,* Paris, Gallimard, 1964, coll. Folio, 1972, p. 143.

elle l'a annoncé à ses proches. Dans une interview de septembre 2004 accordée à *Psychologies magazine*, l'auteur déclare:

Elle a réussi à préparer cet enfant que je reste [...]. J'ai été une élève à l'école de la mort. J'ai tourné les pages d'un cahier que me tendait ma mère pour m'apprendre à accepter sa mort. Elle m'a appris à regarder son geste comme quelque chose d'aussi naturel qu'une naissance. [...] Quand ma mère a été partie, le deuil d'elle était fait.

Cette mère a offert à sa fille un cadeau ultime: qu'elle ne souffre pas de son départ. Voici un extrait du livre:

J'entendais ce que disaient tes yeux. Ils disaient que le temps de partir était venu et que, pour le comprendre, il me fallait accomplir, dans un même geste, vertigineux, la fusion et la défusion – la fusion pour ne faire qu'un avec l'autre, le saisir de l'intérieur, la défusion pour accepter d'être deux, puis de se retirer sur la pointe des pieds [...][82].

La mort de sa mère mettrait-elle un terme à la fusion?

Si la mort d'une bonne mère est source d'un immense chagrin, celle d'une mère extrême, avec qui l'on n'a pas pu communiquer de manière satisfaisante, n'est pas forcément plus facile à vivre. Du vivant de la mère, la relation a pu exister, même si c'était une relation teintée de rancœur, de colère, pouvant même aller jusqu'à la haine, une haine qui fait lien, on l'a vu, un lien ténu, mais un lien. Il y avait quelqu'un à qui s'adresser, à qui faire des reproches. Après sa mort ne demeurent que des non-dits, des situations inachevées si l'on n'a pas pu (ou pas su) exprimer ou restituer son vécu, ses émotions.

Certaines morts sont libératrices, il faut oser le dire parce que c'est la réalité. C'est ce dont témoignent certaines filles. L'une d'elles déclare qu'elle a commencé à vivre quand sa mère est morte. Il y a des filles qui, après la mort de leur mère, deviennent des lionnes. Des filles qui jusque-là n'avaient pas pu affronter leur mère et qui, à son décès, semblent sortir de leur léthargie et se mettre en mouvement.

82. Noëlle Châtelet, *La dernière leçon,* Paris, Seuil, 2004, p. 54.

Une fille avoue qu'elle aura peut-être enfin les mains libres: «Quand ma mère ne sera plus, je quitterai sans doute la région, j'irai vivre dans les îles... ou ailleurs.» (Quand ce ne sont pas les enfants, ce sont les mères!) Elle a autant besoin de cette proximité avec sa mère que sa mère a besoin d'être proche d'elle. La mère attache. On entend moins souvent les fils parler de la sorte.

Se libérer de sa mère, c'est retourner à la créativité.

Parfois, et contre toute attente, la mort apaise et permet à des sentiments plus doux d'émerger. Marie Cardinal, sur la tombe de sa mère, se laisse enfin aller à l'aimer: «Que c'était bon de l'aimer enfin dans la lumière, dans le printemps, ouvertement, après la bataille terrible que nous nous étions livrée![83]»

Et maintenant, quelques repères pour la route...

Conseils aux mères: inculquer le respect et montrer l'exemple

Le respect est le premier des principes que la mère doit inculquer à son enfant. Rien n'étant plus efficace que l'éducation par l'exemple, la mère doit commencer par montrer qu'elle respecte autrui, et au premier chef sa fille. Une fille non respectée aura du mal à intégrer la nécessité de se respecter elle-même, ainsi que celle de respecter les autres.

Je suis pour un quatrième commandement *bis* selon Saint... moi-même: «Tu respecteras ta fille... et ton fils.» J'anticipe sur les revendications du mien s'il lit ce livre: «Et moi, alors?»

Faire attention aux mots

Aujourd'hui, nous vivons à «l'ère des psy», ce qui parfois nous projette, nous les mères, dans une culpabilisation croissante (comme si nous avions besoin de cela!). Mais cela a le mérite, au moins, de nous alerter sur l'impact des paroles prononcées devant nos enfants, et donc devant nos filles. Du coup, nous ne savons plus ce qu'il faut dire ou ne pas dire. Nous nous autocontrôlons en permanence. Nous nous regardons en coin. Pourtant, il n'est pas question de perdre sa spontanéité avec ses enfants. On risque alors la paralysie. «Je ne dis rien parce que je risque de dire quelque chose qui fera des dégâts

83. Marie Cardinal, *Les mots pour le dire, op. cit.*, p. 277.

irréparables et obligera ma fille à prendre un abonnement à vie chez le psy ! »

Si une bonne mère est celle qui fait des erreurs en toute bonne foi, de nos jours, l'information et les outils relationnels qui sont à notre disposition (nous en avons parlé plus haut) nous sensibilisent et nous aident à lutter contre le pouvoir destructeur des mots. C'est une belle avancée pour nos filles.

Comprendre que notre fille ne nous ressemble pas

La sentence est tombée. Maman a dit : « Tu ne me ressembles pas ! » Sa fille lui répond : « Ce n'est pas grave ! » et se fait cette réflexion « Enfin ! Maman a compris que je ne lui ressemblais pas ! »

Quand la mère est capable de concevoir la différence, voilà un immense pas de fait. Il y a, en effet, un jour où il faut tordre le cou à ce mythe voulant que mères et filles aient quelque chose en commun. Il faut en finir avec ce leurre de l'identique.

Quand la mère comprend que sa fille est autre que ce qu'elle s'imaginait, et qu'elle est différente d'elle, les voilà toutes les deux sur le chemin de la séparation et de la réconciliation.

Laisser la place et ne plus vouloir dominer

Quand la mère d'une fille adulte vieillit, le besoin de présence s'inverse, ainsi que le rapport de force : c'est la mère qui a davantage besoin de sa fille. Il faut alors qu'elle accepte de renoncer à cette toute-puissance qui n'est plus de saison et qui risque de conduire sa fille, de façon tout à fait légitime, à prendre la poudre d'escampette. Lorsque la mère refuse l'inversion des rôles, les nuages s'accumulent à l'horizon.

Garder à sa fille toute son attention et sa compassion, quel que soit son âge

La mère doit développer son empathie à l'égard de sa fille, « ce mode de connaissance intuitive d'autrui qui repose sur la capacité de partager et même d'éprouver les sentiments de l'autre[84] », ce qui est, on

84. Bloch, H. et É. Dépret, *Dictionnaire fondamental de la psychologie,* Paris, Larousse, 2002, p. 426.

vu, une condition indispensable pour présenter des excuses sincères. Ainsi, la mère pourra se rendre compte que, même si sa fille est présente et qu'elle lui rend souvent visite, elle peut souffrir de l'état de leur relation. Une mère ne doit pas, dans ce cas, laisser sa fille seule face à son chagrin et à sa déception. Entre une mère et une fille, il peut y avoir des heurts, mais il y a toujours possibilité de réparation. S'il n'y a pas réparation, c'est qu'il n'y a pas de mère.

Une bonne mère : pas une mauvaise mère, pas un ange non plus, mais une mère qui communique

Dernière tentative de définition d'une bonne mère.

En résumé, si on se résume... malgré tout ce que nous avons pu dire dans le premier chapitre sur « l'introuvable bonne mère », « la bonne mère » existe – pas celle qui domine la ville de Marseille et qui protège les marins, mais celle qui est *mature*, qui n'est pas en rivalité avec sa fille, qui ne la juge pas, qui la regarde pour ce qu'elle est et ne la condamne pas, qui la fait passer avant elle, sans être masochiste ou sacrificielle, et qui n'a qu'un but, l'éduquer en lui donnant les moyens de s'envoler hors du nid, toutes ailes déployées, autonome.

Il n'y a pas de « bonne mère » pour les filles, il y a des mères qui communiquent, et celles-là sont forcément bonnes. De même, si l'on ne peut pas toujours être une bonne mère, car cela serait inhumain, contentons-nous au moins de ne pas être une mère toxique.

Le mot juste, le mot consolateur et le regard sans arrière-pensée, voilà deux traits qui caractérisent la bonne mère.

Une mère suffisamment bonne, c'est *une mère sans condition.*

Et l'amour, dans tout ça ? Si on y revenait, si on bouclait la boucle...

On a parlé de transmission d'identité, de relation, mais entre les mères et les filles, cela reste quand même une histoire d'amour fou ! Car l'amour, dans l'écrasante majorité des cas, est là et bien là.

Alors, l'essentiel, c'est de s'aimer, même si l'on fait des erreurs ?

L'amour, on l'a dit, même s'il a la vie dure, ne suffit pas, et l'on ne doit pas, en son nom, justifier tous les abus par l'imparable :

«Mais c'est ta mère et tu es sa petite, donc elle t'aime, mal, mais elle t'aime, et toi tu l'aimes puisque c'est ta mère!»

Encore une fois, de quel amour s'agit-il? Je crois que Françoise Dolto va nous donner le mot de la fin. Laissons-lui la parole:

L'amour maternel évolué est très rare. Cet amour s'adresse exclusivement à la personne de l'enfant. Il exige donc un certain détachement. La mère doit avoir atteint un niveau de maturité assez exceptionnel au point de vue émotionnel[85].

Cela signifie-t-il qu'une bonne mère est une mère qui a enfanté sur le tard, ou qu'une femme ne peut être une bonne mère que sur le tard? Et encore, Françoise Dolto parle d'un niveau de maturité (car il s'agit bien du maître mot, nous l'avons déjà dit) assez «exceptionnel». Donc, ces femmes capables de cet amour-là restent l'exception, et le temps ne fait rien à l'affaire: voilà qui déculpabilise tout le monde!

Le détachement d'une mère est un cadeau.

Le détachement est plus facile à atteindre pour une mère que pour une fille, puisqu'il est question de maturité, et il n'a rien à voir, nous l'avons compris, avec l'indifférence.

Mettre sa fille à sa place

La fille doit être un élément de la vie de sa mère, pas le centre. Et vice-versa. Si la fille ne doit pas être le centre de la vie de sa mère, elle ne doit pas davantage être reléguée à l'état de satellite. Il ne s'agit pas d'être au service de sa fille, mais il faut accepter les bouleversements, les changements, les dérangements qu'occasionnent la présence de cette fille, avec qui la relation va évoluer avec le temps, à laquelle il va falloir s'adapter en fonction de l'évolution de cet être en devenir que l'on a en face de soi.

Il faut donner à chacune sa place, pas toute la place, mais une place, la sienne.

Déculpabiliser en tant que mère

La mère parfaite n'existe pas. Quand on comprend ce que c'est que d'être une mère, et combien la tâche est ardue, quel soulagement!

85. Françoise Dolto, *Le féminin,* Paris, Gallimard, 1998, p. 117.

Quelle échappée hors de la culpabilité ! Voilà pourquoi nos mères attendent d'être rassurées sur elles-mêmes, et c'est un cadeau que nous pourrions, nous les filles, leur faire à titre de réparation. La culpabilité peut créer un mur entre une fille et sa mère. Nous avons parlé des restitutions symboliques, nous avons dit combien elles avaient un effet apaisant. Nous avons vu que l'on pouvait renoncer à une chose que l'on a produite soi-même, comme cette image de mère idéale que nous traînons derrière nous, ou plutôt après laquelle nous courons sans jamais la rattraper, ce qui nous culpabilise une fois de plus. Brûler ou enterrer symboliquement l'image de bonne mère que nous avons créée nous fera un bien énorme… ainsi qu'à notre fille.

Vivre sa vie

Mères de tous horizons et de tous les pays, si vous deviez n'avoir qu'un seul devoir, ce serait de vivre votre vie. Votre devoir, c'est d'être heureuses, de donner à vos filles l'image d'une femme qui vit « sa » propre vie, qui ne la subit pas, une image de femme libre, qui n'est jamais une victime. Il ne s'agit pas de ne pas accomplir vos devoirs de mère, mais de veiller sans cesse à conserver votre équilibre, à rester centrées, à ne pas « pencher » vers les autres au point de vous oublier – ce qui est le plus sûr moyen de devenir une mère exigeante.

Et laisser des preuves d'amour…

Ce qui compte, ce sont les actes que posent les êtres. Ces êtres qui un jour deviendront poussière, et qui, avant, sont faibles comme des petits enfants. Ce qu'il nous restera d'eux, ce sont les actes, comme si, au moment où ils les ont accomplis, ils le faisaient pour l'éternité. Nous, les mères, devons accomplir chacun de nos actes pour l'éternité, même si nous sommes éphémères.

Conseils aux filles : ne pas prendre le contre-pied de sa mère

Si l'on estime avoir manqué d'attention et de présence, enfant, il faut éviter, par exemple, d'être plus mère que femme. Cela risque de tomber à plat, notre fille n'ayant pas forcément les mêmes besoins que nous, ni les mêmes ressentis. On peut du reste l'indisposer avec notre sollicitude encombrante.

Trouver son style avec sa mère

Il faut le trouver «comme on le sent», sans code, sans notion de «normalité».

Aujourd'hui, les mères et les filles qui vivent des rapports harmonieux semblent assez nombreuses. Elles partagent une complicité: courses, vêtements, confitures, conserves, éducation des enfants. Les mères restent jeunes et dynamiques longtemps. Cela ne signifie pas pour autant que les unes et les autres aient des vies bâties sur le même modèle, ni que les filles reproduisent le mode de vie de leur mère. Les mères accompagnent simplement, leur(s) fille(s).

Si ce rapport harmonieux fait envie à nombre de filles, il suscite de l'aversion chez d'autres. Et de fait, il y a des avantages et des inconvénients à chaque situation. Chacune décide du type de relation qu'il lui convient d'entretenir avec sa mère.

Déculpabiliser en tant que fille

Tout comme être une bonne mère n'est pas tâche facile tous les jours, être une bonne fille est une mission à haut risque. Par rapport à sa mère aussi, il faut faire ce que l'on peut, sans aller au-delà. Ne pas être dans le sacrifice mais dans le librement consenti, les possibles étant différents en fonction de la structure psychique et de l'histoire de chacune avec sa mère.

Dans l'ensemble, c'est la culpabilité du petit enfant qu'il faut lâcher. Pour cela, il faut comprendre que les émotions de notre mère - colère, déception, chagrin - lui appartiennent en propre, qu'elles relèvent de son histoire et de sa structure psychique, et qu'elles ne sont en aucun cas causées par notre comportement, que ce soit dans le passé, quand nous étions enfant, ou aujourd'hui que nous sommes adulte. C'est le petit enfant qui est toujours en nous qui croyait, quand sa maman souffrait, que c'était de sa faute. Cette croyance a la vie dure.

Ce n'est qu'en rompant avec la gratitude et la culpabilité que l'on arrive à s'exprimer, et donc à communiquer avec sa mère. Et puis, le fait de ne pas en faire trop pour sa mère permet de ne pas trop en demander à sa fille. Celle qui a fait beaucoup de sacrifices pour sa mère risque d'être trop exigeante envers sa fille. C'est la dette de gratitude à l'envers.

Le respect et rien d'autre

Il faut respecter sa mère, mais aussi se respecter soi-même. Ce n'est pas parce que notre mère nous a portée que nous devons nous conduire comme une petite fille influençable qui a perdu ses repères. Une mère n'a pas pouvoir de vie et de mort sur son enfant. Elle n'a pas tous les droits.

Bien des filles adultes ont besoin de comprendre que leur mère leur doit également le respect. Cela leur éviterait un tas de somatisations. Le respect doit être réciproque. Lorsqu'on ne se sent pas respectée par sa mère, la solution reste de se positionner fermement face à elle, de la contrecarrer de la manière la plus relationnelle possible. Inévitablement, son comportement changera, même si ses croyances restent les mêmes.

Face aux mères extrêmes, une seule solution: dresser devant elles un mur de rectitude, de fermeté, et veiller à ce qu'il ne se lézarde pas au nom de sentiments filiaux et d'une fidélité au rang généalogique.

La réparation que l'on se doit à soi-même ou le devoir de bonheur

Au-delà de la réparation de la relation avec la mère, la seule véritable réparation est celle que l'on se doit à soi-même. Il faut vivre et réaliser ses rêves de petite fille. Il faut obtenir ce que l'enfant que nous étions voulait, et savait être bon pour elle. Cela, il n'y a que nous qui puissions nous l'octroyer. Nos mères ne peuvent pas, fondamentalement, nous apporter de réparation.

Vient un jour où il faut arrêter d'être malheureuse dans la vie – surtout à cause de maman qui nous l'a donnée, cette vie! C'est un devoir de bonheur que nous avons envers nous-même et envers notre propre fille.

Gardons à l'esprit que:

- le compte à rebours a commencé depuis notre naissance
- ce qui compte, c'est que notre vie soit la conséquence d'un choix délibéré, le nôtre, qui passe par la volonté de se réapproprier sa vie et de cesser de se conformer aux programmes d'autrui.

Lorsqu'on n'a pas eu de mère (ou de mère suffisamment bonne), tout est bon pour prendre soin de soi sur le chemin de la vie. Pareillement, quand on a eu une trop bonne mère, on est à la merci du monde et nous devrons alors rassembler toutes nos forces pour devenir autonome.

Réparation pour l'avenir : tirer les leçons pour la relation avec sa fille

Si nous avons une dette, c'est envers notre fille. Il faut essayer de tirer, de notre expérience avec notre mère, tout ce que nous pouvons comme enseignements pour le bien de notre relation avec notre fille, sans nous faire trop d'illusions…

Si j'ai échoué, elle écrira un livre sur moi !

Et, pour terminer, quelques messages d'espoir…

Une relation en perpétuel devenir

L'humain est ce qu'on ne peut prévoir. Il faut laisser sa chance au vivant. Une relation est vivante, on peut la revivifier à tout moment, à condition que les deux protagonistes, mère et fille, en aient le désir.

La relation à la mère n'est jamais « finie ». Même quand on croit être « au taquet[86]… avec maman », ne pas pouvoir aller plus loin. Il y a toujours une possibilité d'évolution : « Aujourd'hui, nous sommes fâchées, demain, je m'occuperai d'elle… » C'est ce dont beaucoup de filles témoignent, pour l'avoir vécu.

Parfois, on a la bonne surprise de découvrir une maman qui, plus fragile en vieillissant, a mis bas le masque et déposé les armes du féroce besoin d'avoir raison. Une maman qui écoute sa fille avec davantage d'intérêt, et un désir de partage.

Souvent, un travail personnel permet d'entamer une nouvelle relation avec la mère qui, comme le dit justement une fille, « est bien différente de celle que je m'étais imaginée ; l'idéal est tombé ». Cette démarche peut avoir l'effet heureux et indirect d'améliorer

86. Taquet : pièce qui sert d'arrêt, de butée, de verrou. N.D.A.

les rapports avec sa propre fille, qui eux aussi sont en constante évolution.

Alors… à vos mères et à vos filles !

On n'en meurt pas

Le fait d'avoir eu une bonne mère a été, pour certaines filles, de leur propre aveu, un soutien fantastique contre les épreuves tout au long de leur existence. Ces mères âgées, qui vivent souvent avec leur fille, ont joué le rôle de confidente, de conseillère, de psy, de gouvernante et d'infirmière. Elles ont épongé ses chagrins d'amour, ses déboires conjugaux, soigné ses maladies, élevé ses enfants. Elles sont restées à son chevet lorsqu'elle a eu un accident…

Ces filles, qui appartiennent à une tribu, disent que sans leur mère elles ne savent pas ce qu'elles seraient devenues. Elles ne le savent pas… Et nous, qui sait ce que nous serions devenues si nous avions eu tout cela ?

Une chose est sûre, l'avantage de ne pas avoir une « bonne » mère, c'est d'être totalement libre d'aller à la rencontre des autres femmes. Le fait que ma relation avec maman n'ait jamais été vraiment « au top » m'a permis de m'investir dans des relations amicales féminines de grande qualité, de m'ouvrir à un féminin autre, plutôt que de rester emprisonnée dans le couple mère-fille.

À toute situation, il y a des compensations.

Et les femmes qui ont vécu une expérience destructrice durant leur enfance doivent savoir que rien n'est jamais perdu. On ne peut effacer les expériences douloureuses, mais la blessure n'est pas mortelle. Si on ne guérit pas de son enfance, on guérit de ses blessures. Malgré le traumatisme, le goût de la vie et les réparations que celle-ci nous offre nous permettent de relativiser le malheur.

Néanmoins, les filles qui ont eu une enfance difficile sont des rescapées. Toute leur vie, elles en garderont des séquelles. Souvent, elles attirent des résilients comme elles. Les résilients se reconnaissent entre eux et sont repérables en raison de leur hyperactivité, de leur soif de vivre à tout prix. Autant dire que ce sont des gens très intéressants, plein de richesses, des humanistes, souvent.

Et pour finir…

Des lettres ou l'amour et rien d'autre

Extrait d'une lettre à ma fille :

Ma fille, mon bijou, je t'aime même quand tu te transformes en petit démon. Je t'aime, mais je veux que tu aimes d'autres personnes que moi, que tu vives d'autres genre de vie que la mienne. Je veux que tu vives la vie dans toute sa richesse et sa signification. Tu es ma fille et je t'aime, que tu aies tort ou que tu aies raison.

Extrait d'une lettre à ma mère :

Maman, je t'aime, même quand tu te transformes en sorcière. Je ne garde de toi que le meilleur… et pour le reste, je trace ma route !

Épilogue

Vous voulez que je vous donne des nouvelles de moi et de maman ? Eh bien, je suis réconciliée avec moi-même, et donc avec maman. J'ai fait mes restitutions symboliques, j'ai attendu un peu, et le dialogue a pu avoir lieu. Maman ne s'est pas sentie agressée. Elle a, au contraire, été émue. Nous n'avons pas changé, ni l'une ni l'autre, mais le soulagement, l'apaisement que j'ai ressenti consécutivement aux restitutions m'a permis de la voir sous un autre jour. Oui, je crois que cela m'a définitivement séparée d'elle, tout en me permettant de « relier ».

Désormais, nous nous voyons de temps en temps, brièvement, pour ne prendre que le meilleur et éviter le pire, qui ne manquerait pas de surgir : chassez le naturel, il revient au triple galop ! Elle n'a pas changé, je n'ai pas changé, mais mon regard a changé. J'ai renoncé à vouloir fusionner avec elle. Elle existe, elle est ma mère, mais j'ai cessé d'en souffrir.

Depuis que je n'attends plus rien d'elle, que j'ai renoncé à toutes mes revendications d'enfant, de fille, je me sens étrangement calme, grandie. Je pense qu'à l'inverse ce travail que j'ai fait sur moi a eu un effet sur elle, qu'elle aussi a renoncé à ces attentes si insistantes qu'elle avait envers moi.

J'ai surtout compris une chose essentielle, c'est que ses revendications de petite fille mal aimée l'ont empêchée d'être une maman pour moi. Nous étions deux petites filles en concurrence. Voilà pourquoi cela n'a pas fonctionné. En avoir pris conscience d'une manière profonde a mis fin à mes jérémiades et à mes récriminations. Je la plains, plutôt, de n'avoir pas pu grandir. Mais j'accepte cette réalité… J'ai l'explication. J'accepte et reçois ce qu'elle peut donner, et le reste, je vais le chercher ailleurs, et d'abord en moi-même. J'ai compris que c'était à moi de prendre soin de moi, de mes besoins. Mais je ne suis pas la mère de ma mère, je n'ai pas cette fibre-là, cette étoffe-là, sans doute à cause de mon histoire, de « notre » histoire.

Mais chaque fille a son histoire…

Ouf !

J'ai écrit ce livre avec beaucoup d'enthousiasme et de passion pour un sujet qui, pour une fille – comme je l'ai dit dans le prologue – est le sujet majeur de sa vie. Mais j'ignorais que j'allais soulever un tel couvercle quand est né en moi ce projet d'écrire un livre sur la relation mère-fille. Ce n'est pas que le sujet soit difficile en soi, c'est le fait d'écrire sur ce thème qui n'est pas aisé; je ne sais pas si vous saisissez la nuance. Je crois que jamais je n'ai ressenti autant de fatigue lors d'un processus d'écriture, une vraie fatigue physique qui s'est emparée de tous mes membres. Oui, traiter du sujet mère-fille est épuisant, comme l'est la relation mère-fille. En témoignent mes proches, qui se sont parfois demandé si j'en sortirais vivante. Je n'ai jamais pris autant de bains de ma vie, avec un tas de trucs relaxants, et oui, j'en suis sortie vivante ! Donc vous le pouvez aussi ! Après avoir mis le point final à ce livre, j'ai eu grand besoin d'une thalassothérapie, de me plonger dans la mer, l'autre, pour y retrouver l'immersion, l'immersion dans ce liquide vital qui est à l'origine de toute vie.

La mer à boire… avec délices.

À vous de jouer !

Bonne traversée !

BIBLIOGRAPHIE

ESSAIS

BADINTER, Élisabeth. *XY. De l'identité masculine*, Paris, Odile Jacob, 1992, 355 p.

__________ . *L'amour en plus*, Paris, Le livre de poche, Flammarion, 1980; 379 p. 2004.

BETTELHEIM, Bruno. *Psychanalyse des contes de fées,* Paris, Robert Laffont 1976, 403 p.

CORNEAU, Guy. *L'amour en guerre,* Montréal, Éditions de l'Homme, 1996, 2003, 308 p.

CYRULNIK, Boris. *Parler d'amour au bord du gouffre*, Paris, Odile Jacob, 2004, 253 p.

__________ . *Les vilains petits canards*, Paris, Odile Jacob, 2001, 279 p.

__________ . *Un merveilleux malheur*, Paris, Odile Jacob, 1999, 2002, 218 p.

DE MONTAIGNE, Michel. *Les essais,* Paris, Arléa, 2002, 808 p.

DOLTO, Françoise. *Le féminin*, Paris, Gallimard, 1998, 416 p.

DUFOUR, Daniel. *Les barrages inutiles*, Montréal, Éditions de l'Homme, 2005, 133 p.

ELIACHEFF, Caroline, et HEINICH, Nathalie. *Mères-filles; une relation à trois,* Paris, Albin Michel, 2002; Le Livre de Poche, 2003, 412 p.

ELKHAÏM, Mony. *Si tu m'aimes ne m'aime pas,* Paris, Seuil, 1989, 192 p.

ERIKSON, Erik H. *Enfance et société*, Neuchatel, Delachaux e Niestlé, Collection actualités pédagogiques et psychologiques, 1982, 285 p.

FLÈCHE, Christian. *Le décodage biologique*, Paris, Bernet-Danilo, 2005, 59 p.

FREUD, Sigmund. *Sur le rêve,* Paris, Gallimard, 1990, coll. Folio, 146 p.

FRIDAY, Nancy. *Ma mère, mon miroir*, Paris, Robert Laffont, coll. Réponses, 2003, 413 p.

HELLINGER, Bert, et TEN HÖVEL, Gabriele. *Constellations Familiales,* Barret-Sur-Méouge, Le Souffle d'Or, Collection Parole, 2001, 210 p.

HÉRITIER, Françoise. *Les deux sœurs et leur mère,* Paris, Odile Jacob, 1994, 376 p.

JUNG, Carl Gustav. *Sur l'interprétation des rêves*, Paris, Albin Michel 1998, 320 p.

LECLERC, Annie. *Paroles de femme*, Arles, Babel, 2001, 203 p.

LESSANA, Marie-Magdeleine. *Entre mère et fille: un ravage*, Paris, Pauvert, 2000, 413 p.

MILLER, Alice. *Notre corps ne ment jamais*, Paris, Flammarion, 2004, 206 p.

OLIVIER, Christiane. *Les enfants de Jocaste*, Paris, Denoël, 1980, 192 p.

PINKOLA ESTÉS, Clarissa. *Femmes qui courent avec les loups,* Paris, Grasset et Fasquelle, 1996; Le Livre de Poche, 2002, 763 p.

SALOMÉ, Jacques. *Pour ne plus vivre sur la planète TAIRE*, Paris, Albin Michel, 2003, 358 p.

SALOMON, Paule. *La sainte folie du couple*, Paris, Albin Michel, 1994; Le Livre de Poche, 2002, 317 p.

SINGER, Christiane. *Où cours-tu ? Ne sais-tu pas que le ciel est en toi ?,* Paris, Albin Michel, 2001; Le Livre de Poche, 2003. 153 p.

STEINER, Claude. *L'A.B.C. des émotions*, Paris, InterÉditions, 1998, 263 p.

__________ . *Des scénarios et des hommes*, Paris, Desclée de Brouwer, 1996, 442 p.

TRAUBE, Patrick. *Le choix amoureux*, Nivelles, CCV2 Édition et Labor, 2000, 128 p.

WINNICOTT, Donald Woods. *De la pédagogie à la psychanalyse,* Paris, Payot, 1989, 464 p.

ROMANS

BAZIN, Hervé. *Vipère au poing*, Paris, Grasset, 1948; Le Livre de Poche, 2004, 186 p.

CARDINAL, Marie. *Les mots pour le dire*, Paris, Grasset et Fasquelle, 1975.

CHÂTELET, Noëlle. *La dernière leçon*, Paris, Seuil, 2004, 180 p.

COCTEAU, Jean, *La difficulté d'être,* Paris, Du Rocher, 2003, 219 p.

COELHO, Paulo. *Onze minutes*, Paris, Anne Carrière, 2003, 372 p.

COETZEE, J. M. *Elizabeth Costello*, Paris, Seuil, 2004, 348 p.

DE BEAUVOIR, Simone. *Une mort très douce*, Paris, Gallimard, coll. Folio, 1972, 151 p.

DURAS. Marguerite, *L'amant*, Paris, Éditions de Minuit, 1984, 145 p.

__________ . *Le ravissement de Lol V. Stein*, Paris, Gallimard, 1964, 190 p.

FRAIN, Irène. *L'inimitable*, Paris, Fayard, 1998, 577 p.

GOUGAUD, Henri. *Les sept plumes de l'aigle*, Paris, Seuil, 1995, réédition: 2000, 250 p.

LÉVY, Justine. *Le Rendez-vous*, Paris, Plon, 1995, 177 p.

MANCEAUX, Michèle. *Grand Reportage*, Paris, Seuil, 1981, coll. Points Roman, 1981, 272 p.

WOOLF, Virginia. *Mrs Dalloway*, Paris, Le Livre de Poche, 2003, 220 p.

THÉÂTRE

GIRAUDOUX, Jean. *Électre,* Paris, Grasset, 1937; Le Livre de Poche, 2004, 177 p.

RECUEIL

ACCORSI, Flavia. *Maman Zen, l'harmonie en famille*, Paris, Presse du Châtelet, 2004, Coll. Guide, 158 p.

DICTIONNAIRE

BLOCH, H., et É. DÉPRET. *Dictionnaire Fondamental de la psychologie,* Paris, Larousse, 2002, 1429 p.

CHEVALIER, Jean et Alain GHEERBRANT. *Dictionnaire des symboles,* Paris, Robert Laffont/Jupiter, coll. Bouquins, 2004, 1060 p.

FILMOGRAPHIE

ALMODOVAR, Pedro. *Tout sur ma mère,* 1999.

BOLLAIN, Iciar. *Ne dis rien*, 2004.

CHATILIEZ, Étienne. *Tanguy,* 2001.

DALDRY, Stephen. *Les Heures*, 2003.

DE BROCA, Philippe, *Vipère au poing*, 2004.

EASTWOOD, Clint. *Sur la route de Madison,*1995.

FRANK, Christopher. *L'année des méduses*, 1984.

HANEKE, Mickael. *La pianiste*, 2000.

LECLÈRE, Alexandra. *Les sœurs fâchées*, 2004.

MOLL, Dominique. *Harry, un ami qui vous veut du bien*, 2000.

WARGNIER. Régis. *Indochine*, 1992.

REMERCIEMENTS

Je ne suis pas très habile à exprimer des remerciements, un peu par pudeur, beaucoup par maladresse et, dans le cas présent, par peur de ne pas être exhaustive. Je remercie bien sûr mon éditeur, Les Éditions de l'Homme, qui a su m'encourager et me guider dans cette entreprise audacieuse. Toute ma gratitude à Huguette Laurent, à Sandrine, et un grand merci à Erwan Leseul, qui a eu le courage de partir en vacances avec moi et ma mère – en format manuscrit seulement, heureusement pour lui ! Merci pour ses suggestions et ses corrections attentives (et persévérantes !) sur les différentes épreuves. Mais tant d'autres personnes m'ont apporté leur contribution et leur soutien : témoins, proches, famille, enfants, amis, collègues, lecteurs, lectrices, inconnus… Même si ce ne fut parfois qu'un grain de sable dans l'édifice – dont ils ignorent peut-être l'existence –, ce fut un grain de sable indispensable sans lequel l'ouvrage ne serait pas ce qu'il est, ou n'existerait même pas. À toutes celles et ceux qui m'ont aidée sur ce chemin, en le sachant ou en ne le sachant pas, je dédie ce livre.

TABLE DES MATIÈRES

Achevé d'imprimer au Canada
sur les presses des Imprimeries Transcontinental Inc.